教师教育系列教材

中小学心理健康教育活动设计与实施
(第 2 版)

刘 梅　袁景颖　赵 楠　主 编

清华大学出版社
北 京

内容简介

本书是依据教育部 2012 年修订的《中小学心理健康教育指导纲要》，针对中小学生的心理健康现状研究编写的。本书以学生的心理年龄特征为出发点来组织内容，准确把握了小学、初中、高中学生的心理发展趋向和特征，以心理学的理论研究为依据，选择与学生心理健康成长密切相关的学习心理、自我意识、生涯规划、人际交往、情绪管理和休闲活动六大专题进行辅导，让心理健康教育课程走在学生心理发展的前面，体现活动内容的科学性。

本书适合中小学心理健康课程的授课教师、心理学工作者及关心孩子心理健康成长的家长阅读和使用。

图书在版编目(CIP)数据

中小学心理健康教育活动设计与实施/刘梅，袁景颖，赵楠主编. —2 版. —北京：清华大学出版社，2022.2 (2025. 8 重印)
教师教育系列教材
ISBN 978-7-302-60036-7

Ⅰ. ①中…　Ⅱ. ①刘…　②袁…　③赵…　Ⅲ. ①心理健康—健康教育—教学设计—中小学—师资培训—教材　Ⅳ. ①G444

中国版本图书馆 CIP 数据核字(2022)第 021636 号

责任编辑：陈冬梅
装帧设计：刘孝琼
责任校对：李玉茹
责任印制：沈　露
出版发行：清华大学出版社
　　网　　址：https://www.tup.com.cn, https://www.wqxuetang.com
　　地　　址：北京清华大学学研大厦 A 座　　**邮　　编**：100084
　　社 总 机：010-83470000　　**邮　　购**：010-62786544
　　投稿与读者服务：010-62776969, c-service@tup.tsinghua.edu.cn
　　质量反馈：010-62772015, zhiliang@tup.tsinghua.edu.cn
　　课件下载：https://www.tup.com.cn, 010-62791865
印 装 者：三河市龙大印装有限公司
经　　销：全国新华书店
开　　本：185mm×260mm　　**印　张**：13　　**字　　数**：316 千字
版　　次：2013 年 7 月第 1 版　2022 年 3 月第 2 版　　**印　　次**：2025 年 8 月第 4 次印刷
定　　价：39.00 元

产品编号：093587-01

前言

《中小学心理健康教育指导纲要》(2012年修订)(以下简称《纲要》)指出："中小学心理健康教育，是提高中小学生心理素质、促进其身心健康和谐发展的教育，是进一步加强和改进中小学德育工作、全面推进素质教育的重要组成部分。"可见，中小学心理健康教育活动课程承担着提高全体学生心理素质、充分开发学生智能、培养学生乐观向上的心理品质、促进学生人格健全发展的教育责任，对全面落实素质教育发挥着不可替代的作用。

中小学心理健康教育活动课程是指学校根据学生心理发展的规律和特点，以团体心理辅导及其相关理论与技术为指导，以班级为单位，通过各种辅导活动，有目的、有计划、有步骤地去培养、训练、提高学生的心理品质，激发潜能，增强社会适应能力，帮助学生解决成长过程中的各种心理问题，维护心理健康，达到塑造和完善人格的目的。《纲要》中明确规定心理健康教育的具体目标是：使学生学会学习和生活，正确认识自我，提高自主自助和自我教育能力，增强调控情绪、承受挫折、适应环境的能力，培养学生健全的人格和良好的个性心理品质；对有心理困惑或心理问题的学生，进行科学有效的心理辅导，及时给予必要的危机干预，提高其心理健康水平。根据以上目标要求，心理健康教育活动课程的实施可以分为发展性目标和预防性目标。发展性目标侧重于学生心理潜能的开发、心理品质的培养，帮助学生完善自我，促进学生心理的健康成长；预防性目标侧重于帮助学生及时发现成长过程中的各种困惑和问题，学会调整心态，及时纠正和改变不健康的心理，培养积极健康的情绪情感，培养积极的自我观念和良好的人际适应能力。以课堂为载体开展班级心理健康教育活动，是中小学心理健康教育中最重要的途径。

为了推进中小学心理健康教育课程的开展，结合心理学理论与关于中小学生不同年龄心理特征以及学生成长需要，学习借鉴其他心理健康教育活动课程分类框架，我们在第1版《中小学心理健康教育活动设计与实施》的基础上进行修改，编写了本书。本书具有以下特色。

1. 涵盖面广，内容丰富

本书以学习心理辅导、自我意识辅导、生涯规划辅导、人际交往辅导、情绪管理辅导和休闲活动辅导六个专题作为主要内容。每个专题包括两大部分：一部分是专题综述；另一部分是涵盖各个学段中小学心理健康教育活动设计与实施的案例。专题综述包括理论和实践两个方面。理论方面集中阐述各专题辅导的价值与意义、辅导的目标以及主要内容；介绍与各专题有关的理论研究成果及不同的理论流派，为教学实践提供了理论依据，也为教师的心理学阅读提供了大致的线索；简述各学段学生有关心理活动、个性特点、自我发展、人际交往的特点及可能出现的问题，既让教师对儿童、青少年的心理发展有整体的把握，也对各学段辅导提供参照。实践操作部分，主要结合所选的案例和个人独到的见解，从活动主题选择、活动方案设计、实施过程指导、活动效果评价等方面进行概括提升，给使用本书的教师提供了较为系统全面的印象。

2. 以学生成长为主线，强调自我探索

本书的系列活动主题，基本都是围绕着学生成长过程中迫切需要解决的问题，体现了以学生发展为本的理念。一个比较完善的学校教育体系应该教给学生三方面的知识：关于自然的知识、关于社会的知识和关于自己的知识。前两个方面在现行的学校课程里都得到了落实，而第三个方面的知识很少体现。心理辅导就是让学生进行自我探索，认识自我、调节自我、完善自我，并解决自己成长过程中的各种问题，诸如学习、交往、情绪调适、理想抱负等。第三种知识的获得，主要不是靠教育者的灌输和说教，而是要求教育者帮助学生发现自己的问题，并找到解决问题的办法。学生只有经过自我探索，才会获得这方面的经验，才会得到真正意义上的成长。

3. 强调体验和感悟

从辅导活动设计方面来看，辅导活动具有形式多样、生动活泼等特点。心理辅导活动主要解决个体自身的问题，需要以个体的经验为载体。按照杜威的观点，儿童的成长就是个体的经验由坏变好的过程。这种经验既然是个人的，那么个人的自我体验就显得尤为重要。我们认为，对学生有意义的自我体验应该包括情感体验、价值体验和行动体验。这些自我体验可以通过在心理辅导活动中创设一定的情境，营造一定的氛围来实现。学生从自我体验中获得有意义的东西，就是感悟。可见，心理辅导课程是一种自我教育活动，它没有说教和灌输等显性教育的痕迹，但可以通过学生自己体验和感悟，潜移默化地影响他们的成长。

全书共分六章，由刘梅、袁景颖、赵楠主编，王东宇、叶蕾、闫馨、韩雪艮、李祎琳为副主编，具体分工如下：第一、三章由沈阳大学刘梅、王东宇负责编写；第二、四章由抚顺市教师进修学院高级教师袁景颖负责编写；第五、六章由沈阳大学赵楠、叶蕾编写；何露、舒雁、杨慧敏也参加了本书的编写工作，沈阳大学心理健康教育研究生闫馨、韩雪艮、李祎琳参与了本教材资料的收集和审核工作。全书最后由刘梅教授负责统稿。

编写本书，对于所有的编写人员既是学习的过程，也是挑战自我的过程，由于编者自身理论和实践水平的限制，书中难免会存在一些不足与疏漏之处，我们期待专家的指正，也期待老师们在阅读本书及实践中不断充实、完善、创新，为开发更多优秀的心理健康教育课程资源共同努力。

编　者

目　录

第一章　学习心理辅导

学习心理辅导是心理健康教育的重要内容，是指教师运用学习心理学及其相关理论，指导学生的学习活动，提高其认知、动机、情绪、行为等学习心理品质及技能，并对学生的各种学习心理问题进行的辅导，是帮助学生学会学习的重要途径。

学习是因经验而使行为或行为潜能产生持久变化的过程。可以从三个方面理解学习的定义：学习的变化是相对持久的；学习的变化可以是外显的行为，也可以是内隐的心理过程；学习产生于经验，而不是来自生理成熟。学生的学习受到几个因素的制约：一是会不会学；二是爱不爱学；三是能不能学。学习心理辅导正是站在学生的立场，从学生的学习心理出发，促使学生会学、爱学、能学。

一、学习心理辅导的价值与意义

学会求知、学会做事、学会生活、学会生存，被认为是终身教育的四大支柱，也是人生发展的重要基石。其中学会求知更是基础中的基础。对于在校学生来说，最主要的学习任务就是学会学习、学会思考，在学习过程中认识世界，丰富、发展自己，获得综合素质的提高。而实际生活中，小学、初中、高中不同年龄段的学生都存在着相同的问题，学生厌学心理广泛存在，由此而引发的学习焦虑、学业失败，造成了学生自尊、自信动摇，自暴自弃的情况与日俱增。这一方面是外部原因，家庭、学校、社区对于分数、升学功利化的追求；另一方面是在学校教育教学过程中对学生的学习过程、学习方法关注不够，致使学生从不会学到不爱学再到不能学，自我效能感低下。在学校教育中，运用教育心理学对学生进行学习辅导，帮助学生学会学习是十分必要，且意义重大的一件事。

学习心理学关注教育教学过程中学生的心理特点和心理活动规律，是心理学的重要研究内容。学习心理学从学习的本质出发，以认知理论、信息加工理论为基础，对人的学习过程、思维方式、行为方式、生理机制、学习类型、记忆原理、学习策略、学习技巧、学习迁移等领域进行研究，总结出了一系列的学习理论和学说。运用学习心理学的理论和方法进行教学，可以从根本上解决学生的学习和行为及情绪问题，促进学生科学地学习。学习心理辅导是指导教师运用心理学及其相关理论，对学习活动中影响学生学习的内外因素进行综合分析，了解和掌握学生认知发展的规律特点、现有的学习策略水平，确定辅导训练的重点和方法，从而指导学生有效地自我管理，调控学习行为，改善学习情绪，提高学生的学习能力、学业成绩，提高自我监控能力，优化心理品质。积极的学习心理辅导改变了以往关注学习障碍进行矫治，如帮助学生克服厌学心理、自卑心理等，而是着眼于发展性目标，侧重对学生良好的学习技能、学习方法、学习习惯和学习动机进行的训练和辅导。学习心理辅导活动课主要着眼于发展性目标，采取班级辅导活动的形式，关注大多数学生的学习问题与需求，促使学生爱学与会学。

二、学习心理辅导的理论依据

有效地开展学习心理辅导活动，对教师的专业素养提出了一定的要求。教师需要学习、把握学习辅导的基本原理，学习心理学的有关理论研究成果，社会心理学、脑科学的有关理论，以及团体辅导有关技术。这些理论与技术不仅帮助教师卓有成效地对学生实施学习心理辅导，还会迅速地发展教师的专业能力，使课堂教学在理论指导下真正实现和谐高效。下面简要介绍主要心理学流派中关于学习的理论。

(一)斯金纳的行为主义理论

20 世纪上半叶，行为主义理论在学习心理学领域中一直占据着统治地位。其主要特征是用环境中的事件来解释学习过程。它的基本假设是，人类的绝大多数行为都是学习的结果。该理论把学习看成刺激与反应之间的连接过程，只要确定了刺激和反应之间的关系，就可以预测行为，并通过控制环境去塑造人的心理和行为。斯金纳基于操作条件反射学说的强化理论与技术等都被应用到教育教学中，改变了学生的学习与行为。

(二)班杜拉的社会认知理论

社会认知理论由著名的学习与人格心理学家班杜拉创立。社会认知理论主张，行为的结果是信息和动机的来源。学习过程大致有三种机制，即联想、强化与模仿。该理论强调大多数人的学习都发生在社会环境中，通过对他人的观察，人们获得知识、规则、技能、策略、信念和态度。个体还从榜样那里了解到某个行为的功能和适宜程度，了解到榜样行为的结果。如果个体对自己的能力有自信，同时对某个榜样的行为结果产生期待，他就会出现与榜样相同的行为。榜样学习、结果期待、自我效能感是与之相关的重要概念。班杜拉提出，应以人、人的行为和环境三元互动理论来解释人的思想和行为。他认为，人的思想和行为主要是社会影响的结果，但是人的认知对行为起调节作用。班杜拉的观察学习是社会认知理论的重要组成部分，包括注意、保持、复制、动机四个过程。该理论对于教师设计教学环节、组织学生的学习活动有一定的指导意义。

(三)布鲁纳的认知心理学理论

20 世纪 50 年代中期之后，认知心理学取代行为主义心理学，逐渐成为心理学研究的主流，为心理学的研究开辟了新的方向。持认知观的学习理论又可分为信息加工理论和认知构建理论。前者的代表人物是西蒙和安德森；后者的代表人物是布鲁纳、奥苏伯尔等。

信息加工心理学家研究人的认知过程，重点关注注意、感知、编码、知识的储存和提取等问题，它把人从功能上看成与计算机一样的符号操作系统，用计算机的工作原理和术语描述人的学习和记忆过程。该理论把记忆看作是人脑对输入信息进行编码、储存和提取的过程，并按信息编码、储存和提取方式的不同，以及信息储存时间长短的不同，将记忆分为瞬时记忆、短时记忆、长时记忆三个阶段。进入感觉登记(瞬时记忆)被注意的信息进入短时记忆或者工作记忆后，通过复述及与长时记忆中的有关信息建立联系而保留下来，通过编码，信息储存在长时记忆中。通过组织、精细加工、意义化、与图式结构建立联系可以促进编码。该理论认为，人类的学习结果就是获得两类知识，一类为陈述性知识，另一类为程序性知识。陈述性知识主要以命题和命题网络的形式在人脑中表征和储存，也能以表象的形式表征和储存，即双编码。程序性知识以产生式和产生式系统编码。陈述性知识的提取需要有意识地回忆，程序性知识的提取可以自动进行，不需要有意识地回忆。

认知心理学理论关注有效学习的条件。一是注意与预期。注意是信息进入工作记忆的门户，任何有意义的学习都必须维持较长时间的注意，这就需要学生排除干扰，坚持持续地努力。对学习结果的预期是学习动力的重要源泉。二是原有知识以及新旧知识的联系与编码。该理论认为，有效学习的一个前提条件是学生必须对进入感觉登记的信息进行筛选，这需要学生激活或提取与学习任务有关的原有知识。缺乏原有知识，学生可能会对新知识视而不见，信息就不能被有效地加工。新知识内部的联系及新知识与原有知识(包括生活经验)的联系，这两个联系的建立也称知识的编码，只有经过编码的知识才可以进入长时记忆并被提取出来。三是学习策略与元认知。学生的学习策略和元认知水平是影响学习效率的重要条件。

认知学习的两种形式包括发现学习和意义接受学习。发现学习允许学生提出假设和检验假设而自己获得知识，在学习过程中，学生运用归纳推理，要求教师给学生创设探索的活动，这也是目前课程改革所大力倡行的学习形式。意义接受学习，主要是奥苏伯尔创立的意义接受学习的认知理论。他提倡使用讲授式教学，即以一种有组织的、有意义的方式将知识传授给学生，把新获得的信息与记忆中已有的知识相联系，从而习得观点、概念和原理。其学习模式强调演绎推理，即先学习一般性概念，再学习具体要点。先行组织者是这种学习方式的重要概念。先行组织者是指刚开始讲课时进行广泛性陈述的人，可以帮助学生在新知识和旧知识之间建立联系。运用先行组织者可以促进学习迁移。

认知学习理论对记忆的过程、概念学习、问题解决与元认知等的研究，对辅导学生学会学习有着理论与实践两方面的指导意义。

(四)皮亚杰和维果茨基的认知发展理论

1. 皮亚杰的认知发展理论

皮亚杰的认知发展理论认为，儿童的认知实质上是其行为和思维被不断地组织为有机的整体结构，这种结构称为“图式”，认知的发展就是图式的发展。当儿童能利用已有的图式理解和应对其周围的环境时，儿童与周围环境之间就处于一种平衡状态；当遇到新的环境刺激，儿童不能用已有的图式加以理解和应对时，就打破了这种平衡。为了重新达到平衡，儿童要么将环境刺激纳入其已有的某个图式中，即同化；要么改变其已有的图式以适应新的环境，即顺应。通过同化和顺应，图式就有了发展。儿童与周围环境之间达到了新的平衡，这种平衡的过程一直持续下去，儿童的认知能力就不断地得到发展。

皮亚杰经过长期研究，将儿童的认知发展分为四个阶段，它们彼此衔接，依次发生，不能超越，也不能逆转。

1) 感知运动阶段(0～2 岁)

在这个阶段，儿童通过自己的感觉、知觉和动作来认识、理解周围的环境，并与之相互作用。当儿童在观看、触摸、移动物体时，他就在思维。当这些感知与动作停止后，儿童的思维也就停止了。在这一阶段的后期，儿童形成了一种重要的能力——“客体永恒性”，即物体不在眼前时，儿童还能将其表象保存在头脑中。这种能力为儿童进入下一发展阶段从事更高级的思维奠定了基础。儿童这个阶段的认知活动处于感知动作思维水平。

2) 前运算阶段(2～7岁)

在这个阶段，儿童的主要特征是把上一阶段中获得的感知运动图式内化为表象系统，具有了符号功能。这个阶段的儿童已经掌握了口头语言，而且能用词语代表头脑中的表象，但还不能很好地掌握概念的概括性和一般性，具体表现为：①泛灵论，认为外界的一切事物都是有生命的；②自我中心，认为所有的人与自己都有相同的感受，不能从他人的角度看待问题；③思维不可逆性，只知道 A>B，不知道 B<A；④未掌握守恒性，只能从一个角度考虑问题。儿童这个阶段的思维活动处于表象思维水平。

3) 具体运算阶段(7～12岁)

在这个阶段，儿童的主要特征是获得了守恒概念，思维具有了可逆性，可以进行逻辑运算，但仍需要具体事物的支持。因此，儿童这个阶段的认知活动处于依靠具体经验支持的逻辑思维水平。

4) 形式运算阶段(12～15岁)

在这个阶段，儿童的主要特征是思维摆脱了具体内容的约束，使形式从内容中解脱出来，能够提出假设，并凭借演绎推理等形式解决抽象问题。儿童这个阶段的认知活动达到抽象逻辑思维水平。

研究表明，这四个阶段的发展顺序具有一定的普遍性，但也有其不足，即低估了年幼儿童的能力，高估了青少年的能力，而且还忽视了儿童的专门领域知识经验及不同文化对儿童认知发展的影响。

2. 维果茨基的认知发展理论

维果茨基是俄罗斯著名的心理学家，他运用马克思主义的基本观点深入阐述了社会环境对儿童认知发展的关键作用，揭示了皮亚杰和信息加工心理学派未予关注的认知发展规律。他将人的心理机能区分为低级心理机能和高级心理机能两类。前者的发展受个体的生物成熟所制约，后者的发展受社会文化历史所制约。他认为，儿童的认知发展就是人类所特有的高级心理机能的发展，这种高级心理机能涉及分类、有意注意、逻辑记忆、概念性思维等。高级心理机能起源于人类的社会活动。个体在与社会成员的相互作用中，在使用某一文化创造的符号过程中，经过内化而形成、发展成高级心理机能。符号又叫心理工具，是指人类社会创造的语言、数字、代码、地图等。个体的高级心理机能是受其所使用的符号系统或心理工具所决定的。在成人或教师的帮助和指导下，儿童学习使用这些心理工具，在学习使用的过程中，逐渐将其内化而形成高级心理机能。最近发展区是维果茨基理论的一个重要概念，是指儿童实际发展水平与潜在发展水平之间的差距。前者由儿童独立解决问题的能力而定；后者则是指在成人的指导下或是与更有能力的同伴合作时，能够解决问题的能力。这个理论对教学的重要启示在于，教学要走在发展的前面，通过创设最近发展区来促进儿童的认知发展。最近发展区的思想后来演变成了支架教学的技术，即教学要为儿童的认知发展提供支架。

三、不同年龄阶段的学习与认知发展的特点

人的心理发展与学习的关系极为密切。心理发展具有方向性和顺序性、普遍性和差异性，是连续性和阶段性的统一。影响学习的两大系统是学习动力系统和学习能力系统。前

者包括动机、需要、情绪、情感；后者包括感觉、知觉、记忆、思维等。各个年龄段有不同的发展水平。开展学习辅导，了解各个年龄段的学习与认知发展的基本特征是十分必要的。

(一)小学阶段的学习与认知发展特点

小学生还不善于把学习与社会需求联系起来，其学习动机往往直接与学习活动相联系，年级越低，学习动机越具体。

1. 记忆的发展

小学生记忆的容量随着年龄的增长而增加，数字记忆的广度接近成人水平(7±2 个信息单位)。记忆发展的主要特点为，有意记忆超过无意记忆成为记忆的主要方式，意义记忆在记忆活动中逐渐占主导地位，词的抽象记忆的发展速度逐渐超过了形象记忆的发展速度。小学生采用记忆策略的能力迅速提高，主要运用复述(背诵)和组织帮助记忆。小学生掌握的背诵策略随年龄的增长而提高。研究表明，9～10 岁以前的小学生还不能很好地主动利用背诵策略帮助记忆保持。通过辅导训练，可以提高他们掌握背诵记忆策略的能力。组织策略包括归类和系列化，按记忆材料间的意义联系归类成系统帮助记忆。从三年级开始，这种能力随年级的增长而提高，经过培养可以有效地提高其记忆能力。

2. 思维的发展

小学生思维发展的基本特征是，逻辑思维迅速发展，以形象逻辑思维为主，在发展过程中完成从形象逻辑思维向抽象逻辑思维的过渡，10 岁左右是这个过渡的转折期。小学生概括能力的发展从对事物的外部感性特征的概括逐渐转为对事物的本质属性的概括。7～8 岁小学生的概括能力处于“直观形象水平”，即所概括的事物特征或属性是事物外表的直观形象特征；8～10 岁小学生的概括能力处于“形象抽象水平”，即所概括的事物特征或属性既有外部的直观形象特征，又有内部的本质特征；10 岁以上小学生的概括能力处于“初步本质抽象水平”，即所概括的事物特征或属性是以事物的本质特征和内在联系为主，初步接近科学概括。演绎、归纳、类比推理能力也随着年级的增高而发展。

(二)初中阶段的学习与认知发展特点

初中是小学向高中教育阶段过渡的时期，在这个阶段，学生的身心发展也处在由少年期向青年期过渡时期，身心发展不平衡、成人感和半成熟现状之间的错综矛盾所带来的心理和行为的特殊变化，自然影响到学习活动。其表现为以下几方面。一是学习成绩分化激烈。小学阶段的学习成绩与初中成绩相关不高，在小学是学习尖子的学生，进入初中以后继续保持领先的情况大大降低；相反，小学时成绩不好的学生，很多人后来居上，成为成绩优异者。这与学生小升初后能否适应学习环境密切相关。二是学习的自觉性和依赖性、主动性和被动性并存。三是学生的自学能力的作用日益明显。初中生独立学习能力的形成与发展，既取决于学生是否善于总结经验，改进学习的方法，以适应初中学习的特点，也取决于初中生对学习的兴趣、动机、自我效能感。自觉、主动学习的行为习惯也与后者相关。动机因需要而产生，由于初中生高层次的理想信念还在形成过程中，并且不稳定，应该从近景动机入手，引导学生确立适度目标，参与学习探究活动，使学生学会自我观察、自我判断、自我反应，教师还应创设激励机制，让学生不断地尝试学习进步带来的成就感。

1. 记忆的发展

初中生的记忆容量不仅明显高于小学高年级的学生，也高于大学生，达到 11.04±0.4 个信息单位，超过成人的短时记忆容量。在记忆过程中，初中生能自觉地运用意义记忆，同时有效地运用机械记忆；形象记忆量在初中阶段达到最高水平，抽象记忆量达到高百分比；能有效地运用各种记忆策略。但值得注意的是，初中低年级学生在记忆有关内容时，习惯于多次重复背熟材料，而不是理解记忆，这为适应初中学习带来很大的困难，他们普遍感到要记的东西太多，记不住、记混了。

2. 思维的发展

初中生的思维发展水平达到了皮亚杰提出的“形式运算阶段”，学生能够脱离具体的事物或情景用符号进行抽象思维。具体表现为以下两点。一是具有建立假设和检验假设的能力。初中生可以按照提出问题、明确问题、提出假设、检验假设的步骤，经过一系列的抽象逻辑过程，达到解决问题的目的。二是思维形式与内容分离。思维形式与内容分离是指根据命题的逻辑形式在头脑中直接进行推理，使形式从内容中解放出来。思维形式与内容的分离正是逻辑思维的主要特点之一。初中生思维品质具有矛盾发展的特点：思维的创造性与批判性日益明显，思维的片面性、表面性依然存在，思维中的自我中心再度出现(独特的自我、假想的观众)。

(三)高中阶段的学习与认知发展特点

高中生伴随着生理、心理趋于稳定和成熟，其认知发展也达到了较高的水平。高中生的智力不仅表现在记忆力、观察力、想象力的发展与完善上，而且其思维也表现出了全新的特点：高中生的抽象逻辑思维具有充分的假设性、预设性和内省性；形式逻辑思维处于优势，辩证逻辑思维迅速发展。美国心理学家帕瑞对青年期的思维进行研究后发现，青年期的思维发展可分为三个阶段。第一个阶段为“二元论阶段”。青年初期的个体对问题的看法非此即彼，要么对，要么错，没有“灰色区”，容易将知识视为不变的真理。第二个阶段为“相对阶段”。处于这个阶段的个体，不再毫无区分地把知识当作不变的真理，而是通过比较不同的理论、方法，进而找到有效的理论和方法。第三个阶段为“约定性阶段”。个体在分析问题时已有自己的立场和观点，能结合个人的实际情况对具体问题进行具体分析，认识到两个相反的观点都有可能是正确的，因为每个观点的出发点都是不同的。

四、学习心理辅导的目标

学习心理辅导的总体目标是帮助学生学会学习，增长智慧。具体目标如下。

(1) 关注学生认知过程，从感觉、知觉、记忆、思维入手，进行注意、观察、记忆方法、思维品质等方面的训练与指导，促进智力发展和学习能力的提高。

(2) 关注学习方法，进行学习策略和问题解决策略辅导，提高学生的学习技能，发展学生的创造能力。

(3) 关注学生的学习动机，培养学习兴趣，端正学习态度，学会合理归因，运用自我调节，激发学习动机，努力实现学习目标。

(4) 培养学生良好的学习习惯。

(5) 帮助学生解决与学习有关的各种心理困惑。

五、学习心理辅导的模式与方法

学习心理辅导主要有三种形式：一是开设班级辅导活动课；二是针对有着相同问题的学生的团体辅导；三是结合学科教学进行学习方法、学习策略的辅导。这里主要就班级学习心理辅导和团体学习心理辅导，介绍几种常用的方法。

1. 角色扮演

角色扮演是一种通过行为模仿或行为替代来影响个体心理过程的方法。让学生置身于他人的位置上，以一种类似表演的方式，展现相应的行为特点或内心感受，进而起到增进学生自我认识、减轻或消除学生心理与行为方面问题的作用，促进学生的成长与发展。在班级辅导活动或团体辅导中，角色扮演的形式可以是以哑剧、独白、镜像、空椅子等方法为主的心理剧，也可以是以情景对比、情景创造、情景短剧、小品为主的社会剧，目的在于通过学生对角色的模仿、想象、创造、感受、体验、思考与讨论，达到心理辅导活动的目标。

2. 团体讨论

团体讨论是指团体成员对一个共同话题，根据资料经验，进行合作的、深入的探讨。在讨论过程中成员可以充分发表自己的意见，听取他人的意见，修正自己的看法。团体讨论的技术主要有两种。一种是脑力激荡法。一般先有一个开放性问题，然后各个成员自由发表意见，通常 6～12 人为一组，在很短的时间内，可为团体提供许多独特、新颖的思想和方法。这种方法可以使团体成员了解别人的意见，扩大自己的思考空间，培养团队的合作精神，找到多种解决问题的方法。操作步骤包括确定主题、说明规则、鼓励发言、记录所提出的问题、归并所提出的意见、共同制定评价标准、根据评价标准共同选取最好的意见等。另一种是问题揭示法，辅导教师将团队成员要讨论的问题尽可能地一一列出，呈现在团队成员面前，便于讨论。

3. 行为训练

行为训练是一种以学习理论为基础的行为训练模式。辅导教师在确定训练目标之后，采用强化、惩罚、厌恶及条件反射等手段，使个体或群体的行为朝着预期的方向改变。行为训练的步骤包括确定训练的行为、分析目标行为、制订行为训练计划以及实施训练。

此外还有价值澄清、理性情绪法、交互作用分析等心理辅导方法。

六、学习心理辅导要注意的问题

要把握学习心理辅导活动课与关于学习内容的思想品德课、主题班会的不同。思想品德课侧重由外向内的学习方法、学习目的意义的灌输，树立榜样、援引事实都在于说明教材的结论，强化教育效果。主题班会重在解决班集体的学风问题，或者分享学习经验与方法，更多的是运用规范、示范和权威影响力，它重在发挥德育的教育作用。而学习心理辅导活动课则着重解决同一年龄段学生共有的或共同关心的学习问题，它注重的是个体的智力发展、学习策略掌握、良好习惯的养成，侧重于由内向外的自我体验、自我感悟。学习心理辅导活动课与前两者的重要区别还在于使用的技术和方法是完全不同的，学习心理辅导活动课更强调教师要自觉地运用团体动力学原理，并且尽可能地学习使用一些辅导技术，如倾听、关注、理解、同感等。

七、学习心理辅导活动主题的确定

学习心理辅导活动主题的确定，需要我们关注学习活动以及与学习活动相关的因素。学习，本质上是一种认知或认知过程，在认知过程中存在相辅相成的两大系统。一个是学习的能力系统，包括认知和认知策略。认知包括注意、感觉、知觉、记忆、想象、思维，其中思维是认知的核心。认知策略即学习策略，是学生在学习过程中所选择、使用、调节和控制学习的方式、方法和技能，是学生学会学习的前提和标志。另一个是学习的动力系统，包括学习动机、需要、兴趣、爱好、理想、信念等。以上两大系统，前者决定会不会学，后者决定爱不爱学，因此可以作为主题确定的依据。同时还应关注学生当前学习生活中存在的共性问题和发展需求。具体地说，学习心理辅导活动主题可以从以下几方面来确定。

(一)以开发智力为目标，把智力的基本因素作为活动主题

学习是认知活动，也是智力活动。智力的五个基本因素——注意力、记忆力、观察力、想象力、思维力共同影响着学生的学习能力。根据不同年龄段学生的心理发展特征，通过活动课并结合学科教学进行培养和训练，能够有效地开发学生的智力，提高学生的学习能力和学习效率。

(二)以学会学习为目标，把学习策略作为辅导主题

学习策略是指在学习活动中为达到一定的学习目标而学会学习的规则、方法和技巧，是一种在学习活动中思考问题的操作过程。学生的学习策略是学会学习的前提，它干预学习环节，调控学习方式，是造成学生学习差异的重要原因。对学生进行学习策略的辅导，能够帮助学生提高学习技能，掌握有效的学习方法，发展学习能力；能够培养学生浓厚的学习兴趣、良好的学习态度，激发学习动机；能够促使学生树立自信心，克服学习中的困难，养成良好的学习习惯。

学习策略的辅导内容包括三个方面。一是基本学习策略，是指对学习材料认知加工的策略，如复述策略、组织策略和精细加工策略。二是支持性学习策略，是指学习时间的分配和学习活动中各种技巧和具体的学法，包括学习计划与时间管理、听课、自学、考试选择要点、信息加工、辅助手段、预习、复习等。三是自我调控策略，是指学生在学习过程中，如何有意识地系统监控、调节自己的思维、情绪、动机与行为，包括自我效能感、动机归因、学习风格等内容。

(三)关注学生学习生活，以解决共性的学习问题为主题

每个学段的学生都有共性的学习问题，这些问题可以通过辅导活动，发挥团体动力作用得以解决。一类是隐性问题，教师通过问卷调查、质量分析、班教导会、教学反思，充分了解学生的情况，让问题浮出水面，如厌学问题、学习焦虑问题、信息加工能力问题，并以此确定辅导主题。另一类是显性问题。如初一、高一年级的学生都存在学校适应问题：小学生进入初中，教师的教学方式和班级管理方式发生了变化，科目突然增多，学习任务加重，往往使学生手忙脚乱，不堪重负，从时间管理入手，通过辅导活动能够使学生高效率地学习，从而解决适应问题；初中到高中经过选拔，来自同学间的压力、自学时间增多、教师管得不像初中时那么紧，都会影响到学生的心理，此阶段的学习辅导应侧重于自我管理、制订落实计划、目标，帮助学生尽快适应。

八、学习心理辅导活动计划安排

学习心理辅导活动课程是一项系统工程，从帮助学生学会学习出发，既要注意不同学段、不同年龄的学生的认知发展特点，又要充分关注当下学生的学情与心理需求；既要重视注意力、记忆力、观察力、想象力的训练，又要重视思维能力的开发、思维品质的培养；既要着眼于认知发展的辅导，又要落实学习策略的掌握、良好学习习惯的养成；大到系统地考虑一个学段、一个年级、一个学期辅导活动课程的内容安排，小到一次活动课程方案的设计，都应系统规划、周密设计。

(一)活动目标设计具有导向作用

活动目标的确定应体现在以下几点。一是与学生的学习密切相关，着眼于学习能力的提高、智力的发展、良好习性的养成。二是明确、具体。目标越具体，越容易在行动上实践。三是选题得到学生的认同。教师在选题、设计方案时，应充分掌握学情，或了解学生认知发展的“关键点”，这样确定的目标才能对学生起到凝聚和召唤作用。

(二)活动方案设计突出“活动”和“体验”

“活动”和“体验”是心理辅导活动课最核心的两个要素，学习心理辅导活动课的目的主要不在于解决知与不知的问题，而是要通过创设一定的心理情境，参与富有启发意义的活动，造成学生内心的认知冲突，唤醒学生内心深处潜意识存在的心理体验，达到开启思维、养成良好的学习习惯、掌握某种学习策略的目的。因此，要注意以下几点。一是精心设计活动情境，促进学生体验。这需要教师选择有利于实践的空间与形式，创设促进体验的细节与载体，组成活动板块或活动链条，强化实践与体验。二是纵横延伸、活动组合。有时为了解决某个问题，一次活动不能奏效，可以设计系列活动。辅导是一种策略，可以与学科教学相结合，也可以课内课外相结合，在迁移中改变学生的学习行为。

(三)活动形式设计体现灵活多样

学习辅导应重视具体方法技术的指导与运用。学习辅导的方法主要有角色扮演法、心理自述法和游戏活动法。角色扮演法是指借鉴心理辅导中“心理剧”的形式，让学生在真实生活中以角色的身份活动，体验角色的人格、情感、人际关系、内心冲突等，进而增进

自我认识。心理自述法，是指让学生自由地表述自己的心理状况，自己述说事情的经过和感受的一种形式。这种形式可以培养学生的语言表达能力，培养学生的自信、自我反省、自我认识能力，锻炼学生的思维能力，克服害羞心理。游戏活动法，是指以游戏为中介，让学生通过游戏活动的参与，在轻松、愉快、和谐、活跃的氛围中自由地表露自己的情绪，投射自己的内心世界，体验与反思自己的行为，分享同伴的经验与感悟，从而发展健康心理。这种方法特别适合小学生。

九、学习心理辅导活动实施过程指导

学习心理辅导活动课程强调学生的直接体验和行动，教育价值集中体现在活动过程中。有了好的主题和活动方案，只是活动成功的一半，另一半是如何成功地开展活动。活动关注的对象是学生的内在自我，所有的实践活动应直接落实到学习兴趣的激发和保持、科学学习方法的掌握、可持续学习能力的获得上。在活动过程中，指导教师要特别注意以下基本要求。

(一)重视行为实践的过程调控，注意让每个学生都投入到活动中

教师作为组织者、指导者，应充分关注学生的主体地位，强化学生的主人翁意识。参与调查，小组讨论，倾听他人交流，分享实践体验，教师要有效地组织引导与点拨，激励奖励学生主动参与。以“行为实践——体验、感悟、实践——再体验、再感悟、再实践”的原则组织、指导一系列活动，促进学生不断成长。活动既要面向全体，又要关注差异；既要充分发挥组长的组织带头作用，又要了解每个小组成员的状况，及时进行心理疏导，鼓励内向的学生敢于表现自己、有畏难情绪的学生大胆愉快地参与活动；既重“预设”，又重“生成”。“生成”主要是指学生的现场活动，学生现场的感受、争论的观点、生动的案例和意外的辅导素材。教师要善于捕捉生成资源，发挥教育机制，及时调整活动流程，让学生情感智慧的火花燃成熊熊火焰。对于时间周期长、环节多的活动，教师要注意过程的调控，做好周自评、月交流、学期评价，切忌虎头蛇尾、有始无终。

(二)重视激活学生并引导探索心路历程

心理辅导活动课程强调学生的自我探索、体验感悟以及自助互助。心理辅导活动课程的性质决定了教师应更多地充当好朋友的角色。教师要能够在班级中创设维持一个安全和温暖的环境、信赖和理解的和谐气氛。教师要富有激情，精神饱满，语言有感召力、感染力和亲和力。活动中，教师首先应注意转变角色，以民主、平等、尊重的态度，调动学生的参与动机，激发学生的积极情绪，如激情导入、平等参与讨论、耐心启发、认真倾听、真诚鼓励、中肯地提炼归纳，都有益于学生形成情感共鸣。其次，引导并要求学生探索并交流记录自己的心理体验。杜威说，儿童的成长是个体经验不断改组与改造的过程。学生只有经过自我探索获得经验，才会有真正意义上的成长；从体验中获得有意义的感悟，也标志着心灵在潜移默化中壮大。交流或记录的过程是梳理经验感悟的过程，也是经验感悟升华的过程，更是学生共同分享相互教育影响的过程。在活动的各个阶段，都要让学生以“心灵独白”或心理日记的形式交流记录自己的探索成果，这也是最有价值的“成果报告”。

十、学习心理辅导活动效果评价

在活动课程领域判断一个活动设计与实施的质量水平，至少包括四个维度：一是活动选题的真切度；二是全体参与的广泛度；三是过程体验的深刻度；四是活动效果的有效度。

学习心理辅导活动课程评价的重心是学生自身经验的变化，包括信心、情感、意志和行为。参照以上评价标准，我们认为可以从对学生状况的评价、活动设计的评价、教师的自我反思三个方面来考虑。

(一)对学生状况的评价

一是学生参与活动的态度。这包括学生是否认真地参与活动，是否努力完成自己分担的任务，能否主动提出活动设想、建议，在活动中是否不怕困难、有合作精神。二是学生自身的心理状况和学习行为是否发生了变化。积极的自我形象建立，主要考察健康的情绪和情感、自我效能感；学习行为变化，主要考察学习策略的掌握，良好学习习惯的养成，积极动机态度的确立。三是学生创新精神和实践能力的发展情况。考查学生在活动中从发现问题、分析问题到解决问题的全过程所展示出的探索精神和实践操作能力。

由于心理健康活动的评价强调过程评价和自我反思性评价，因此，在一节课活动结束后，应进行形成性评价，侧重于学生描述性的自我反思。一系列活动结束后，特别是一学期或跨学期的活动，在学期结束时，应进行终结性评价，把自我评价、小组评价、家长和教师评价结合起来进行。

(二)活动设计的评价

一是对活动主题和目标的评价。主题目标是否与学生的成长密切相关，阶段目标是否明确具体，主题目标是否得到学生的认同而主动积极参与。二是对活动环节安排设计的评价，各阶段活动内容是否既紧密切合主题，又体现出综合与开放的特点，每一阶段的环节设计活动是否生动有趣，富有教育内涵。

(三)教师的自我反思

本专题活动效果评价，在特别看重学生的体验感悟、自我探索的同时，还特别看重教师的反思能力和水平。教师能从主题确定、活动设计中，从实施过程学生的表现和心理记录、自己的参与、引导调控中，发现教育契机，总结积累教育经验，提升教育理念和专业素养，与学生一起享受成长的快乐。

◎ 活动设计一

专注是金

一、活动背景

初中生正处于由少年向青年过渡的时期，他们精力充沛、兴趣广泛、情感脆弱，情绪波动比较大，注意力难以持久集中，很多同学出现学习困难、学习效率不高、学习兴趣不浓、成绩不理想的现象。究其原因，一个很重要的方面就是绝大多数同学在学习时的注意力难以集中，缺乏专注的能力。因此，如何增强学生的学习注意力，提高其专注能力，是教师必须认真思考和重视的问题。

二、活动目标

(1) 通过活动，让学生认识专注的重要性。

(2) 通过活动，训练学生的专注能力，使学生学会保持专注的方法。

三、活动过程

(一)课前准备

(1) 教师事先编排好一个情景短剧，安排学生扮演剧中的角色。

(2) 把全班学生每4个人划分成一个活动小组，确定小组长。

(3) 制作多媒体课件。

(二)课堂实施

1. 热身游戏——three up

游戏规则：在规定时间3分钟内，全班同学从1开始由左至右站起来报数，轮到数字中带有3(3, 13, …)或是数字为3的倍数(3, 6, …)时，该位同学必须立刻起立拍手且不可说出此数字。若中途出错，下一位同学需要改正前一位同学的错误，然后继续报数。

小组讨论回答：怎样才能又快又好地完成这个游戏？

【设计意图】 通过热身游戏——three up，集中学生的注意力，活跃课堂气氛，并且让学生独立思考形成游戏结果的原因，让学生认识到专注的重要性，引出“专注”这个主题。

2. 寻根究底

问题1：列举自己可以持续专注45分钟以上的活动。

小组讨论并交流：(学生列举的大部分是看电视、听音乐、打牌、下象棋、上网、玩游戏、打球……)

问题2：反思自己在课堂上出现不专注现象的原因是什么。

小组讨论并回答。

(归纳学生的问题主要有：A. 与授课老师的关系疏远甚至有敌意；B. 身体疲乏、睡眠不足；C. 负面情绪，压力太大；D. 对所做的事不感兴趣。)

【设计意图】 通过活动让学生觉察影响自己专注力的原因，为下一个环节训练自己掌握专注的方法作铺垫。

3. 训练大本营

(1) 舒尔特方格法：训练学生的专注力。

① 训练规则。

舒尔特方格是在一张方形卡片上画1 cm×1 cm的25个方格(注意：方格必须是这个尺寸)，格子内任意填写上1～25个阿拉伯数字。训练时，要求被测者用手指按1～25的顺序依次指出其位置，并大声读出。

学生每两人一组，测试者在一旁记录所用的时间。被测者数完25个数字所用的时间越短，说明其注意力水平越高。能到达16″以上为优良，26″属于中等水平，36″则问题较大。

② 训练注意事项。

眼睛距表30～35 cm，视点自然放在表的中心；在所有数字全部清晰入目的前提下，按顺序(应先熟悉原文顺序)找全所有数字，注意不要顾此失彼，因找一个数字而对其他数字视而不见。

11	18	24	12	5
23	4	8	22	16
17	6	13	3	9
10	15	25	7	1
21	2	19	14	20

学生在最初训练时，达不到标准是很正常的，可引导学生从 9 格开始练起，根据学生的熟练程度可以逐渐增加难度。视野较宽、注意力参数较高的学生，可以从 25 格开始练习。如果有兴趣可继续提高练习的难度，还可以自己制作 36 格、49 格、64 格、81 格的表。

(2) 学生交流活动感悟：教师引导学生畅谈训练活动中获得的感受，适时引导，继而让学生感悟。

(3) 引导学生自我发现：成绩能到达 16″以上为优良，班级成绩多数是名列前茅；26″属于中等水平，班级排名多数在中游或偏下；36″则问题较大，测验会呈现不合格现象。

【设计意图】 这个环节的设计采用舒尔特训练法，是目前世界上最专业、最普及、最简单的训练方法，普遍用于飞行员、航天员的训练，这也是训练学生专注力比较有效的方法。该心理训练系统可有效地改善学生注意力分散的症状，明显提高学生的注意力水平。在活动中学生既锻炼了自己的专注力，又对自己的专注水平有了清醒的认识，从而更加明确今后努力的方向。

4. 实战大演练

1) 情景剧表演《小明的一节课》

在自习课上，小明很晚才从外面懒洋洋地走进教室，一会儿在书堆里漫无目的地东翻西看，一会儿又痴痴地望着窗外，冷不丁把同桌的本子抢了过来，在本上随手画了几笔，接着又随口哼起了小曲，然后趴在桌子上直到下课铃响。

2) “金点子”大汇集

小明如何才能专注于学习？小组讨论，推选代表发言。

① 各小组讨论、交流自己的金点子。

② 教师在黑板上书写学生所列的点子，汇总如下。

A. 开始学习就全身心投入，在规定的时间内完成任务。

B. 上课盯着老师看、圈记关键词、主动回答问题。

C. 每科找一个学习对手，赶超他(她)。

……

3) 为小明制作攻克“分心”小卡片

同学们，根据今天总结出的方法，帮帮小明！为了自勉，每人做一张攻克“分心”的小卡片送给小明。

……

4) 分享卡片内容

【设计意图】 老师利用情景剧让学生充分发挥团队互助，通过解决现实中的实际问题，让学生发现、分享解决分心实现专注的办法，进一步促进学生对专注方法的掌握，提升自己的专注能力。

5. 分享收获

通过刚才的活动，你有收获吗？能和大家一起分享吗？

6. 课后作业：聚焦训练

让学生选择一个自己熟悉的简单物体作为目标，如钢笔、铅笔或书等。(不要把注意力放在牌号、标题或刻印在上面的其他东西上。)选定之后，闭上眼睛，尽量想象这个东西达几分钟。当与之相关的东西溜进头脑时，做好时间记录！

当你集中精力想铅笔时，你可能会想到拿着铅笔的手或印在铅笔上的字等，所有这一切都说明你的思想已偏离了铅笔本身，没有按要求的那样坚持集中精力在铅笔上。

【设计意图】 引导学生学会在生活中自我训练，从而不断进步。

◎ 活动设计二

记忆直通车

一、活动背景

任何知识的增长、心理的发展都离不开记忆，可以说“记忆是人类智慧的根源，是人的心理发展的奠基石”。初中阶段正是人类记忆活动的黄金时期。但是，不少学生由于不善于运用科学合理的记忆方法，导致记忆能力不强、学习效率低下、学习成绩不理想。特别是升入初二以后，同学们陆续迎来了各科的结业考试，需要记忆的知识越来越多，记忆方面的苦恼也越来越多。为此，结合初二学生的认知特点和心理发展水平设计了这次心理健康活动课，旨在帮助学生学会科学记忆，提高学习效率。

二、活动目标

本次活动的目标：体验科学记忆的重要性；帮助学生掌握一些常用的记忆方法；培养学生的参与意识，积极探索增强记忆的技巧。帮助学生体验并掌握记忆的方法技巧来提高学习效率，是辅导过程中的重点。为了突出重点，顺利地达成活动目标，主要采用情境导入、活动体验、实践演练、刊板展示等方法，来激发学生的学习兴趣，确保活动过程的有效开展。

三、活动过程

本次活动课共设计四个环节，一是情境导入；二是活动体验；三是拓展延伸；四是收获平台。

环节一：情境导入，“现场采访”——说说心里话

(1) 你觉得你的记忆力怎么样？为什么？

(2) 你感觉令你满意的记忆状态是怎样的？

【设计意图】 本环节通过谈话的方式，缓解学生的紧张，迅速建立起和谐的师生关系；同时唤醒学生以往的一些生活体验，激发学生的兴趣，促使学生以更强的渴望和更大的热情来探求增强记忆的方法。

环节二：活动体验

(一)谐音记忆

1. 挑战你的记忆力

秦灭六国的顺序：韩、赵、魏、楚、燕、齐。

2. 实践演练

用谐音的方法来记忆历史年代。

(1) 李渊618年建立唐朝。

(2) 清军入关是1644年。

(3) 中日甲午战争爆发于1894年。

(二)找规律记忆

限时1分钟把下列15个数字记下来！

1 4 9 1 6 2 5 3 6 4 9 6 4 8 1

(三)意义识记

(1) 范例：blackboard 黑板 friendship 友谊

(2) 学生回忆举例并运用此方法记忆。

如：teaspoon 茶匙 bookstore 书店

business 生意 family 家庭

……

【设计意图】 本环节选用与学生的心理特征和认知水平相适应的各学科的典型材料，帮助学生学会谐音记忆、找规律记忆、意义识记等方法，并从中体验科学合理的记忆方法的重要性。

(四)记忆练习

1. 赋予记忆意义法

在记忆任务面前，人们不外乎有两种态度：要么消极被动，应付式地记忆；要么积极主动，开动脑筋。现在，让我们做一个小实验。请看下列两组数字。

1 7 9 17 19 21 23

2 6 8 10 12 16 18

让一些同学读三遍，看一看他们能记住多少。

请另外一些同学寻找数字的规律，然后进行记忆，看一看他们能记住多少。

显然第二组同学的记忆效果要优于第一组，同学们可以总结自己的记忆规律。

2. 我是一个记忆专家

每个同学都偶尔使用了一些特殊的记忆方法，只不过没有认真总结罢了。现在请回忆自己的一次成功的记忆，总结一下自己使用了怎样的记忆方法。

(1) ______________________________。

(2) ______________________________。

(3) ______________________________。

(4) ______________________________。

(5) ______________________________。

环节三：拓展延伸——记忆分享站

(1) 课件出示范例：用歌谣记忆全国32个省份。

(2) 学生填写自己的“专利申请”。

(3) 小组交流，互相完善。

(4) 专利展示。

(5) 张贴“记忆分享站”刊板。

【设计意图】 本环节通过“申请专利”这种新颖的形式，激发学生对自己的记忆活动进行回顾与总结，寻找既适合学科特点又适合自己的记忆方法，促使学生在平时的学习和生活中自觉地去总结并运用高效的记忆技巧来提高自己的记忆水平。

环节四：收获平台

请学生畅谈本节课的收获，教师适时地进行引导和鼓励，最后把古希腊哲人亚里士多德的名言“记忆力是智力的拐杖，记忆力是智慧之母”送给全班同学，鼓励同学们在今后的学习生活中积极探索，并自觉地、创造性地运用科学、合理的记忆方法来提高自己的记忆水平，成为学习、生活中的智者。课程在温馨的氛围中结束。

【设计意图】 本环节学生畅谈收获，把本节活动课所了解到的记忆方法内化为个人的感悟，做到自我升华与成长。

◎ 活动设计三

空降法补弱科

一、活动背景

升入高中后，很多学生都希望能有一个新的开始，可是以前落下的功课深深地影响着现在的学习，尤其是英语、数学，学会新课已经感到有些吃力了，还要补习前面的基础知识，这让学生很难坚持下去。由于在学习中不能获得成就感，很多学生感到烦恼、困惑，甚至厌学。为了有针对性地解决学生在学习中遇到的实际问题，可以使用空降法。

所谓空降法，就是不再系统地补习前面自己没有学好的知识，而是像坐上直升机一样，赶在老师和同学们的前面，提前学习老师即将讲授的内容，补习当前这节课涉及的基础知识。这样既可以零打碎敲地把基础知识补上，又能为学习新知识扫清障碍，上课时就能很好地理解老师所讲的新知识，课堂效率高，复习作业的效率就会大大提高，学生就会有充分的时间预习，从而形成良性循环。这不仅是补习的好办法，更重要的是能增强学生的自信：即使自己前面没学好，也能从现在开始，学好当前的功课，还能够补上前面的欠缺。

二、活动目标

(1) 增强自信，相信自己有办法学得更好，相信办法总比困难多。

(2) 掌握并会用空降法补习弱科，增强学习能力。

三、活动过程

(一)热身活动：1分钟鼓掌

先让学生做一个猜测：1分钟能鼓掌多少下，写在本子的左边，然后老师计时，验证一下，看看实际鼓掌多少下，将实际鼓掌的次数写在右边，对比一下左右两边有多大的差别。

事实证明学生估计的要比实际鼓掌次数少得多。

【设计意图】 让学生思考、领悟道理：自己原来有那么大没有被挖掘出来的潜力。自己往往低估了自己的能力，不仅是鼓掌这件事，学习也是一样。

(二)脑力震荡，故事启智

1. 问题分享

学生 4 人一组交流自己应对弱科的做法，可以分享经验，也可以交流自己在学习中遇到的烦恼和困惑。各小组代表汇总本组的交流结果，在全班交流。在小组活动中，注意轮流发言，每个人都有发言的机会，组长还要做好记录。

根据学生的交流结果，确定本节课的重点是解决想学好却苦于没有合理方法的问题。

【设计意图】 交流的过程是厘清自己问题的过程，也是互相学习、互相了解的过程。学生会发现不仅自己在学习中会遇到难题，很多同学也都有这样的问题，而且这些问题是有办法解决的。鼓励学生交流自己的学习经验，同学之间不仅有竞争，更重要的是合作、共赢，让学生明白水涨船高的道理，周围的同学进步了，对自己也是促进。如果自己的学习劲头、学习经验帮助了周围的同学，那收获的不仅是学习的成功，还有助人的快乐。

2. 故事启示

一只蚂蚁来到墙脚就毫不犹豫地向上爬去，可是每当它爬到大半时，就会由于劳累、疲倦而跌落下来。可是它不气馁，一次次跌下来，又迅速地调整自己，重新开始向上爬去。另一只蚂蚁观察了一下，决定绕过墙去，这只蚂蚁绕过墙来到食物前，开始享受起来。而第一只蚂蚁还在不停地跌落下去又重新开始。

从故事中，学生能够悟出以下道理。

第一只蚂蚁的精神值得我们学习，做任何事都要坚持，为了实现目标百折不挠、锲而不舍、奋斗努力，但"条条大路通罗马"，做事时要有计划、讲策略。

第二只蚂蚁很聪明，它知道观察，会开动脑筋，很灵活机敏。

【设计意图】 通过两只蚂蚁的故事，启发学生思考，学习也是一样，既要有锲而不舍、努力拼搏的精神，也要有正确的思路和方法。会学习才能提高学习成绩。学习成绩不佳，并不代表能力低下，而是由于学习方法存在问题。如果付出了很大的努力仍未取得好的成果，那么首先就得反省一下自己的学习方法，为下面学习空降法做好铺垫。

(三)空降学习，小试身手

1. 小贴士

老师介绍空降学习法，就是用跳伞的方式降落到"目前所学的地方"。其道理是全力以赴地把目前所学的部分弄清楚。因此，不必为没打好基础而自卑，应该利用"空降学习法"的思想，集中力量弄懂现在每一个面临的问题，若的确遇到了不理解的知识，那就去请教老师和同学或查阅相关资料，降落在所需基础知识的层次上。

【设计意图】 让学生关注当下。空降法强调的是关注现在，过去的已经过去了，再后悔不该当初贪玩，不该落下功课已没有意义，重要的是要把握好现在，从现在开始努力学习，不再落下功课，迎头赶上，才会有美好的未来。

2. 试一试

提供一篇英语短文，让学生用空降法补习单词。有的同学落下很多单词不知该从何处入手，虽然费了很大的劲儿，但效果并不理想。在"试一试"活动中，首先改变使用单词本背单词的方式，让学生从下节课将要学习的短文中挑出自己要补习的单词，进行超前学习。在学习单词的过程中，让学生采用限时背诵的方法，由老师计时，学生体验 1 分钟能背几个单词，5 分钟能背几个单词，然后学生两个人一组互相检查，这样可以提高学习兴趣和效率。

这样在学习新课文时，就会有见到老朋友的感觉，不再陌生，不再害怕，并且在以后的学习过程中，这些单词还会被多次重复，深刻记忆。

有的学生记背了很多单词，却是事倍功半，很困惑。其实学习单词只是基础，要学好英语，仅背单词还远远不够，还要通篇通读，因为不管哪种学习英语的方法，都不能过分拘泥于不能理解的部分，都需要反复背诵句子、背诵课文，这样才能培养语感，整体把握，学好英语。高考中英语成绩占了很大的比重，如果学生的英语可以取得较高的成绩，他的学习信心就会更足，考上大学也就会更有希望。

【设计意图】英语学科是现在不少学生的短板，因此本节的空降法补弱科就从英语入手，然后学会迁移到别的学科，在以后的学习中加以运用。

◎ 活动设计四

管理好时间财富

一、活动背景

学习是高中生的主要任务，由于高中阶段课程数量和难度的增加，许多学生开始困惑于时间的不够用，以致长期陷入“今天的事情明天做”的恶性循环中。究其原因，是学生不重视单位时间的利用率，完成学习任务不注重计划性和持续性。就时间的重要性而言，学生从小学开始就已认识到，所以在高中阶段，特别是普通中学的学生真正缺乏的不是对时间价值的认识，而是找不到高效率利用、管理时间的方法，本节课正是在此基础上加以设计和施教的。

有研究表明，中学生时间管理倾向的形成主要受时间价值感、时间监控感和时间效能感的影响。时间价值感是指个体对时间的功能和价值的稳定态度和观念。时间监控感是指个体利用和运筹时间的观念和能力。时间效能感是指个体对自己利用和运筹时间的信念和能力估计。本节课从上述影响因素入手，设置“生命量尺”的体验活动，促使学生体验学习时间的短暂，通过“时间馅饼”和“分身乏术”的主题活动，帮助学生学会时间监控与优先等级的确定。

时间管理是学习心理主题中比较重要又相对枯燥的部分，学生常因其内容的“说教性”而表现出厌烦情绪，为此，本节课尽可能通过不同形式的活动，来促使学生体验相关知识内容，力求激发学生的兴趣，提高辅导的有效性。

二、活动目标

(1) 促使学生体验时间的流逝性，感受时间的重要性，深入理解时间的价值。

(2) 帮助学生学会运用“计划”与“事件的优先级”来管理时间。

辅导重点：学会分析自己的时间管理问题以及学会任务优先级的确定。辅导时间：30 分钟。辅导准备：课件、生命量尺、时间管理表(我的一天)。

三、活动过程

(一)导入活动——猜谜语

1. 教师导入

假设你有一个账号，这个账号每天进账 86 400 元，每年进账 31 536 000 元，每晚 12 点进账消失，每年元旦后结算扣除。

——打一词语，两个字

谜底是什么？时间。

恭喜你，答对了！有的同学在感慨，要是每天有那么多钱、那么多财富就好了。大家有没有发现其实我们每天确实拥有这么多的财富，如果我们把元换成秒，这些财富不都是我们的了吗？！

我们有了钱要投资要存起来，这些都是对金钱的管理，以便让钱更多。那么面对这么一大笔财富我们要不要管理呢？(要)

今天我们就来谈谈如何管理好我们的时间财富。

【设计意图】 吸引学生的注意力，调动学生情绪，引出本节课的主题。

2. 生命量尺实验体悟

教师：作为高中生，学习是我们的主要任务，我们在管理时间之前先来体验一下有多少时间可供我们学习。现在每人拿起桌上的纸条，我们来制作一个生命量尺，把它平均分成 10 份，写上 10、20、30、…、100。假如我们的生命就是手中这个纸条。假设我们每个人都能活到 100 岁，这样的一段生命对我们来说应该是漫长的。

(1) 现在请你剪去从 60 岁开始往后的这一段属于我们退休的年龄。(动手剪)把这段时光放在桌子上。我们发现生命量尺变短了。

(2) 请同学们再剪去从 30 岁开始属于我们工作的时间。(动手剪)把这段时光放在桌子上。生命量尺变得更短了。

(3) 老师发现有些同学有点舍不得了。今年我们是高一学生，已经十六七岁了，剪掉这部分已经过去的学习时间。

(4) 请去掉睡觉、上厕所、吃饭、聊天、走神，以及不知道干了些什么事情的时间。

请将你的学习时间与生命量尺相对照，你想说什么？

学生发言。

教师小结：不量不知道，一量吓一跳，原来在校学习的时间是如此的短暂，与漫长的人生相比，它少得可怜。

【设计意图】感知在校学习时间的有限和短暂，激发其管理时间、合理规划时间、不浪费时间的动机，同时也澄清了学习的目的。

(二)主题活动

活动一：我的时间馅饼

(1) 回忆在过去的 3 天内自己所做的活动，睡觉、吃饭等除外。

(2) 估计各项活动的百分比。

(3) 根据百分比将上述活动填入时间馅饼中。

例如：

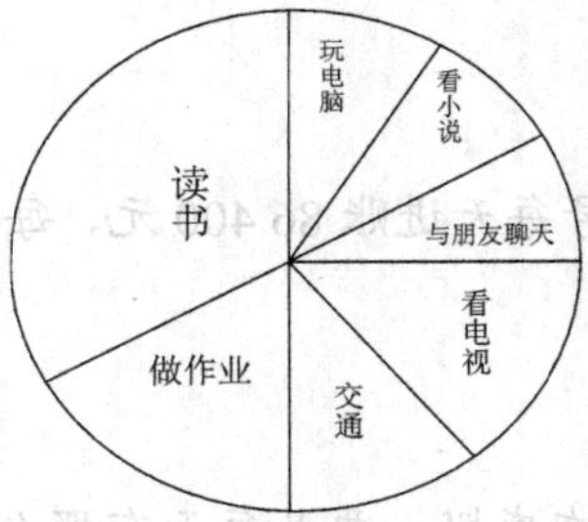

时间馅饼

想一想：

(1) 你对自己的时间安排满意吗？理由是什么？

(2) 哪一部分占的时间最多？

(3) 哪一部分的时间是可以增加的？

(4) 哪一部分的时间是可以减少的？

(5) 哪一部分的时间是可有可无的？

故事分享：在一次时间管理的课上，教授为学生们做了一个实验。他先拿出一个空瓶子，然后往里面装满鹅卵石，并问在座的学生“瓶子满了吗？”学生都回答：“满了。”教授又拿出一些小石子装到了瓶子里，摇了摇又装进去一些，这时他又问学生：“满了吗？”学生回答：“满了。”教授说：“你们继续看。”他又拿出一袋细沙子，倒了进去，当他再问学生的时候，没有人回答了。最后教授拿出一瓶水，倒进了看上去已经被鹅卵石、小石子、沙子填得满满的瓶子里，水仍然没有溢出来。教授问全班的学生：“从这个实验中你们得到什么启示？”有个学生站起来回答：“时间就像海绵里的水，只要挤总还是有的。”教授说：“你说得很对，但不是我要告诉你们的最重要的启示，我想告诉你们的是——如果你不先把最大的鹅卵石装进去，以后就再也没有机会把它装进去了。”学生恍然大悟。这就好像是在生活中，每天我们都有很多的事情等着去处理，如果你分不清主次，分不清优先顺序，用那些不重要的小事占去了大量的时间，结果真正重要的事情却没有去做，不得不去事后补救，那么你永远都在做时间的救火队员。

在我们的生活中，常常会面临许多事情，常常会让我们不知所措。而事实上，事情总有轻重缓急，根据事情的重要程度、完成的时间限制，我们可以把事情分为以下A、B、C、D四类。

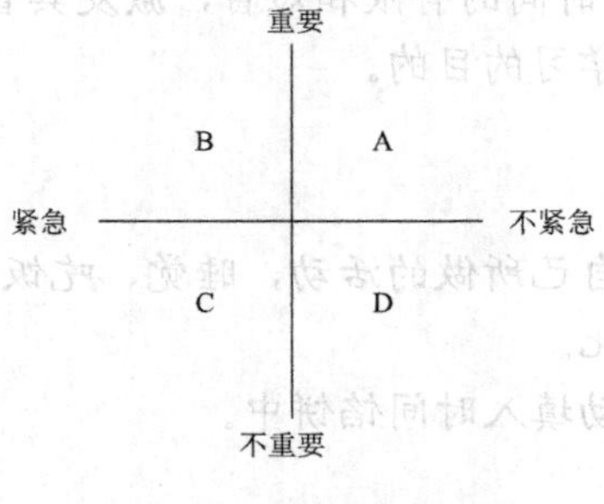

生活分类表

(1) 请同学们将时间馅饼里的活动分别归入这个表格。

(2) 讨论如何安排这四类事情，做个管理时间的高手。

总结：

(1) 做事有计划——明白自己将要做什么。

(2) 懂得处理事情的轻重缓急——懂得先做重要且紧急的事。

(3) 重要的事重点对待——要用大部分的时间来做。

(4) 事不能拖拉——今天能做的事今天做。

【设计意图】明确自己时间管理上存在的问题，体验处理事情的计划性，学会任务优先级的确定。

(三)学以致用

活动二：案例分析——分身乏术

1. 情境展现

我叫王明，是班级的学习委员，又是校学生会的干部，还是课题研究小组的骨干，平时总是需要面对许多的学习与工作任务。比如星期一下午，我刚走进校门，便碰到我的好朋友对我说："今天 16:35 我们一起去图书馆看体育杂志吧。"刚到班级又看见黑板上写着"今天 16:30—17:20 学校进行'英语演讲比赛预赛'"。我这才想起自己是班里的参赛选手之一。

这时门外突然一个学生会的干部找过来说，团委李老师让我今天 16:40 召集高一年级全体学习委员开会，商量明天演讲比赛的事情。刚坐到位子上，课题组的组长跑进来对我说："今天 16:35 我们课题小组成员碰个头，商量一下周六研究性学习的事，你可有主要任务啊。"组长刚走，物理老师走进教室，对大家说："今天 16:30 奥赛辅导的同学到物理实验室讲评昨天的试卷，只有王明等几个同学得了满分。"哎，今天怎么这么多事情都凑到一起了啊，我该怎么办呢？……

2. 信息提炼

今天 16:30—17:20 要做的事情如下。

(1) 16:30 物理奥赛讲评，自己得了满分。

(2) 16:30—17:20 学校英语演讲预赛，自己是班级参赛选手之一。

(3) 16:35 去图书馆看体育杂志。

(4) 16:35 召集课题组成员开会，自己承担主要任务。

(5) 16:40 召集学习委员开会，关于明天演讲比赛的事情。

时间段	计划内容	重要性排序	要做的事情
中午休息时间 (11:40—13:15)	去图书馆看杂志	5	告诉好朋友下周一中午再一起去看
	学校英语演讲比赛预赛	1	参加学校英语演讲竞赛(16:30—17:20)
	听物理作业讲评(已掌握)	4	向物理老师请假
	召集学习委员开会(委托他人)	2	寻找协助开会的人 并告知其会议内容与要求(明天演讲比赛)
	课题组讨论研究性学习事情(周六)	3	与课题组商量另定讨论时间(周六外出)

(四)结束

欣赏：配乐朗诵《匆匆》

早上我起来的时候，小屋里射进两三方斜斜的太阳。太阳他有脚啊，轻轻悄悄地挪移了；我也茫茫然跟着旋转。于是——洗手的时候，日子从水盆里过去；吃饭的时候，日子从饭碗里过去；默默时，便从凝然的双眼前过去。我觉察他去的匆匆了，伸出手遮挽时，他又从遮挽着的手边过去。天黑时，我躺在床上，他便伶伶俐俐地从我身上跨过，从我脚边飞去了。等我睁开眼和太阳再见，这算又溜走了一日。

◎ 活动设计五

知了学飞

一、活动背景

小学阶段，低年级的小学生因为脑神经发育系统尚不完善，大脑的抑制功能还不强，注意力水平都比较低。孩子们对新鲜事物充满了好奇，上课总是坐不住，容易走神。他们能观察具体、形象的事物，而不善于观察抽象、概括的材料；能集中注意于事物的外部现象，而不善于专注于事物的本质联系，注意力集中的时间较短。

为了提高课堂教学效率，培养学生良好的注意品质，养成好的行为习惯，《知了学飞》这节课，对孩子学习心理品质的培养将会有着很好的引领作用。

二、活动目标

(1) 指导二年级的小学生认识自己在注意力方面的欠缺，体会集中注意力的重要性。

(2) 通过活动，使小学生体验注意力集中、全神贯注对于学习、做事的重要意义；培养小学生良好的注意品质和行为习惯。

三、活动过程

活动准备：图片，有关词语纸条，课件，《西游记》光碟，带有口算题的纸张。

活动实施：

(一)热身活动，创设情境

(1) 做游戏(师生合作)。

游戏规则：教师喊口令，学生做相反的动作。

【设计意图】 通过活动激发学生的学习兴趣，测试学生的反应速度。因为是低年级的儿童，学生的兴趣都很高，但是听错口令的同学大有人在。问其为什么会做错动作，学生能够说出原因——没有好好听，从而引出本课活动主题“注意力”。

(2) 观察图形，看谁说得多——测测注意力。

活动要求：教师出示一张图片，图片中有很多小动物，给大家 1 分钟的观察时间，然后将图片切换掉，看看哪一个同学说出的小动物最多。

【设计意图】 此环节考查学生的注意广度，有的学生记住的小动物比较全，因为注意观察了，有的学生只是走马观花，没有好好看。让学生进一步体验注意力在学习中的意义。

(3) 让同学们说一说有关集中注意力方面的词语。

教师张贴词语纸条，学生齐读。

集中精力　一心一意　专心致志　聚精会神

【设计意图】 在体验的基础上增强学生关于注意力的理性认识。

(二)故事展现，认识“注意力”(教师板书题目)

(1) 学生听故事《知了学飞》，教师播放课件，并做板书。

知了学飞

传说在很早很早的时候，知了是不会飞的。一天，它见一只大雁在空中自由地飞翔，十分羡慕。于是就请大雁教它学飞，大雁很高兴地答应了。

学飞是一件很艰苦的事情。知了很怕苦，一会儿东张西望，一会儿爬来爬去，学习很不认真。大雁给它讲飞的道理，它只听几句就不耐烦地说：“知了！知了！”大雁教给它本领，它只试几下，就自满地嚷着：“知了！知了！”

秋天到了，大雁要飞到南方去了。知了很想跟着大雁一起展翅高飞，可是，它用力扑腾着翅膀还是没能飞离树梢。

这时候，知了望着万里长空，只见大雁振翅远飞，它真懊悔自己当初没有努力学习！可这时已经晚了，只好叹着气说：“迟了！迟了！”

(2) 学生思考问题。

① 知了为什么没有学会飞？教师张贴“三心二意”“东张西望”的纸条。

② 通过这个故事你明白了什么？

(3) 小组交流讨论——全班交流。

【设计意图】 《知了学飞》的故事是小学二年级下册语文单元测试卷中的一道阅读题，这个故事很有寓意，经过加工做成课件，通过音频播放，给孩子视觉上以美的感受和情境再现。通过思考，孩子们都能悟出一定的道理：做好一件事情，不但需要专心致志，还需要坚强的意志，坚持的精神。

(三)活动体验，感知重要性

(1) 口算比赛。

教师给每个同学发了一张有20道口算题的纸，让学生在规定的时间内做题，学生在做题的同时，教师播放动画片《西游记》。

(2) 口算结束后，让学生交流自己的做题情况——专注的、走神的各选几个代表进行交流。

(3) 七嘴八舌话“注意”。

① 平时听课、写作业时，你是如何集中注意力的(或者有哪些不专注的行为)？

② 友情传递——给小组内上课注意力不集中的同学支招。

【设计意图】 让学生反思自己，互相帮助、互相学习，由知到行，从小事做起，养成专注的良好品质和行为习惯。

(四)学习白龙马——我也行

(1) 欣赏儿童歌曲《白龙马》(音配画)。

听歌曲说故事：

白龙马蹄朝西/驮着唐三藏跟着仨徒弟/西天取经上大路/

一走就是几万里/西天取经不容易/容易干不成大业绩。

(2) 分享如何向白龙马学习。

让学生写出要专心致志做的一件事，贴到黑板上。

【设计意图】通过欣赏歌曲，了解《白龙马》故事，再次激励同学做事要专注、坚持。作业卡的设置对学生来说是一次情感的升华，同学们互相学习、互相监督，共同促进学习。

(3) 齐唱《白龙马》。

板书设计：

知了学飞

三心二意　　东张西望

集中精力　　一心一意

专心致志　　聚精会神

◎ 活动设计六

跨越高三复习疲劳期

一、活动背景

高考复习的过程中学生经常会出现一种现象：大部分学生在长时间的复习后，尤其在二轮复习中后期会出现一个比较强烈的疲劳期(学习成绩和效率停滞不前，学习的知识感觉模糊起来)。想学习又学不进去，一看书就发呆，于是导致心情异常烦躁、情绪低落。为了使学生尽快跨越疲劳期，冲刺高考，本节心理辅导活动课着重探讨心理疲劳期的表现及原因并寻找解决的方法。本节课适合高三学段。

二、活动目标

使学生对高三复习中心理疲劳期有一个全方位的认识，能觉察自己的心理疲劳期，并能运用有效的方法跨越心理疲劳期，笑傲高考，铸就辉煌，同时使学生面对疲劳期不烦躁、不恐慌，心中坦然，情绪稳定。通过角色扮演、心理测试、心理游戏、讨论思考等方法解决教学重点：找出适合学生自己的行之有效的跨越疲劳期的方法。

教学难点：对疲劳期原因的探究。

三、活动过程

本次活动共有四个环节：第一环节感受疲劳期；第二环节认识疲劳期；第三环节探究疲劳期；第四环节跨越疲劳期。通过辅导课，使学生在活动和思考中获得启迪和智慧，探索适合学生自身特点的调节方法，提高学习效率，从而战胜疲劳。这是一个符合学生认知规律和心理特点的动态过程。

第一环节：感受疲劳期

(一)情景表演

地点：一个高三学生家里。

时间：双休日——离高考三个月。

人物：母女。

事件：女儿想看书却又发呆，想进入学习状态又进不了，异常烦闷，母亲不解，督促女儿赶快学习，因此发生了争执。

(二)交流

这个情景想必同学们或多或少都遇到过，请同学们谈谈自己的感受和体会。

【设计意图】 选取学生生活中的真实事例，激发兴趣，共同感受，引起大家的共鸣并导入课题。其实，自我体验、自我认识、相互交流已经是心理健康教育的开始了。

第二环节：认识疲劳期

(一)心理测试

随机抽调6名学生到讲台，其他同学在座位上自测。在认为符合情况的测试题后打“√”。

(1) 老师说开始复习时我不能马上进入状态。

(2) 看见书本上的习题我感到讨厌。

(3) 今天的复习计划我没有抓紧时间去完成。

(4) 想抓紧时间学习，可提不起劲头，有点松松垮垮。

(5) 上课时头脑不清醒，经常走神，学习效率不高。

(6) 我感到不会的东西很多，许多知识都很模糊。

(7) 忙忙碌碌一天下来，我感觉没有多大收获。

(8) 考试成绩不理想，我最近经常掉眼泪或发脾气。

(9) 我开始怀疑自己的学习能力。

每打一个对号向前走一步，走的步数越多越有问题。统计同学打对号的情况。请走的步数较多的同学谈一下认识，结果以测试中第6、7、9条的问题最突出。

(二)讨论并揭示

这种现象看来比较普遍，这是一种什么心理现象呢？

心理疲劳期：长时间从事一件事所带来的心理饱和。

【设计意图】 学生对心理测试还是比较感兴趣的，通过心理测试使学生对心理疲劳期有一个较为清醒的认识。高中生的思维特点决定了认识事物不能只停留在现象的体验和表层的认识上，必须深入到事物本质的揭示上。

第三环节：探究疲劳期

【心理游戏】

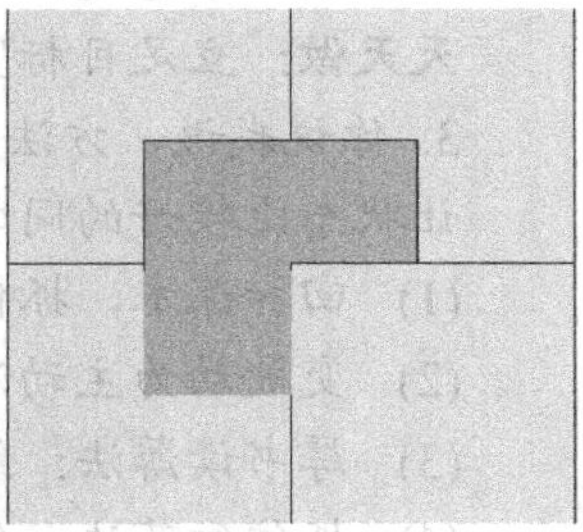

把左上角分成二等份；把右上角分成三等份；把左下角分成四等份；把右下角分成七等份。第四步极少有人能做出。

揭秘：长期以单一的方式从事某项活动就会出现思维定式、效率下降、智力受限的情况。联系到高三复习，长期的高三总复习，学生只是被动地跟着老师走，没有主动构建知识网络，没有创造性学习，必然导致这种结果。

【设计意图】 这是一个著名的心理实验，运用它来揭示心理疲劳的原因，会给学生耳目一新之感。心理疲劳的原因是多方面的，比如长期睡眠不足、缺失成功体验等。但在课堂上不能一一展示，只能抓住最关键的点进行揭示。

第四环节：跨越疲劳期

针对心理测试中最突出的三个问题寻找跨越的办法。(这是本节课的重点)

1. 感受漫画，心灵加油

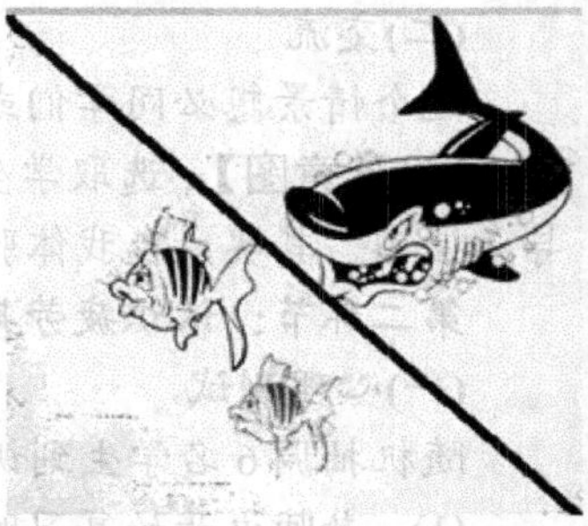

鱼和鲨鱼的故事：把鲨鱼和小鱼养在一个鱼缸里，中间用玻璃隔板挡着。一开始鲨鱼想吃小鱼，却一次次碰壁。经过一段时间，当把玻璃隔板拿开后，即使小鱼游到鲨鱼面前，鲨鱼也不吃小鱼了。

感悟：对失败的思维定式导致错误归因，以致自信心下降，能力缺失。

【设计意图】 通过漫画分析的方式更符合高中生由浅入深的思维方式，比一味的概念灌输更加深刻。以此解决心理测试中第9条学生对自己学习能力怀疑的问题。

2. 英语翻译，激发潜能

【翻译口号】

① Believe in yourself .

② Just do it.

③ Stick to it.

我们的口号：我行，我做，天天做。

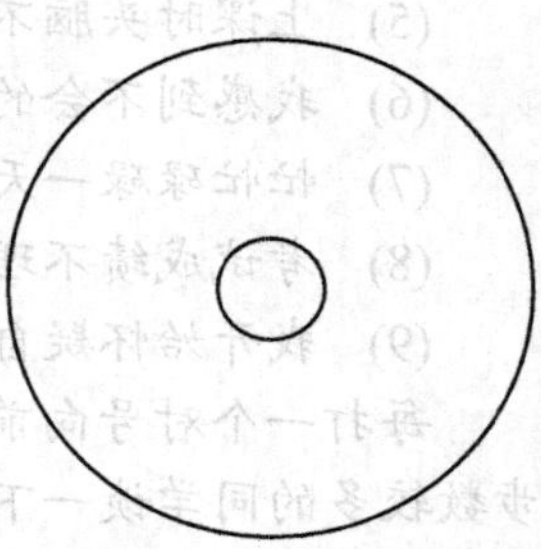

【解读口号】

我行：A. 大圆与小圆。

小圆周长小，与未知领域的接触面小，感到自己的未知少；大圆周长大，与未知领域的接触面大，感到自己的未知多。

B. 应激状态：

人在精神适度紧张时会有一个情绪及智力的亢奋期。

我做：师生互动，检测我行、我做。让学生走上讲台，喊出我行、我做的口号，唱两句歌，并谈一下感受。

天天做：立足目标坚持不懈。

3. 你说我说，方法PK

让状态比较好的同学交流心得，比比谁的方法最好。

(1) 回扣课本，抓住本质法。简单和基本里包含着本质。

(2) 变被动为主动法。我是各门功课的总教练，我给各科制订训练计划。

(3) 厚书读薄法：绘制知识导图，提纲挈领。

(4) 抓住细节法：细节决定成败。

(5) 身心调节法：越是复习最紧张的时候越应该把运动、音乐输入进去，做到有张有弛。

(6) 分段复习法：把难记的、自己不擅长的功课分成若干部分分段复习。

(7) 薄弱环节重点突破法：对自己经常出问题的地方进行专题研究。

第二章　自我意识辅导

自我意识辅导是学校心理辅导的重要内容。所谓自我意识辅导，就是根据自我意识的结构及其相关理论，引导学生正确地进行自我意识活动，帮助学生形成积极的自我意识品质。

自我意识是作为主体的我对自己本身，以及自己与客观世界、周围环境和周围人际关系的一种意识。自我意识包括主体对自己机体及其状态的认识；主体对自己肢体活动状态的认识；主体对自己的思维、情感、意志等心理活动的认识。对学生自我意识的辅导主要包括自我概念、自尊、自信和自我监控能力等方面。

一、自我意识辅导的价值与意义

对学生来讲，健全人格的发展和完善在一定程度上是比单纯的学习成绩更重要的内容，同时，良好、健全的自我意识也是心理健康的标志，意味着一个人能客观地认识、愉快地接纳自己和积极地完善自己。

而在实际情况中，无论小学、初中还是高中的学生都存在着一系列问题，学生对于自我认识不足，产生自卑、自傲、自信心不足、自尊感低以及由于对自我认识不够客观而影响到了与别人的交往等。这些问题一方面与家庭教育、社会影响等因素有关，另一方面，我们的学校教育也有着不可推卸的责任。因此如何科学、有效地利用好自我意识辅导的策略、方法对学生施以恰当的教育，使他们能够充分地认识自我、了解自我，树立良好的自我评价和自尊感等，对于他们的成长和发展具有重要意义。

自我意识辅导关注学生的自我意识的发展特点和发展规律，是心理学的重要研究内容。所谓自我意识，就是对自己的认识，是对自己本身和自己与他人以及自己与社会关系的认识。在自我意识中，个人既是认识的主体(主格 I)，又是认知的对象(宾格 me)，只有人才有自我意识。健全的自我意识，意味着个体能实现自我的平衡状态，实现自我内部的有机整合以及自我与环境的有机融合。

自我意识是人成熟的标志。正是自我意识的出现，才使人的心理活动不仅决定于外界客观环境(特别是在最本质的意义上)，更重要的是受到自身心理的调节。正因为有了自我意识，人才成为一个具有高度自我控制、自我完善功能的有组织系统。当幼儿把“宝宝要吃饭”的说法，变为“我要吃饭”的说法时，则标志着人的个体心理发展水平的一个巨大转折和飞跃，从此，他(她)开始有了自尊心、羞耻感，并以此成为幼儿道德发展的起点；从此，幼儿就能从自我以及自我与外部世界的联系出发来思考事情，作出决定，实施行动。到了青年时代，由于自我意识的成熟，才使人有了自我目标定位、人生追求和远大理想，才使人具有了自我实现和自我完善的持久动力。人依靠自我意识认知自我、评价自我、改进自我，这是一个人自我完善、实现自我价值的重要前提。因此，无论是在小学阶段、初中阶段还是在高中阶段，自我意识辅导对于孩子的健康成长都具有重要意义。

二、自我意识辅导的理论依据

(一)哈特曼的自我心理学

奥地利心理学家哈特曼(N. H. Hartman，1894—1970)出生于德国一个有名望的知识分子家庭，早年获得医学博士学位，后移居美国专门研究自我心理学。他被称为“自我心理学之父”，他最早提出研究心理学的自我领域，他的《自我心理学与适应问题》(1939)可以与弗洛伊德的《自我与伊底》(1923)相媲美，在自我心理学发展史上具有里程碑意义。

他提出了无冲突的自我领域，认为自我并非对于环境的每一次适应和学习过程都是冲突，冲突外还有很多成熟和学习过程，像动作、思维、记忆、创造力以及一些自我适应机能，并不是自我与伊底(“伊底”是弗洛伊德提出的所谓心中无意识的部分，也称本我)相互作用的结果，它们是在没有冲突的自我领域里发展的。他提出了防御机制的理智化，即人们为了防御某种潜意识动机而故意用智力活动来压制它，在个体对环境适应的描述中，提出了自我整合机能和自我调节机能。总之，哈特曼创立了自我心理学逐步清晰的理论体系，开始侧重研究自我的发生和发展。

(二)弗洛伊德的“本我”“自我”和“超我”

精神分析学派的创始人弗洛伊德在他的心理学中阐述了他的自我概念。弗洛伊德认为，人格由本我、自我和超我组成。

本我即原始的自我，是指维持生存所需要的基本欲望、冲动、需求和生命力。本我是一切心理能量的源泉，它按快乐原则行事，即获取快乐、力避痛苦，它的目标是求得个体的自我舒适感以及生存、繁衍等。它是无意识的部分，是不容易被我们自身所察觉的。

自我，其德文原意是指“自己”，是现实化了的本我，自己可意识到的执行思考、感觉、判断或记忆的部分。它不再是盲目地去追求快乐，而是寻求“本我”冲动得以满足，同时保护整个机体不受伤害，遵循的是“现实原则”。

超我，是道德化了的自我，是最后形成的，也是人格中最高层次的、最文明的部分，它按照社会道德、伦理以及相关标准监督自我的行动。

这三者应该是相互作用并保持着动态平衡的关系，本我是人类生存的原动力，超我是适应社会法则的最高体现，而自我则调整自己适应环境并完善本我。

(三)埃里克森的自我意识发展阶段论

埃里克森(E. H. Erikson，1902—1994)是美国著名的精神病医师，同时也是新精神分析派的代表人物。他认为人的自我意识发展过程持续整个一生，他把自我意识的形成和发展过程划分为具体的八个阶段，这八个阶段类似每个个体一生大致的成长方案，个体在不同的阶段里，学习和适应不同的困难，化解不同的危机与矛盾，而后逐期上升，最终完成他整体性、全面性的自我发展。

埃里克森的人格终生发展论，为不同年龄段的教育提供了理论依据和教育内容，任何年龄段的教育失误，都会给一个人的终身发展造成障碍。它也告诉我们每个人，你为什么会成为现在这个样子，你的心理品质中哪些是积极的，哪些是消极的，都在哪个年龄段形成，给你以反思的依据。

(1) 婴儿期(0～1.5 岁)：基本信任和不信任的心理冲突。

(2) 儿童期(1.5～3 岁)：自主与害羞和怀疑的冲突。

(3) 学龄初期(3～6 岁)：主动对内疚的冲突。

(4) 学龄期(6～12 岁)：勤奋对自卑的冲突。

(5) 青春期(12～18 岁)：自我同一性和角色混乱的冲突。

(6) 成年早期(18～25 岁)：亲密对孤独的冲突。

(7) 成年期(25～65 岁)：生育对自我专注的冲突。

(8) 成熟期(65 岁以上)：自我调整与绝望期的冲突。

埃里克森认为，在每一个人生发展阶段中，解决了核心问题和危机之后所产生的人格特质，都包含积极与消极两方面的品质，如果在各个阶段都形成了积极品质，那就算顺利地完成了该阶段的发展任务，并逐渐形成健全的人格，否则就会产生个体发展危机，出现情绪障碍，并容易形成不健全的人格。

(四)马丁·塞里格曼的积极心理学

马丁·塞里格曼是积极心理学的创始人，他目前是美国宾夕法尼亚大学心理学系的首席教授。40 多年来他一直致力于乐观、积极的心态，习得性无助以及压力等的科学研究，他的著作很多，其中比较出名的是《真正的幸福》(自由媒体出版社，2002)、《可以学的乐观》(纳普夫出版社，1991)、《你可以改变什么，不能改变什么》(纳普夫出版社，1993)。

积极心理学是美国乃至全球心理学界正在兴起的一个新的研究领域，塞里格曼和契克森米哈融于 2000 年 1 月发表的《积极心理学导论》是其产生的标志，此后越来越多的心理学家开始投入积极心理学的研究，与过去多年以来的消极心理学形成巨大反差，并逐渐形成一场积极心理学运动。积极心理学的英文为 Positive Psychology，是指利用心理学目前已比较完善和有效的实验方法与测量手段，来研究人类的力量和美德等积极方面的心理学思潮。积极心理学的研究对象是平均水平的普通人，它要求心理学家用一种更加开放的、悦纳的和欣赏性的眼光来看待人类的潜能、动机和能力等。它主张心理学应对普通人如何在良好的条件下更好地发展自我、幸福生活，而具有天赋的人如何使其潜能得到充分和全面的发挥等方面进行大量的研究。

具体就研究对象和研究内容而言，积极心理学的研究分为三个层面。

(1) 在主观的层面上研究积极的主观体验：幸福感和满足、希望和乐观主义，以及快乐和幸福流。

(2) 在个人的层面上研究积极的个人特质：爱的能力、工作的能力、勇气、人际交往技巧、对美的感受力、毅力、宽容、创造性、关注未来、灵性、天赋和智慧。

(3) 在群体的层面上研究公民美德和使个体成为具有责任感、利他主义、有礼貌、宽容和有职业道德的公民的社会组织，包括健康的家庭、关系良好的社区、有效能的学校、有社会责任感的媒体等。

三、自我意识辅导的目标

自我意识辅导，就是根据自我意识的构成成分及其相关理论，引导学生正确地进行自我意识的活动，帮助学生形成积极的自我意识品质，从而完善人格。

积极的自我意识品质包括：①自我认识全面而客观。既能用愉悦的心态看待自己的优点，也能敢于正视和面对自己的缺点并付出努力积极改变和提升。②悦纳自我，即能欣赏和接纳自己。不仅接纳自己的优点和长处，也能接纳自己的缺点和不足，并且在整体上喜欢自己，对自己充满信心。③开放的自我结构。当经验改变时，自我意识结构在保持相对稳定的同时，能够吸纳新经验，调整自我意识的内容，使自我意识始终能够与经验保持一致和协调。④理想自我与现实自我有机统一并协调一致。

自我意识辅导的目标可以从自我概念、自尊、自信和自我监控能力四个方面的辅导来展开和达成。

(一)自我概念的形成和培养

自我概念是指有关自己的外貌、能力、学业水平、受欢迎程度、社会接受性等方面品质特征的自我知觉、认识和定位。让学生经常体验到成功，感到自我是有能力的、有价值的，有利于学生形成健康的自我概念。

(二)自尊的形成和培养

自尊是一个人对自己价值的判断和感觉，是个体有自我价值感，并珍爱自我、尊重自我的程度和水平。

自尊是人的高层次需要，人人都希望被他人尊重，被自己尊重。自尊有高有低，有些人比别人更倾向于积极地评价自己。对自己的评价较高，喜欢自己，接纳自己的所谓高自尊的人，面对失败会倾向继续努力。那些经常对自己沮丧失望的所谓低自尊的人，更倾向于体验焦虑和孤单，对生活失去信心，严重的甚至会走向自杀。

(三)自信的形成和培养

自信是个体对自己的积极感受，是一种对自己的认可、肯定、接受和支持的情绪或感觉。

一般来说，自信的学生有以下特征：有着强烈的求知欲和好奇心；渴望能够通过学习获得知识和发散思维；喜欢接受挑战；能很快把注意力集中在某件事情上；能从容、坦然地面对失败和错误，并把失败和错误看作是发现自我漏洞并进一步提升学习水平的有效途径；能够容忍和客观地看待别人对自己的批评和指责；喜欢挑战自己的极限，能正确地对待与别人竞争；能够正视自己的优点和缺点；能够体味生活与学习中的趣味性。

(四)自我监控能力的形成和培养

自我监控能力是指主体对自身正在进行和从事的各种活动不断地进行积极的、自觉的、有效的计划、执行、监察、检查、评价、反馈、控制和调节的能力。

自我监控能力主要是通过后天的锻炼和培养形成的，它与自我的意志力有关，同时它也是一种技能，可以通过反复的锻炼而获得。

四、不同年龄阶段学生自我意识的发展特点

自我意识是个性的一个组成部分，是衡量个性成熟水平的标志，是整合、统一个性各

个部分的核心力量，也是推动个性发展的内部诱因。在个体个性发展的过程中，自我意识也在不同的年龄段呈现出其独有的特点。

(一)小学生自我意识的发展特点

小学阶段是儿童自我意识发展的加速期，小学生开始主动地考虑和意识到自己应当怎样学习和行动，这就使小学生的自我意识提高到一个新的、较高的水平。小学生自我意识发展的特点主要有以下几点。

1. 自我评价的独立性日益增长

小学低年级学生的自我评价和学前儿童没有多大差别。在他们的心里，老师的话就是真理，几乎完全信任老师对他们的评价。小学生彼此之间的关系是老师建立起来的。教师对刚入学的孩子来讲，是神圣的知识和真理的化身，教师的赞同与否以及评价高低是学生形成对待自己行为以及班上其他同学行为的基础。因此，在这个阶段教师应特别谨慎地对学生作出客观、适当的评价。那些随口而出的、不经过认真考虑就对学生提出轻率的、不恰当的、不负责任的评价，常常会在学生的个性发展中产生消极的影响。在正确的教育下，从小学中年级开始，学生学会独立地把自己的行为和同伴的行为加以比较，把同伴的行为当作评价自己行为的依据之一，而不是盲目地、简单地只根据老师的评价作出判断。如果老师对他们作出不公平或不客观的评价，常常会引起学生的不信任、反感甚至抵触。例如，如果他的每周作文写得比被表扬同学的还要生动有水平，可是老师却没有表扬他，他就会认为老师不公平。

2. 自我评价的全面性有了一定程度的发展

小学低年级的学生在评价自己和别人时，常常是片面的，而且容易更多地看到自己的优点，不太容易看到自己的缺点。到了中高年级以后，他们就不但能指出自己的优点，也能指出自己的缺点，并加以改正。但在整个小学阶段，小学生自我评价的能力一般落后于评价别人的能力，在评价别人时说得比较清楚，在评价自己时就比较模糊。

(二)中学生自我意识的发展特点

处于青春期的中学生是人生发展的重要阶段，也是自我意识发展的高涨期，发展心理学将个体从十二三岁到十七八岁的阶段称为青春期。在这个时期，学生在生理方面发生了很大变化，更重要的是，个体开始有了清晰的自我个性发展倾向，产生了不同于童年期的一些显著特点，其中以自我意识发展为核心内容。

1. 中学生自我体验的发展

青少年时期是一个过渡时期，因此，对中学生的自我体验的发展更要用动态的眼光去分析。

1)　自我情感体验日益丰富

首先，这时的学生在心理上更多地盘桓着一个“自我”，并对个体的情绪产生着诸多影响。要说“少年不识愁滋味”，其实真正不识愁的只有童年。其次，中学生的情感体验也日趋丰富和深刻。他们情绪高涨时，会体验到自傲、自负、自满、自豪；情绪低落时，会体验到自怜、自怨、自惭、自责等。在童年期未曾表现出的腼腆，在青少年时期的人际交往中也开始出现了，到了青年期更萌发了对异性的关注和爱慕的体验。

2) 自尊感日益突出

从自我体验的角度来讲，自尊感在这个时期表现得特别突出和强烈，个体非常渴望得到别人的肯定和赞赏，对于外界的评价尤其关注和敏感。这些评价会对他们自身产生很大的影响，赏识或肯定的评价会令他们产生很大的满足感和自我肯定；反之，消极或否定则会令他们对自己产生很大的挫败感。这时的自尊心得到了突出的发展，他们常常把自尊感放在一切情感的首位。

3) 自我成人感日益显著

随着生理发育的显著变化，个体开始出现了第二性征，中学生除了感到惊奇、兴奋外，还产生了"我长大了""我成人了"的感觉，于是开始注意和关注自己的外表。他们的自我意识获得了一个全新的感觉，他们的独立感也日益增强，希望自己能像成人那样去独立地选择做自己喜欢的事情以及作出相关决定等。这时如果父母或老师没有给予他们充分的尊重或独立权，通常他们会表现得比较叛逆。

2. 中学生自我调节的发展

1) 中学生自我调节由被动性向主动性逐渐增强

自我调节可分为被动自我调节和主动自我调节。前者是指由外在控制力引起的自我调控。后者是指由个体主动定位目标、监督自我的自我调节。我国的一项调查结果表明，我国小学三年级儿童的自我调控能力已经很高了，但这主要是被动自我调节。进入青少年时期，个体的自我调节能力明显增强，但总的来说从儿童到青少年时期，个体的自我调节发展并不是直线上升的，特别是在被动自我调节向主动自我调节转变的过程中，个体的自我调节会出现一定的波动和反复，甚至出现退行或下降的现象。我国的一项大规模调查发现，这种跌落有两次，一次是在小学五年级左右，一次是在初中二三年级。但为什么青少年的自我调节能力不能随年龄的增长而持续发展，甚至还有两次跌落的现象呢？这是值得研究的问题。

2) 中学生自我调节由自我监控向自我教育发展

自我监控是自我调节中的初级水平，而自我教育才是自我调节中的最高水平和发展形式，这种形式在青少年时期就开始出现了。这是青少年自我调节发展的又一个重要变化和形式。它标志着青少年的自我调节开始进行主动性的自我控制和自我监督，意味着青少年开始步入自我设计、自我定位和自我完善的阶段。但要明确的是，青少年的自我教育并不是自发产生的，它是在自我意识逐渐觉醒后，在主动性自我控制顺利发展的基础上，在外在的启发、引导和教育下逐步形成并发展的，一般来说，到青少年中晚期中学生才能达到较高水平的自我教育层次。

3. 中学生自我评价的发展

1) 自我评价涉及现实我和理想我两个维度

现实我即当下的自我，理想我即未来的和期许的自我，这两者之间的矛盾和统一是青少年自我意识发展中的动力源泉。如果能坦然接受和悦纳现实我，同时又能将理想我作为一个目标点为之不懈努力，则会令自我不断地进步和完善，否则会处在一种不能接受自我且怨天尤人的不良循环中。

2) 自我评价的独立性获得发展

青少年自我评价独立性的发展大致经过两个阶段。一个阶段是开始摆脱对成人、权威的依赖，表现出某种反叛和对抗；在评价标准上由童年期的成人评价标准取向向同龄团体评价标准取向过渡，形成了相对独立的自我评价。另一个阶段是自我评价既摆脱了对成人的依赖，又逐渐克服了同龄团体的强烈影响，表现出真正的个体独立意识，形成个体特有而明显的自我评价。有研究表明，初中三年级前后是自我评价发展的关键时期，一般来说，初中三年级后的学生的自我评价的独立性发展处于相对稳定水平。我国的青少年由于受传统教育的影响，自我意识的独立性与某些发达国家相比还比较欠缺。

3) 中学生的自我评价趋于全面和成熟

首先，自我评价的独立性和自主性增强。中学生的自我个性日益突出，独立思考和决断的能力增强，能够更独立地对自我有一个客观、公正的评价，这是他们自我意识发展的一个重要方面。

其次，自我评价逐渐稳定和全面。初中生还容易片面地、夸大地评价自我，进入高中后，中学生的自我评价往往会趋于更全面、稳定和成熟。同时自我评价标准也从表象向本质过渡，从容易关注一个人的外在表象，逐渐向对一个人的内在心理品质以及人格特点等深层次进行评价。

五、自我意识辅导的模式与方法

自我意识心理辅导有三种形式，可以开设班级辅导活动课，可以针对有着相同问题的学生进行团体辅导，也可以在学科教学中有意识地培养学生的自信心、自控力等。这里主要就班级自我意识心理辅导和团体自我意识心理辅导介绍几种常用的方法。

心理辅导课是按一定的心理学原理和技术设计的，以学生为主体的促进学生心理健康发展的系列专题活动。在中小学开设心理辅导课，将中小学心理健康教育纳入课程体系，是中小学心理健康教育研究的一项重要内容。心理辅导课课堂教学的技巧与学科知识课教学的一般技巧有许多相同之处，但还有它的特殊技巧，要求心理辅导教师灵活运用，才能真正上好心理辅导课。

(一)行为训练法

心理辅导课要不留痕迹地进行行为训练，就需要讲究方法。①启发学生自己提出规范要求，如克服嫉妒的方法，让学生讨论，归纳出原则和多种方式，教师予以肯定，形成学生自己的约束机制。②通过多种行为表现方式，让学生从中选择最优行为，再让学生做示范表演，达成共识，掌握行为规范。③设计情景，组织实践活动，活动后评选最佳言行者，让学生在活动中进行行为训练，在评选中提高层次。

(二)情境创设法

心理辅导课教学是一个情感体验过程，学生在教师创设的情境中，通过游戏、自叙、情境体验、角色扮演、行为训练、讨论分析等，获得良好情绪、情感体验，掌握学习生活、社会适应与发展的技能。情境，是心理辅导课达到理想效果的重要载体。华东师大的杜殿坤教授认为,“情境带有教育者有意识地为儿童及心理全面发展创设一种最佳场合的意思”。情境包括“环境、信息、手段”三要素。心理辅导教师在创设情境时要注意以下三点:①要充溢情感,以心造境,情境合一。②要具体生动,和谐平等。创设情境是一种暗示、渲染、陶冶,要大力缩短师生间的心理距离,提高心理相容程度。教师参与其中,教师与学生共喜同悲,和谐平等。③要精心策划,周密组织,在内容的选择、程序的设计、载体的运用、手段的更新乃至具体细节等方面都力求严密有效,围绕主题。

(三)团体讨论法

这种方法可以充分运用团体动力学理论,利用好学生彼此的感悟和体验,促使每个学生都有新的提升和认知。 通过活动和团体讨论体验到自我,感悟到自我的独特性,这也就实现了心理健康教育课所预期的目的。

六、自我意识辅导活动主题的确定

自我意识辅导活动主题的确定需要教师关注不同年龄段学生自我意识的发展特点和与之相关的因素。自我意识在个性结构中处于核心地位,它对人们的心理活动和行为方式都起着制约作用。一个人自我意识的发展过程其实就是认识自我、管理自我和完善自我的过程。

一个人在某一时刻、某一情况下对自己的看法,是和其他时候、其他情况下对自己的看法有关的,即现在、过去和将来保持一定的连续性。

人的自我意识一旦形成,在时间上和情境上就会保持相对的稳定性,个体在自我社会经验过程和社会活动过程中,逐步形成稳定而有倾向性的对己、对人、对事的认识、情感态度和行为方式,也决定了是否能够构建一个健全的自我和健全的人格。

具体来说,可以根据三个维度下剖析的自我意识来确定主题。

从内容上看,自我意识又可分为生理自我、社会自我和心理自我。生理自我,是指主体对自己身体的意识。社会自我,是指个体对自己在社会关系、人际关系中的角色的意识。心理自我,是指个体对自己的性格、智力、态度、信念、理想和行为等的意识。

从构成成分上看,自我意识可分为认知成分、情感成分和意志成分。这三种成分分别对应自我认识、自我体验和自我调节。自我认识,是个体对自己的生理特点、心理特点、人格特征、能力、社会地位、价值的自我定位。自我体验,是个体在自我评价的基础上,对评价结果是否达到自己理想状态和期许所产生的“是否接受并喜欢自己”“能否悦纳自己”的感受和体验。自我体验可以表现为自尊、自信、自爱、自大、自卑、自怜等状态。自我调节,是个体结合自我体验,对自己的心理活动和行为进行自觉而有目的的调整。它主要回答“我能否积极、有效地控制自己”“我能否有效地进行自我激励和自我教育”等问题。

从观念上看,自我意识又可分为现实的自我、投射的自我、理想的自我。现实的自我也称现实我,是指个体从自己的立场出发对自己当下实际状况的评估。投射的自我也称镜中我,是指个体想象中的他人对自己的看法、想象在他人心目中自我的形象和他人对自己的评价。理想的自我也称理想我,是指个体想要达到的完善的形象,即个体自我发展的目标。它虽非现实,但会在很大程度上影响个体的情绪、行为和心理,是个体行为的动力和参照系。

总之，心理活动课主题的确定应遵循以下原则：从宏观层面看，应当考查活动的主题是不是学生在成长过程中正在面对或即将面临的人生问题，有没有辅导价值，其理论意义与现实条件是否允许；从微观层面看，应当考查某个具体活动的主题是否鲜明生动，有无操作价值，可否对学生的心理发展起到良好的促进作用；同时，确定主题时切忌过大、过空，而应该是落脚点明确、清晰，让人一看就知道这是针对学生哪个方面的辅导专题，而且主题明确也有利于活动目标的实现。

七、自我意识辅导活动计划安排

自我意识辅导活动课程是一项系统工程，从帮助学生认识自我出发，既要注意不同学段、不同年龄学生的自我意识的发展特点，又要充分关注当下学生的心理需求；既要使学生能够充分地认识和了解自己，又要使他们在这个基础上悦纳自我、信任自我；既要关注学生自我意识在各个方面的发展，又要考虑到整个人格的塑造和完善。

(一)活动设计理念的精准定位

辅导理念是教师设计心理辅导活动课的指导思想，它反映了教师对某次活动课的理性思考和深刻定位，可以说辅导理念是一节心理活动课的灵魂。心理辅导活动课，辅导理念第一，辅导技巧第二。

在定位辅导理念时，可以分为三个维度，一是设计本次活动主题所依据的相关的心理学理论基础是什么；二是明确要辅导的学生与这个主题相关的当下心理的发展特点是什么；三是阐明设计这节活动课的目的是什么。

(二)活动目标设计具有导向作用

一节心理活动课的辅导目标清晰是保证课程有效实施的重要前提。对初次设计活动课的老师来讲，可将目标从知识、情感、能力和价值观四方面来细化解读，从而验证某节课的目标是否到位和全面。

(三)活动方案设计突出“活动”和“体验”

“活动”和“体验”是心理活动课最核心的两个要素，自我意识心理辅导活动课的目的不在于解决知与不知的问题，而是要通过创设一定的心理情境，参与富有启发意义的活动，造成学生内心的认知冲突，唤醒学生内心深处潜意识存在的心理体验，达到充分认识自我、体验自我、提升自我的目的。

在活动方案设计中应注意两个问题：一是精心设计活动情境；二是避免一节课设计多个活动。心理辅导活动课注重学生在活动中的充分体验和感受，如果活动太多，虽然从形式上看很丰富，但实际上往往会造成每个活动都是“蜻蜓点水”，学生还未来得及充分感受和体验，活动就已经结束，反而起不到任何效果。

(四)活动形式设计体现灵活多样

活动形式应根据不同年龄阶段学生的发展特点来设计，同时注重形式生动多样，但选择的活动应该是有深度且容易引发学生思考的。

八、自我意识辅导活动实施过程指导

心理辅导活动课强调学生的直接体验和行动，教育价值集中在活动过程中。有了好的主题和活动方案，只是活动成功的一半，另一半是如何成功地开展活动。一节完整的心理活动课要有如下流程：暖身活动——创设情境或设计活动——催化互动——鼓励分享与自我探索——引发领悟——整合经验——彼此反馈——活动延伸。

下面从活动流程的每个环节来详细解读。

1. 暖身活动

一堂心理辅导活动课的开始，正如开展体育运动前需要进行身体预备活动一样重要。暖身活动是为了让团体成员之间相互沟通，逐渐形成信任、合作、互助的团体气氛。

暖身活动一般可采用言语与非言语两种形式：言语形式的暖身有自我介绍、相互介绍、名字串联等；非言语形式的暖身有轻松体操、放松练习、按摩、哑口无言等。

暖身活动的选择、设计与应用，应考虑以下两个要素。

(1) 暖身活动能否引发学生的参与动机。

(2) 暖身活动能否营造出一种轻松、活泼、开放、接纳的气氛与情绪。

同时，暖身活动的内容最好能够与本节心理活动课的内容有一定的直接或间接的联系，而不是盲目地随便找一个活动来热身。比如在一节“我的情绪我做主”的活动课上，教师设计了名为“成语猜猜看”的活动，通过两名同学的表演，一名比画一名猜，这些成语有“眉飞色舞”“唉声叹气”“喜上眉梢”“怒不可遏”等。不难看出，这些成语都是有关情绪的，这样的暖身活动既可以活跃气氛，又能自然地引入本节活动课的主题，是比较成功的。

2. 创设情境或设计活动

创设的情境至少要满足以下两个条件。

(1) 符合辅导对象的心理发展水平和学生的年龄特点。

(2) 所创设的情境一定要来源于学生的生活实际。

创设情境与学生的实际生活越贴近越好，这样学生才会真正有感触、有共鸣。比如在一节“我的时间管理财富”的活动课上，教师就设计了这样的情境。早晨，某学生在闹钟响了几次后都懒得起床，最后实在无奈，起床后就匆忙赶公交车去学校，结果路上堵车，他到学校时预备铃已经打响了，班主任老师凶巴巴地站在教室门口，很显然他挨了一顿批评。在接下来的英语课上，他一节课的时间都在恼火，老师的提问也没答上来。由于没安排好时间，中午的作业也未能及时完成。学生看完这个情景剧后，都很有共鸣。

3. 催化互动

催化学生彼此参与和互动，则是心理辅导活动课设计的精妙之处。

活动课上一个班级或团体会有一个“团体场”，学生之间的心理感受会相互影响。比如在一节“优点轰炸”的活动课上，其中一个环节是“请你当我的伯乐”，学生之间相互发现各自的优点，也给了彼此很大的肯定、鼓励和心理正能量，整堂课的效果非常好。

4. 鼓励分享与自我探索

心理辅导活动课是学生的自我教育过程，因此课程设计就应充分调动学生自身的教育资源，鼓励学生深入地自我探索，而不是依靠教育者的说教或社会规范的灌输。如活动课“我是谁”，其中的一个环节是“小记者”，即让学生采访同学对自己的评价，最后分享采访感悟。“分享采访感悟”这个小环节通过让学生诉说别人对自己评价的感受，进而引发学生的思考，思考如何去看待别人对自己的评价以及以后该如何提升自己等，从而促进了每个同学的自我探索。

5. 引发领悟

学生在参与和分享中获得新的想法与感受之后，便会引发他们的领悟过程，从而开启改变与成长的有利契机。如活动课“走出自卑”，当学生畅谈自己曾经不自信的一些方面或事情时，很多不好意思开口谈自己有自卑感的学生会通过听别人的分享而意识到，原来大多数人都有着不同程度的自卑感，毕竟人无完人，而这个领悟将为学生战胜自我的自卑感有重要的积极影响。

6. 整合经验

团体成员能否深入地掌握在团体中取得的经验，以及能否把团体中的学习成果迁移到日常生活中去，达到真正的成长目标，一方面取决于团体活动的前期过程；另一方面也取决于团体的结束期活动。如活动课“积极的自我暗示”，在最后的环节中，首先出示了两个和学生紧密联系的消极暗示的个案，让学生深入分析案例中的同学具体的心理感受和自我否定等，使学生间接体悟到了日常生活中自我消极暗示时的自我否定和自我怀疑，从而对他们在日后的生活中消除这种惯有的意识、树立积极暗示产生了积极影响。而这种经验的整合也会使学生将自己在课上的收获真正地运用到日后的实践行动中。

7. 彼此反馈

在活动结束前提供师生之间、学生与学生之间的回馈机会，不但能强化本单元的辅导效果，而且还可为延续下一个单元的辅导奠定良好的基础。如很多活动课在最后的环节都会让学生畅谈自己在本节课的收获或感悟。这不仅可以让同学之间的感悟彼此碰撞出新的火花，而且同学与同学之间的回馈还可以进一步深化辅导效果。

8. 活动延伸

辅导效果的取得，单靠课堂活动是远远不够的。布置一定的行为作业，一方面有助于学生把课程中获得的领悟与演练成果迁移到日常生活中去；另一方面还能充分发挥“学校—家庭—社区”辅导网络的支持作用。如在设计“现实我与理想我”活动课时，在课上引导学生找到“现实我”与“理想我”的差距后，应引导学生思考缩小这种差距的自我的行动应是什么，最后可以让学生课后从每周践行一个行动开始来延伸这节课的效果。

九、自我意识辅导活动效果评价

团体辅导的效果评估，简单地讲，就是指团体目标实现情况的评估。具体地讲，评估内容主要包括以下几方面。

(一)对辅导活动基本原则的评价

对这些基本原则的评价是构成效果评价的首要任务。

1. 平等性原则

心理辅导活动课应该在一个轻松、愉快、自由、平等、和谐的气氛中进行。在这种气氛中，学生不必过多地为保护自己而设防。

2. 互动性原则

心理辅导活动课是一种积极的人际互动过程。这种互动既有师生之间的互动，也有学生与学生之间的互动，而最主要的互动是学生与学生之间的互动。互动的前提是整个组织过程都应以活动为主。

3. 参与性原则

学生自始至终都是心理辅导活动课的主体。由于学生的自主性是积极心理活动的原动力，它能使学生在认识、情感和行为的各个方面都表现出能动作用，所以对学生自主参与状况的评价在心理辅导活动课的效果评价中占有重要地位。

(二)对辅导活动核心要素的评价

在心理辅导活动课中，辅导关系的创建、学生的情感体验和学生的自我探索是确保辅导活动达到预期目的的核心要素，因此，对这些核心要素的评价便成为准确衡量心理辅导活动课质量的重要组成部分。

(三)对辅导活动进程的评价

对活动进程，主要从选题、理论分析、活动目标、活动准备、暖身等系列活动来分析。

心理辅导课程是学校心理辅导的重要组成部分，也是学校心理辅导工作的主阵地，作为学生成长和发展的重要平台，广大心理工作者更应积极参与和研究，使这门课程真实、有效地开展下去。

◎ 活动设计一

我 是 谁

一、活动背景

自我意识是一个人对自己身心状况以及与周围事物关系的认识和体验。自我意识的发展过程既是个体不断社会化的过程，也是个性特征的形成过程。小学生自我意识包括对自己的认识、对自己的评价、对自己的态度等。

小学生的自我意识不是其头脑中固有的，对自我的认识也是从比较模糊逐渐趋向清楚；从比较片面逐渐趋向多面；从主要依靠成人的指点逐渐趋向主动积极。问学生“你是什么样的孩子”，低年级学生往往只能说出一两个答案，而且多与能力有关，或多是成人经常说的。高年级学生特别是经过训练的学生则能说出二三十个答案，内容涉及能力、性格、学习、品德、与人交往等多方面。小学生对自己的认识影响着对自己的评价，认识不清楚，评价就可能不准确；认识较片面，评价不可能全面，其正确性也不会很高；认识被动，评价也势必受别人左右。小学生对自己的认识和评价决定着他对自己的态度。只认识缺点的孩子，对自己的评价往往是消极的，对自己时常持有否定的、不满意的态度；靠别人的指点才能认识自己的孩子，其评价常常是摇摆不定的，对自己的态度也时常依据他人对自己的态度。

从发展的角度看是这样，从问题的角度看也是这样。大凡对自己不满意的学生或多或少存在自我认识的问题，存在自我评价的问题。因而，自我意识辅导必须从引导学生正确认识自己开始。“我是谁”班级心理辅导活动，就是利用集体辅导的优势，借助熟悉的动植物暗喻自己，让学生全面地关注、发现、认识自我。引导学生从关注自己一个方面转移向关注多个方面。同时这项活动生动有趣，符合三年级学生的年龄特点。

二、活动目标

(1) 让学生了解“认识自我”的重要性。

(2) 帮助学生掌握“认识自我”的自查方法。

(3) 通过学习活动，知道从别人的反馈中调整言行，使自知的“我”与他人所知的“我”更为一致。

三、活动过程

(一)暖身活动：“刮大风”

游戏导入：师生搬着椅子到操场的一角，大家围坐在一起。开始活动时，教师撤出一把椅子，站在圈外，喊口令：“大风刮，大风刮，刮呀刮，刮具有____特点的人。”具有这种特点的人听到后就以最快的速度跑到场地中间，再重新找一把椅子坐下，动作慢的学生就没有椅子坐了。这个活动做了几次，刮到了“戴眼镜的人”“喜欢跳绳的人”“写作业快的人”……气氛一下子活跃起来。在活动中，大家一起思考，怎样尽快找到椅子，需要注意听口令、动作快。更重要的是要充分了解自己的特点。活动进行到这里，教师问学生：“你了解自己吗？”大家有的摇头，有的点头，认为不完全了解自己，在自我认识上存在盲区。接下来我们进行下一个活动——“我是谁”。

【设计意图】 通过游戏，让每一个学生更加认识自我，同时明白“认识自我”的重要性。

(二)“我是谁”——在动植物中找自己

(1) 教师取出事先准备好的写有学生熟悉的动植物名称的卡片(每张卡片上写了一个动物或植物名称，根据班级学生的数量准备卡片)。学生在音乐的伴奏下随机抽取卡片，根据自己抽取的动物或植物特点，再结合自己的情况，说出自己的特点。在向同学介绍自己的特点时，要想方设法结合自己手中所抽取的动物或植物的特点，描述时可以这样进行：“我是一只_____，_____是我的特点。”

抽完卡片后，学生开始说特点了，下面是辅导课中的几个片段。

生1: (手举着小乌龟卡片)我是一只小乌龟，我的动作虽然慢，但我有一个特点，和我交朋友你一百个放心，我能替你保守秘密，绝不会让第三个人知道。

师：了不起，你具有一双善于发现的眼睛，能巧妙地把自己的特点和乌龟的特点结合起来，发现自己能保守秘密的特点。

生2: (这是个高大的男孩子，他手里握的卡片上面写着“狮子”)我是一头狮子，我虽然很威武，可我很温柔，我不欺负人，你和我做朋友我会保护你的，给你安全的保证。

师：你很会发现自己的特点。

生3: 我是校园中的一棵白杨树，我伸开臂膀，让小鸟在我的身上做窝，给大家遮风挡雨，给大家带来凉爽。

生4: 我是一只羊，我的性格很温柔，从不跟人发脾气。

【设计意图】 用某种动植物来暗喻自我的方法，再加上随机抽签的方式，“强制”学生发现自己的特点。这个特点并不是自己明显的特点，也不是自己或他人平时注意的地方。通过辅导活动，学生能够正确地评价自己，敢于接纳自己的特点。

(2) 别人眼中的我。

“‘不识庐山真面目，只缘身在此山中’。对自己的认识、了解总有不全面的地方。听听别人的意见，你对自己会有新的认识、新的发现。你认为谁最具有哪种植物或动物的特征？”教师上面的一番话又带着大家进入了下一个环节：听听别人说自己的特点。

(三)思考练习

(1) 请每个学生写一首短诗描写自己，诗中包含姓名、身体特征、兴趣爱好、主要性格、众人印象等五个方面，然后在班里开赛诗会。例如：

小孙俏，很苗条，有时上台把舞跳，
热情组织舞蹈队，人们叫我小演员。
兰小丫，个子低，喜欢操场把球踢，
对人礼貌又大方，大家叫我小球迷。

(2) 喜欢自己。

接受自己的前提是喜欢自己。为了做到喜欢自己，我们必须每天都要看到自己的优点，正如我们每天也要反省自己的缺点一样。请你按下列要求完成句子，如果你觉得自己实在没有可爱之处，你就要找任课老师谈谈了。

① 我喜欢我自己，因为我____________________。

② 我喜欢我自己，因为我____________________。

③ 我喜欢我自己，因为我____________________。

④ 我喜欢我自己，因为我____________________。

⑤ 我喜欢我自己，因为我____________________。

写完之后，自己当着全班同学的面大声朗读。

(3) 接受自己。

当我们受到大人的批评与指责之后，不要否定自己的全部，要认真思考大人的批评是否正确合理。每当我们受到批评而心情不好时，我们可以进行下面的练习。

这一练习由两部分组成：前面一句是大人经常指责你的话，后面一句是你对自己长处的肯定。

如，尽管(父母常说)我太贪玩，但我有时能创造性地解决数学难题。

① 尽管(父母常说)________，但________。

② 尽管(父母常说)________，但________。

③ 尽管(父母常说)________，但________。

④ 尽管(父母常说)________，但________。

⑤ 尽管(父母常说)________，但________。

(4) 小记者。

请你来做一回小记者，采访你的同桌和其他任意两位同学对你的看法，并把采访的结果简单地写成如下100字的一则小报道："同学眼中的我"。

今天，我分别采访了____、____、____，他们认为我____。我的感受是____，今后应该____。记者：____。

【设计意图】 通过练习活动，让学生知道认识自我的方法有以下几种：一是通过自我观察来认识自己；二是通过别人的评价来了解自己，从别人的反馈中调整言行，使自知的"我"与他人所知的"我"更加一致。

◎ 活动设计二

价值大拍卖

一、活动背景

本节课是针对高中学生设计的一节心理活动课。现在的高中生大多数是独生子女，生活中的很多事都由父母帮着作决定。而随着年龄的增长，他们将会面临很多需要自己作决定的事情。所以想通过本节活动课帮助学生树立积极向上的价值观，学会抓住机会，不要轻易放弃。

二、活动目标

通过讨论法、启发法让学生学会抓住机会，并作出正确的选择，进而引导学生认识自我并树立起正确的、积极向上的价值观。

三、活动过程

(一)导入主题

(1) 提问：同学们，在你们的日常生活中，你们面临过选择吗？你们是怎样选择的呢？

(2) 提问：在下面的情境中，你们会选择怎样做呢？

李明高考发挥不理想，只考了个大专。这时李明的舅舅帮他找了个好单位，待遇是现在的本科大学生都未必能有的。李明面对这个选择不知所措，爸妈的意见也发生了分歧，李明该怎么选择呢？若你是李明，你会怎么选择呢？

(3) 小结：当我们面临同样的选择时，每个人所作出的选择并不是完全相同的，这是因为我们每个人所持的价值观并非完全一样。可以说，我们每个人都有自己的价值观，我们都根据自己的价值观作出自己的选择。价值观是我们行动的指南，它决定了我们面对抉择时如何选择，是“做”还是“不做”，到底“怎样做”。那么，我们的价值观是什么样的呢？我们的选择又体现了什么样的价值观呢？带着这个问题进入我们这节课——价值大拍卖。

【设计意图】 设计本环节的目的是想通过一个很贴近生活的问题，激发学生的学习兴趣，并对价值观有一个初步了解。

(二)“价值大拍卖”活动

1. 解释

人的一生是由无数次的选择构成的，不同的选择，把人们导向不同的路途和方向，使各自的人生呈现出不同的色彩和价值，最终收获不同的果实。今天，我们进行一场价值拍卖会，在爱情、友情、健康、自由、美貌、爱心、权力、财富、欢乐、亲情、大学毕业证书、美食、长命百岁、汽车、房子这些东西面前，同学们是怎样选择的呢？我们的选择不一样，体现了我们对人生的追求和事业的追求也不一样。希望通过这次价值拍卖会，让同学们更清晰地了解到自己的价值取向，预测自己的生涯。

2. 活动规则

(1) 拍卖的东西如下表所示，每一样东西都有它的底价(元)。

拍卖的物品价格表

爱情	5 500	权力	5 500	长命百岁	51 000
友情	51 000	自由	51 000	汽车	5 500
健康	11 000	爱心	51 000	美食	5 500
美貌	5 500	财富	11 000	房子	5 500
亲情	51 000	欢乐	51 000	大学毕业证书	11 000

(2) 每组同学有 10 000 元，每个人的出价以 500 元为单位，价高者得。

(3) 有效利用手中的 10 000 元，尽可能地买更多的东西。

注意： 同学们先讨论自己的价值观，自己最想要的东西是什么，然后根据其共同价值取向分成 6 个小组，每组 8 或 9 个人。拿出纸笔将想要的东西按其重要性排列，并且对它们全部定价，你认为它值多少钱就定多少，如亲情 3 000 元，快乐 3 000 元，爱心 10 00 元等。

3. 活动过程

(1) 首先拍卖爱情，底价 500 元。学生叫价，价高者得。

(2) 友情……

4. 记录

如×××拍下爱情，3000 元，成交。

5. 讨论

(1) 你们买到了你们想要的东西吗？有没有后悔得到你买的东西？为什么？在拍卖过程中心情如何？

学会抓住机会，不要轻易放弃。引申到现在的学习中，为了我们的理想、我们的目标，努力学习，不要浪费光阴，学会把握机会，向我们的目标奋进。

(2) 这么多项价值中，哪些价值是相对重要的，哪些价值是相对不重要的，为什么？

6. 小结

在这15项价值中，相对来说最重要的是什么？我们作出的选择体现了我们的价值观。但同时，我们的价值观并不是十分成熟的，因此我们在作出选择时也并非完全正确。因此我们要学会选择，学会权衡利弊，我们在选择价值时要趋向于亲情、友情、健康等而不是财富、汽车、房子、美食等。诚然，这些都很重要，我并不是要把我的价值观强加给同学们，也不是想改变有些同学的价值观，只是相对来说，亲情、友情、健康等比财富、金钱更重要。大家觉得呢？因此我们要树立正确的价值观，同时也要学会选择属于我们自己的价值观。你觉得没必要买，就不要买；不值得买，也不要买。在这里，并不是说一定要买一项，买到了就成功，买不到就失败了。因此我们要坚持自己的价值观，觉得要买、值得买，才去买，要学会作出选择，选择属于自己的价值观。

【设计意图】 本环节设计的目的是想通过一个拍卖游戏，让学生体会到生活中会遇到很多选择，并教会学生如何去选择，选择放弃还是坚持，什么该放弃，什么该坚持，进而引导学生如何树立一个属于自己的、正确向上的价值观。

(三)启示与思考

(1) 在这次价值拍卖会中可以看到同学们有不同的价值观，但同学们在选择价值时要认识到哪些是相对重要的价值观，要树立正确的价值观。

(2) 我们要学会选择，选择真正属于自己的价值观。

(3) 学会抓住机会，一旦锁定了目标就要紧紧抓住，不要轻易放过。

今天，我们用钱(道具钱)买到了我们想买的东西，如亲情、健康、友情、自由、快乐等。但是，在现实生活中，这些东西能用钱来买吗？如果不能，我们要怎样做才能得到我们想要的亲情、健康、友情、自由、快乐呢？

【设计意图】 通过本环节的启发与思考，让本节课的主题得到进一步的升华，让学生学会运用正确的价值观面对生活。

◎ 活动设计三

走出自卑的阴影

一、活动背景

正值豆蔻年华的少男少女，本该活泼开朗，充满自信。可偏偏有一部分人因成绩不够好，个子不够高，长相不够漂亮，或自己觉得能力不够强等而产生“低人一等”的自卑感。他们常常沉默寡言、性格内向、情绪低落，不愿与他人或异性交往，失去了应有的朝气与活力。一个人如果长期被过重的自卑心理笼罩、支配，就会失去自信，影响自身潜在才能和智慧的发挥，难以享受成功的欢乐，会经常处于郁郁寡欢中，一遇到竞争就甘拜下风、不战而退，失去应有的勇气，会与许多成功的机会失之交臂，可见危害甚大。帮助学生学会自我调节，克服自卑心理，增强自信，是十分必要的。

学段：初中一年级。

二、活动目标

(1) 学会正确地认识自我，逐步消除学生的自卑心理。

(2) 认识自卑的危害，指导学生学习培养自信心的方法，从而增强学生的自信心。

三、活动过程

本次活动共有四个步骤。

(一)引入主题

1. 播放一段影像资料(蔡琴《你的眼神》)

同学们，伴随着优美的音乐、美妙的歌声，我们要开始今天的心理课堂旅程。在这个片段中，大家知道这位歌星是谁吗？(蔡琴)

播放影像资料：蔡琴的故事。

从小学四年级开始，蔡琴的声音变得特别低沉，与其他小女孩的清脆、响亮嗓音比起来，她觉得自己好像一个怪物，很自卑。在一次比赛中，蔡琴因为自卑而紧张，演唱《银色月光下》因唱错调而被评委轰了下去。这对她的打击很大。在父母的鼓励下，她又开始努力歌唱，非常勤奋地练声，她不断地告诫自己："我不比别人差，我具有别人所不具备的独特嗓音，我为什么不能突出展示自己独特的一面呢？只要努力，我一定会被接受的。"后来她又勇敢地出入各种场合演唱，目的就是展示自己独特的嗓音。观众渐渐地喜欢上她的歌声。正是这种坚定的信念和自己所付出的艰辛努力使她最终走向了成功。

2. 问题讨论分析(播放幻灯)

(1) 是什么原因导致蔡琴在少年时演唱被轰下舞台？

自卑是指自我评价偏低、自愧无能而丧失自信，并伴有自怨自艾、悲观失望等情绪体验的消极心理倾向。

(2) 蔡琴为什么会产生自卑心理？

(3) 自卑给蔡琴带来什么危害？

(4) 蔡琴能成为著名歌唱家，对我们有什么启发？

总结：同学们，每个人的一生中都可能有陷入尴尬困境中的时候，对此我们应该正确看待。我们应该具备承受困难的"耐力"，学一点克服自卑心理的技巧和方法，从而培养自信的心理品质。

【设计意图】 播放一首蔡琴大家耳熟能详的歌曲及关于她的影像资料，引起大家的兴趣。

(二)倾吐心声 为你解惑

活动一：才艺对比(自卑的小B同学，希望能得到帮助)

活动过程：请两位同学(唱歌好，很活跃的同学，称小A；平时很少说话，性格内向的同学，称小B)上台表演。小A载歌载舞，博得了大家的热烈掌声，兴高采烈地回到座位上；小B涨红了脸，低着头不敢唱，显得局促不安，不停地揉搓自己的衣角，最后是冒着汗回到座位上。

问题：

(1) 小B为什么会产生这样的反应？

(2) 自卑有什么危害？

(3) 产生自卑感的原因是什么？

(4) 如何帮他克服自卑情绪？

同学们对以上问题展开讨论。

活动二：你是最棒的

活动过程：请小B同学上台，大家大声地说出他的优点。

学生1：爱劳动。学生2：跑得快。学生3：待人真诚……

同学们展开讨论，如果突出小B的特长，会发生什么样的变化？

老师总结：每个人都有自己的长处和优势，同时也有自己的短处和劣势，我们要正视自己，不要老盯着自己的短处。我们若能扬长避短，强化自己的长处，就能充满信心，享受成功的快乐。

活动三：情绪自测

下列题目中，你是否也存在类似的自卑情绪呢？

①因为考试成绩差，所以自卑。②上课回答不出问题，所以自卑。③长得高或者矮或者觉得自己很丑，所以自卑。④父母工作不稳定，经济状况窘迫，所以自卑。⑤父母经常打架，感情不和，所以自卑。

讨论分析：产生这些自卑情绪的原因是什么？

总结(播放幻灯)：①生理上的原因。②性格上的问题。③他人的贬抑性评价。④个人生活条件不尽如人意。⑤实践中经常遭受失败和挫折。⑥不能正确地认识自己。

活动四：自卑的危害

下列因自卑情绪而产生的危害，是否也发生在你身上？

①由于学习成绩不好，每次走进教室，感到全班同学都在盯着自己看，以致两腿发软。②由于牙齿长得丑，从来不敢笑，不敢张口讲话，感觉同学们都蔑视自己。③敏感多疑，总是觉得别人在背后议论自己、嘲笑自己，因此独来独往，不敢与别人正常相处。④适应力差，性格抑郁沉闷，不相信自己的能力，甚至对那些本来稍加努力即可完成的任务，也认为无法办到而半途而废。

讨论分析：自卑情绪还可能带来什么危害？

总结：①封闭自我以掩饰自身的弱点。②对周围的事物敏感，因而容易遭受挫折。③有超越现实的幻想及严重的孤独感。④十分在意竞争结果。

活动五：遇到自卑情绪，你是否会用以下方法克服应对？

①相信自己的能力，对于父母、老师或同学贬抑性的评价不会盲目接受。②能够反思和评价自己的能力水平。③经常自我暗示“我最棒”“我也行”“我能”等。④自己个子虽矮小或者自己虽长得丑，但是自己充满爱心或者自己学习努力。

同学们展开讨论，分析并找出克服自卑的方法和技巧。

总结：①进行客观的自我评价。要正确认识与评价自己，不要为那些自己主观臆造的自卑感所困扰。②消除引起自卑感的外部刺激因素。要学会把贬抑性的评价化为自己向上的“动力”。③努力增强自信心，进行积极的自我暗示。④确立合乎实际的目标，注意自我激励。⑤以宽容、豁达的态度来对待挫折，进行正确的“挫折归因”。⑥积极地与他人交往。

活动六：敞开心扉

请一位同学讲述自己的自卑经历。

①为这位同学的勇敢表述鼓掌。②帮这位同学寻找解决办法。

【设计意图】 通过学生的表演、做心理测试等方式展示自卑表现在哪些方面，从而引导大家理解自卑的含义，认识自卑产生的原因及自卑有什么危害，寻找克服自卑的方法等。

(三)案例分析

播放多媒体资料：

(1) 曹丕的自卑情结：曹丕性格缺陷所在——心胸狭隘，不能容人，不仅对能臣加以威逼，甚至对血脉相连的兄弟也不放过，这种残忍和善谋正是他自卑情结的衍生人格。曹丕在位 6 年，如果他能克服个人的自卑情结，像他父亲曹操那样宽厚待人，任用贤才，那么曹魏的局面将会大有不同，至少不会倒台得这么快(同学们展开讨论，曹丕的自卑带来怎样的后果？这种情况该如何解决)。

(2) 发明大王爱迪生，上小学时被老师认为“智力迟钝”，刚念了 3 个月的小学就被开除了；爱因斯坦在学生时代被老师斥责为“永远不会有出息”。要学会把贬抑性的评价化为自己向上的“动力”，看成是对自己的鞭策和督促，这样能防止自卑感的产生。(同学们展开讨论，爱因斯坦面对老师贬抑性的评价，他是如何克服自卑情结的？)

【设计意图】 运用多媒体的形式展现几个历史上的著名人物因自卑而产生负面影响的典型案例，进一步让学生认识到自卑所带来的危害，引起同学们的重视。看看历史上著名的人物是如何克服自卑的。引导学生寻求克服自卑的方法。

(四)小结

在我们的生活中偶尔出现自卑心理是难免的，也是正常的。关键在于我们要正视自卑，正确分析自卑产生的原因及自卑可能给我们带来的危害，及时找到解决自卑的办法。那样我们才能以自信的形象和健全的心理来迎接未来的挑战！同学们请跟着我一起喊：“我是最棒的！”

◎ 活动设计四

相信自己 与人合作

一、活动背景

在经济快速发展的今天，无论是国家、企业、学校还是班级，要得到更好的发展，不仅需要物质做基础，还需要一种精神，那就是一种相信自己、超越自我的自信精神，更需要一种相信他人、与人合作的团队精神！

二、活动目标

活动的目标是让学生学会自信、团结地成长，增强团队的集体荣誉感；活动重点是让学生在今后的生活中学会更好地与他人协作；活动的难点是让学生认识到自己在团队中的重要价值，让学生了解团结在团队中的重要性。活动的方法主要有团体讨论法、讲解法、活动训练法、角色扮演法。

三、活动过程

(一)录音导入

开场白：(录音)开学已有一段时间了，而在这期间，与我们朝夕相处的就是我们这个由43个人组成的班集体了!几百个日日夜夜，多少个分分秒秒，几经风雨，几多磨砺，而在经历过这么多的风风雨雨之后，我们终于懂得了那风雨之后的彩虹是我们的班集体，那伞立在我们身后的永远是我们的班级！

从刚来学校时的军训生活(幻灯片)，到我们今天此刻站在这个大舞台上，我们班是一步一个脚印，扎扎实实地成长起来的。自信教会我们怎样去成长，团结教会我们怎样去成功。先进集体、先进团支部的荣誉(幻灯片)让我们有了足够的资本，学习成绩(幻灯片)、操行成绩、歌舞表演、运动会、篮球赛、拔河比赛使我们有了足够的勇气！是的，我们自信！而这自信的背后浸满了班主任老师的辛勤汗水，忘不了老师那和颜悦色的鼓励，是老师让自信成为我们心灵的启明灯，让我们懂得了给每个人以爱心，让心灵找到了一个家！

在这里，我们怀着无比感恩的心，向老师说一声：“老师，您辛苦了！”

成功不可以复制，经验也不可以效仿，但独立是金，找回丢失的自信更重要。一次次的团队活动使我们变得团结协作、奋发向上；而一次次的历练使我们从活动过程中逐渐懂得，老师不是向我们灌输道理，而是让我们参与到老师精心设计的心理游戏中，在参与中让我们去完成一种体验，心灵得到触动，进行自我反思，获得人生感悟，进而完善自我。所以我们学会了相信自己、相信他人，从心底接纳别人，从而与人合作，团结一致。下面让我们参与到此次的“我自信，我成功”活动中来吧！

【设计意图】 通过一段录音，使学生感受自己所在的班集体中大家一起合作所共同收获的那些成功，同时，也进一步明确了正是班集体中每个自信的个体组成了这个积极向上的团体。

(二)活动体验

同学们，我们这次活动的口号是：“投入激情，释放快乐，共同分享。”“投入、快乐和分享”是我们此次心理健康活动的口号，更是我们工作、生活中永恒的主题，希望通过这些活动让大家学会忘我地投入、快乐地创造、自豪地分享，这样成功才有可能永远属于我们。就让我们把激情投入到此次的“我自信，我成功”的活动中来吧！在活动开始之前，让我们用热烈的掌声对自己表示鼓励，相信在这次活动中，我们会表现得非常出色！

1. 游戏：镜中人

首先，我们来做一个热身游戏，这个游戏的名字非常有趣，叫作“镜中人”。游戏的规则很简单：请一位同学上来做几个动作，然后请大家根据他的动作，做相反的动作。比方说，他用左手摸自己的脸的话，你们就用右手摸自己的脸。

2. 游戏“信任后倒”

“信任后倒”是一个挑战自我、考验胆量的游戏。游戏规则：教室中央有两个高1.4米左右的跳台，同学们站在跳台上，双手捆住放在胸前，背朝下，身体笔直地倒下去。当然你倒下的同时，后面会有咱们的同学接住你，地上还有两组垫子作保护。站在跳台上的同学，当你要倒的时候要回过头去向接你的同学大声问：“准备好了吗？”当接的同学说“准备好了”，你就可以跳了。

下面请两组同学上来作保护，每组8个人，8个人双手交叉形成保护网。作保护的这些同学，站在跳台上的同学的生命安全就交给你们了，你们是否愿意全力保护同学的安全？底下的同学，让我们用最热烈的掌声表示最大的信任！

在游戏过程中，如果有哪位同学退缩、畏惧，我们大家要用“你一定行”来鼓励他。下面我们就开始游戏。

紧张、刺激的“信任后倒”游戏做完后，请同学们就以下几个问题展开讨论。

(1) 当你双手被捆住站在跳台的那一刻，你内心的感受如何？

(2) 当你跨越心理障碍，完成了挑战之后的感受又是如何？

(3) 在本次活动过程中，你感触最深的是什么？

当站在1.4米高的跳台上的时候，内心会产生一种恐惧。本能会告诉我们这是危险的，会阻止我们跳下去。所以，要想完成一个漂亮的后倒动作，必须要克服自己的恐惧心理，更重要的是要相信自己，相信在我们身后接我们的同学。

被别人信任、有人可以信任都是一种幸福。信任是相互的，不是单方面的付出，信任需要接受者与付出者都伸出自己真诚的双手。唯有如此，我们的身边才会响起友好的掌声，同学们，请伸出你的双手，接住近在眼前的幸福！

3. 游戏“心灵对接”

紧张、刺激的“信任后倒”做完之后，我们做一个比较安静的游戏，名字叫作“心灵对接”。游戏的规则是：两人一组，面对面站好，距离越近越好，男女同学要搭配开。眼睛是心灵的窗户，大家只要专注地看着对方的眼睛，并且保持安静，就能实现心灵的对接。要求大家四目相对，不说话坚持60秒。

做完游戏后，你内心的感受是什么？你的表现又是什么样的呢？

的确，每个人的心灵都是潜意识保护的秘密领地，当四目相对的时候，你能感受到对方的压力，那种即将被人看穿的感觉会使你本能地逃避，只有真正自信、勇敢的人才敢于直面自己的内心，敢于在朋友面前敞开心扉。

【设计意图】 通过三个活动，让学生亲自参与其中，从而去感受、去体验、去收获，获得有关“自信”“与人合作”“信任”等认识和感悟。

(三)活动总结

教师总结时送给大家一段话：在生活中一定要相信自己，相信他人；要勇于袒露自我，与人交流；要与人合作，团结一致，这样我们的人生才会更加精彩。最后让我们以零点乐队的《相信自己》来结束此次的活动，相信大家在以后的日子里会更加相信自己，超越梦想，创造出属于自己的生命奇迹！

【设计意图】 用歌曲做结束，进一步深化活动的感受和体验，并带给学生积极的心理能量。

◎ 活动设计五

我有我风采

一、活动背景

初三的学生心理发展很不稳定，容易表现出沮丧、自卑、失意等紧张情绪，让学生学会正确地认识自我、评价自我和接纳自我，尤为重要。

二、活动目标

通过欣赏小品、看图想象和讲故事等活动使学生能够对自我的认识进行反省与调整，形成良好的自我心态，展现良好的自我风采。

三、活动过程

本次活动包括四个步骤。

(一)小品导入

人物：A主持人、B我能行、C我不行。

材料：散文片段。

生活是一种过程，你无法超越。无论你出身豪门深宅还是穷家陋室，向人世报到的第一声必定是嘹亮的啼哭；从咿呀学语到蹒跚学步，你必须在大人的帮助下完成属于你生命初级阶段的探索；从风华正茂的青年到成熟丰稔的中年再到壮志不已的暮年，每个人的生命历程必然要被时间轮船载着驶向不同的港湾。有人说："生活是一个万花筒，它使人眼花缭乱。"也有人说："生活是一条河，它有时平静如镜，有时激流奔腾；它有径流，也有旋涡；它有时水清见底，游鱼可数，有时浊浪排空，暗礁四伏。"

A主持人：今天我给大家介绍两位新朋友，他们将要举行一个散文朗读比赛，我先让他们作一下自我介绍，好不好？

B我能行：嘿，大家好！我是快乐的我能行，我相信今天的比赛胜利肯定属于我(清一下嗓子)，先给我点掌声，行不？谢谢大家，待会儿赢了我请各位吃一顿。

A主持人：哪里？

B我能行：杏园餐厅，够档次不？

C我不行：大家好，我是垂头丧气的我不行，我不知道这次比赛能否赢，我很害怕会失败。

A主持人：好，现在开始比赛朗读一篇散文，来，我不行先生，你先吧。

C我不行：(朗读声音较轻，很不自信)

A主持人：下面有请我能行先生。

B我能行：(朗读声音响亮，感情激昂)

A主持人：好了，群众的眼睛是雪亮的，我请在场的观众评评看，谁获胜？两位先生请先下去。

学生：当然是B我能行。

教师先给演小品的三位同学加上分数。

学生感悟。

教师总结：在生活中，我们之所以不成功，不是由于别人否定了我们，而是我们自己否定了自己；不是"我不行"，而是由于我们本来行，却偏偏要对自己说"我不行"。我们没有被生活打败，却被自己心里的灰暗念头打败！其实，很多时候，只要你带着自信去敲门，就会发现它比你想象的更容易打开。下面请大家看一幅图。

【设计意图】 通过欣赏小品，让学生学会正确地评价自我，不要自己否定自己。要把自己看成是有价值的、值得尊敬的人，要喜欢自己，这样才能更加出色。

(二)看图想象

根据你所看到的，给这幅图起个名字(老师将学生们起的名字写在黑板上)。

大家看到了，我们看到的是同一幅图，但是我们起的名字却是千差万别的。大家想一想，为什么对同一个事物，人们的看法却有如此大的差异。

学生交流。

这就像我们在生活中，不同的人对我们的认识和看法也是不同的。我们不可能令周围的每一个人都喜欢你、欣赏你。事实上最了解你的人只有你自己。所以，我们每一个人要充分认识自己的每个方面，给出自己客观的评价。别人的评价只是一个参考，我们要想完善自己，首先要充分地认识自己。

有一位画家把自己的画放在画廊上，请人们点评。第一天，他请人们把败笔之处圈出来，结果一天下来，几乎画的每一个角落都被圈了出来。画家觉得非常沮丧。画家的老师对他说："不要沮丧，明天依然拿这幅画，让人们将精彩的部分都圈出来。"结果一天下来，又是画的每一个角落都被圈出来了。这时候画家终于明白了，世人的观点难以统一，最关键的是要有自己的想法，画自己想画的。

当我们自己不能很好地认识自己时，就会被别人所左右。

【设计意图】 通过这个活动，让学生知道每个人的认识和看法是不同的，要学会赏识自己、肯定自己，并善于展现自己。

(三)与人分享

1. 夸夸你的同学

教师给每人发一张纸条，上面已写好学生的姓名，要求收到纸条的同学把纸条上所写的那个同学的优点写出来，越多越好，就算是最不了解的同学也至少要写五条，少于五条的同学给其所在的小组扣分。然后教师把纸条收上来，并将纸条发给写着姓名的同学，抽其中几位学生朗读，读完后让他们谈谈感受。

2. 轰炸你的优点

让一位同学(这位同学最好是班中比较内向、沉默的学生)走上讲台说说自己的特长、优点，说完后让其他同学补充他的优点，再让该生谈一下感受。这可以让他认识到原来自己还有这么多优点，从而增强他的自信心。

请一位女生，同上。

教师总结： 心理学家认为，自卑感起源于人的幼年时期，是由于无能而产生的痛苦的感觉，也包括一个人由于生理缺陷或某些心理缺陷而产生的轻视自己、认为自己在某方面不如他人的心理。当然人也不是生来就自信，自信和自卑反映出社会在人们身上留下的烙印，以及人在遭受挫折和打击后的态度。自信心是人克服困难、成就自我的心理支柱，培养自信是我们成功的重要保证。

产生自卑的原因如下。

(1) 认识不足，过低估计自己。

(2) 消极的自我暗示抑制了自信心。

(3) 挫折的影响。

培养自信心可从以下方面着手。

(1) 正确认识自己，提高自我评价。

(2) 正确认识自卑感，提高克服自卑感的自信心。

(3) 进行积极的自我暗示，自我鼓励，相信事在人为。

(4) 积极与他人交往。

教师总结：自我认识的目的是促进个体的成长，寻找适合自己的生活方式和方法，挖掘自身的潜能，实现自我价值。只有这样，你才会喜欢你自己。

【设计意图】 通过活动，帮学生克服自卑心理，树立自信心。

(四)引导实践

一个小故事：

一个年老的富翁送他的儿子去闯天下。年轻人来到热带雨林中找到一种树木，这种树木高十余米，在一大片雨林中只有一两株，年轻人觉得这种树木木质不错而且稀有，就准备砍去贩卖。这种树木被砍下后，外层腐烂，留下的部分呈黑色，并散发出无比香气，放在水中也不像其他木头那样浮在水面上，而是沉到水底。年轻人把这带有香味的树木运到市场出售，但是没人买，倒是旁边卖木炭的小贩生意很火。日子一天天过去，年轻人的树仍无人问津。他想：大概我的树真的不及那个人的炭。于是他把香树烧成炭挑到市场上，结果一会儿就卖光了。年轻人很得意地回家告诉了老父亲，老父亲听了，忍不住落下泪来。原来年轻人烧成木炭的香木，正是世上最珍贵的树木——沉香。只要一小块，它的价值就会超过一车木炭。

同学们，听完这个故事，你们是不是觉得很可惜？其实在我们的日常生活中，有许多人都会像这位年轻人一样，手里有“沉香”却不知道它的珍贵，反而羡慕别人的木炭，最后竟丢弃了自己的珍宝。

你们说，年轻人为什么会犯这样的错误？(学生发言)

归根结底，就是没有充分认识自己所拥有的东西，而只看表面现象。今天我们就来谈谈关于“我”的问题。

从上面这个故事我们应该充分体会到客观地认识自己是很重要的，一旦我们不能很好地认识自己，可能会导致我们丢掉自己身上很珍贵的东西。因为人往往容易看到别人身上令人羡慕的优点，却忽略了对自己的认识。当你愿意静下心来好好审视自己的时候，你会惊喜地发现自身的潜力与优点。

教师提问：这个故事告诉我们什么？你能从这个故事中联想到其他有关的故事或事例吗？学生交流。

小结：

在生活中，每一位同学肯定都希望自己能有自己的风采，拥有自信，获得成功。其实要想做到这一切，最基础的一件事就是首先要正确地认识自我，在这个基础上开心地接纳自己、完善自己，以良好的心态与状态去迎接挑战，迈向成功。

【设计意图】 通过故事，让学生反省自我、接纳自我，在今后的生活中勇于展现自己的风采。

◎ 活动设计六

积极的自我暗示

一、活动背景

心理暗示，是指人接受外界或他人的愿望、观念、情绪、判断、态度影响的心理特点，是人们日常生活中最常见的心理现象。它是人或环境以非常自然的方式向个体发出信息，个体无意中接受这种信息，从而作出相应的反应的一种心理现象。

心理学的研究表明，心理暗示就好像给人贴了一个标签，人的发展常常会如标签上表明的那样发展。当人自认为怎样时，他的神经系统会传达一个不容置疑的指令，“命令”人随之发生相应的改变，这就是所谓的“标签效应”。

对于高中生来讲，他们正处于自我评价等自我意识高度发展的时期，对自我的信心水平有时也是多变的，而这时如果能够使学生认识积极自我暗示的重要作用并在自我成长过程中有效地运用，会带给他们很大的心理正能量。

适用年级：高中。

二、活动目标

(1) 了解暗示的种类及产生的不同后果。

(2) 学会摒弃消极暗示，合理地利用积极暗示，形成积极乐观的人生态度。

三、活动过程

(一)心理游戏——感受暗示

指导语：首先请全体学生起立，一起来完成一个心理游戏。活动需要全体学生保持安静，闭上眼睛，深呼吸，抛开杂念。(播放潜意识音乐《生机无限》)

现在请将你的双手伸直平放在胸前，尽量伸直，掌心朝上，并使双手保持在同一高度。好的，稳住。现在你的左手上有一个氢气球，你的右手上有一个铅球。请同学们跟着老师的话语在脑海中静静地想象。

左手的氢气球在慢慢膨胀着，变得很轻，越来越轻，要飘起来了……右手上的铅球也在慢慢膨胀着，变得很沉，越来越沉，你托不住它了……(重复)

请同学们睁开双眼，看看自己的手和周围同学的手，是不是发生了变化，双手感觉如何，说说刚才你的体验。

课堂效果：许多同学的左手和右手的高度会发生明显的变化，有的两手高度差达到近20厘米。学生在惊讶中感受心理暗示的神奇能量。

【设计意图】 以游戏导入引发思考，激发兴趣，调动学生积极性，营造课堂氛围，让学生切身体会到暗示的作用。

(二)探秘心灵——认识暗示

1. 暗示举例

心理暗示在我们的生活中随处可见。

镜头一：在遇到困难时经常暗示自己“办法总比困难多”。

镜头二：在广告中，“农夫山泉有点甜”“今年过节不收礼，收礼只收脑白金”。

思考：大家在学习和生活中怎样暗示自己呢？请同学们写下来并相互交流。

学生回答：“考试时提醒自己不紧张”“成绩不好时对自己说，没有什么，下次努力”“当自己在体育课的长跑中坚持不下来时对自己说，不要停下来”“上课开小差时，暗示自己不要走神”“我将来一定会很幸福”。

2. 认识心理暗示

镜头三：看小品《我想有个家》。

“不要紧张，不要紧张……我叫不紧张。”

思考：为什么暗示自己不紧张反而会变得更紧张呢？大家的暗示方式一样吗？

教师提示：在我们生活中，并不是所有的暗示都能收到良好的效果，暗示分积极暗示和消极暗示两种，积极暗示给人以无穷的生机与活力，而消极暗示对我们生活却有阻碍作用。那么什么才是积极暗示呢？

(1) 以现在时态而不是将来时态进行肯定。

不说“我将来会很幸福”，

而说“我现在很幸福”。

(2) 要在积极的方式中进行肯定。

不说“我再也不偷懒了”，

而说“我越来越勤奋了”。

(3) 简短、有力。

(4) 相信你写的这句话。

课堂效果：学生发言踊跃，能够说出日常生活中自己常用的暗示语，其中有积极暗示，也有消极暗示，通过小品，学生能够充分认识到消极暗示的不利后果。

【设计意图】 通过对镜头一、镜头二的思考，让学生充分表达，探秘学生心灵，有针对性地应对学生的消极暗示。通过对镜头三的思考，让学生认识消极暗示的作用是不利的，同时让学生知道怎样的暗示才是积极的。

(三)冷静分析——修正暗示

动动手：在认识暗示作用的基础上，请大家修正刚才自己的暗示。

交流成果：如果你愿意的话，请读出你修正后的暗示语，如果还没有写好，请大家从这些同学的优点出发，帮助他们完成。

课堂效果：学生能够及时发现自己暗示的不足，学会用积极的方式进行自我肯定，但是有些学生仍然运用将来时态进行暗示，如“我以后会好好学习”“我下次考试要细心”等。需要反复提醒，修正。

【设计意图】 学生在写暗示的过程中，真切地感受到了积极暗示所带来的强大力量。

同时在团体成员的互动中促使个体在人际交往中认识自我、探讨自我，这也是团体心理辅导的核心要素。

(四)心灵投射——运用暗示

镜头四：小强刚入高中时，被推选为班长。但是他做事情总是丢三落四，虽然努力过，但还是小错不断。他很苦恼：我的组织领导能力太差，天生不是这块料，哎……

思考一：小强给自己贴了什么样的标签？

思考二：你猜小强以后的组织领导能力会提高吗？

思考三：利用今天所讲的知识，你能帮助他当好班长吗？

镜头五：连续几次的英语考试，小英都没有考出好成绩。最近一次的英语考试，她认真做了准备，结果还是没考好。她很苦恼。早上拿起英语书，打开单词表，"看到这些密密麻麻的单词我头都晕了，英语我看是没希望学好了。我天生不是学英语的料！"

思考一：小英给自己贴了什么样的标签？

思考二：小英的标签给她带来了什么样的影响？

思考三：你能帮助小英把标签撕掉吗？

思考四：你能具体表达一下小英的意思吗？(说明：小英表达了两层意思。①现实层面：小英历次考试成绩都不是很好。②精神层面：我不是学英语的料，英语不及格是很正常的。)

【设计意图】 通过让学生充分认识镜头四、镜头五中这些同学的行为，能利用自己所学的知识帮助他们更深刻地认识并利用积极暗示。

(五)强化信念　感悟信念

动动手：请学生将写好的积极暗示盖在手心里，并默默地在心里重复着这些积极暗示。

同时播放歌曲《隐形的翅膀》，将这首歌送给全体同学。

【设计意图】 通过反复默念和轻柔的音乐引导学生寻找高峰体验，激发无限潜能，这种感受就像站在高山之巅，虽然短暂，但是对人的影响却深远持久，虽然不是每个人都可以获得，但我们应该尝试。

第三章　生涯规划辅导

生涯是个人通过从事工作所创造出的一个有目的的、延续一定时间的生活模式。该定义是由美国国家生涯发展协会提出的，是生涯领域中被广泛使用的概念。简单地说，人从出生到死亡，终其一生即为生涯。生涯规划就是在分析个人兴趣、爱好、性格、潜能等各方面能影响我们生涯发展的各种因素的基础上，对自己未来所从事的职业、对人生所承担责任的一种计划和预期。对学生而言，生涯规划辅导就是指导学生认识自我，帮助他们准确剖析个人的潜在能力及人格倾向，制定人生奋斗目标，并为学生指出实现人生目标的可能性。生涯规划是对人一生的规划，包括人生的方方面面，比如学业规划、生活规划、职业规划、婚姻规划、财富规划、健康规划等，这些都是生涯规划的内容。本章着重介绍与学生密切相关的学业规划和职业规划。

一、生涯规划辅导的价值与意义

“凡事预则立，不预则废。”这是《礼记·中庸》中的一句话。它也清楚地告诫我们凡事如果没有提前的计划和准备，那就很难成功。对一个人的一生来说，生涯规划就显得格外重要。它让你能清楚地知道你的人生之路每一步应该怎样走，你的人生目标应该怎样去完成，你的生活、你的人生怎样才更有意义。对学生而言，生涯规划让他们更深入地思考生活的目的是什么，人生的目标是什么，自己肩负的社会责任怎样去完成，什么才是自己一生的追求。

二、生涯规划辅导的理论依据

(一)舒伯的生涯发展理论

美国著名学者舒伯是生涯辅导理论的大师，其生涯发展论综合了差异心理学、发展心理学、自我心理学以及有关职业行为发展方向的长期研究结果。舒伯本人比较喜欢将其理论命名为“差异—发展—社会—现象的心理学”。其理论观点是现今生涯辅导中重要的理论基础，指导了目前生涯辅导的具体实施，得到了各国生涯辅导界的普遍支持。

舒伯提出了职业上的“人生阶段论”，他根据自己“生涯发展形态研究”的结果，参照布勒的分类，将生涯发展划分为成长、试探、决定、保持与衰退五个阶段。舒伯生涯发展理论的核心是自我概念的形成和实现，他有 12 个著名论点。

(1) 生涯发展是一个连续不断、循序渐进且不可逆转的过程。

(2) 生涯发展是一个有次序、具有固定形态的过程，因此每个阶段的发展都是可预测的。

(3) 生涯发展是个人与环境相互作用的过程。

(4) 一个人的自我概念在青年期以前就开始形成，至青年期较明朗，并于成人期由自我概念转化为生涯概念。

(5) 从青年期至成人期，个体实际的人格特质及社会的现实环境等，都会因年龄、时间的增长而增加对人的影响力。

(6) 父母之间的互动关系，以及他们对职业计划结果的解释，会影响到下一代对自己职业角色的选择。

(7) 一个人是否能由某一职业水平跳到另一职业水平，即是否有升迁发展的机会，是由他的智慧能力，家庭社会经济地位，本人对权势的需求，个人的价值观、兴趣、人际关系技巧，社会环境及经济的需求状况等共同决定的。

(8) 个人选择的职业领域，是由下列因素来决定的：个人的兴趣、能力，个人的价值观及需求，个人的学历，利用社会资源的程度及社会职业结构、趋势等。

(9) 即使每一种职业对从业者都有特定的能力、人格特质及兴趣的要求，但在某范围内，仍然允许不同类型的人来从事；同样，一个人也可从事多种不同类型的行业。

(10) 个人能否从工作中获得满足感，取决于他是否找到了适合于自己的能力、兴趣、价值观、性格特征等的职业。

(11) 个人工作满足的程度，常取决于个人是否能将自我概念实现于工作中。

(12) 对一小部分人而言，家庭及社会因素是人格重整的中心；但对大部分人来说，工作是人格重整的焦点，即经过工作过程，理想的我与现实的我之间会逐渐融合。

舒伯的职业发展理论系统性极强，具有相当大的合理性。其理论既是职业指导理论发展中的里程碑，同时又汲取了已有理论的精华，因而涵盖面较宽。其观点认为，个人需要同时考虑自身的特点和职业所要求的特点，通过表达自己的爱好、作出选择、接受必要的培训、发现工作机遇来实现个人与职业的匹配。舒伯在后期又将影响职业选择的因素分为两类：一类是“个体决定因素”，包括兴趣、能力、价值观等个体化因素；另一类是“环境决定因素”，如社会结构和经济条件等。可以看出，舒伯的职业发展理论是非常完善的，他把人职的匹配和发展、职业选择的心理和社会因素有机地结合在一起，符合职业选择和职业指导的一般过程。舒伯提出的人生职业生涯发展阶段模式也具有重要的实践意义，为职业生涯指导与规划奠定了科学基础。

(二)霍兰德的职业兴趣理论

约翰·霍兰德是美国约翰·霍普金斯大学的心理学教授，美国著名的职业指导专家。他于1959年提出了具有广泛社会影响的职业兴趣理论。他认为，人的人格类型、兴趣与职业密切相关。兴趣是人们活动的巨大动力，凡是符合兴趣的职业，都可以提高人们的积极性，促使人们积极地、愉快地从事该职业，且职业兴趣与人格之间存在很高的相关性。霍兰德认为人格可分为现实型、研究型、艺术型、社会型、企业型和常规型六种类型。

霍兰德的职业兴趣理论主要从兴趣的角度来探索职业指导的问题。他明确地提出了职业兴趣的人格观，使人们对职业兴趣的认识有了质的变化。霍兰德的职业兴趣理论反映了他长期专注于职业指导的实践经历，他把对职业环境的研究与对职业兴趣个体差异的研究有机地结合起来，在霍兰德的理论中，人格被看作是兴趣、价值、需求、技巧、信仰、态度和学习个性的综合体。

兴趣是职业选择中最重要的因素，是一种强大的精神力量，个体的就业兴趣可以影响其对职业的满意程度。当个体所从事的职业和他的职业兴趣类型匹配时，个体的潜在能力可以得到最彻底的发挥，工作业绩也会更加显著。在职业兴趣测试的帮助下，个体可以清晰地了解自己的职业兴趣类型和在职业选择中的主观倾向，从而在纷繁的就业机会中找到最适合自己的职业，避免职业选择中的盲目行为。尤其是对于缺乏职业经验的人，霍兰德的职业兴趣理论可以帮助他做好职业选择和职业设计，从而成功地进行职业调整，从整体上认识和发展自己的职业能力。职业兴趣也是职业成功的重要因素。

(三)马斯洛的自我实现理论

作为人本主义的代言人，马斯洛毕生致力于“自我实现理论”的研究。自我实现包括两层含义：一是人格的自我实现；二是基本需要的自我实现。马斯洛认为自我实现就是人的潜能充分发挥，力求变成他想变成的样子。自我实现是以生物学和心理学为依据的内在价值追求，是一个人的人格、潜能在个体发展过程中的不断展现，是个人对自身内在本性更充分地把握和认可。自我实现的产生，有赖于人的各种基本需要的满足。马斯洛又提出了需要层级理论(生理需要、安全需要、社交需要、尊重需要、自我实现需要)，由于人的需要的多层级性，决定了自我实现是一个连续不断的发展过程，而每一次自我实现的满足，都会引导人们达到更高层次需要的自我实现。马斯洛认为，一个自我实现者应具备以下特质：能正确对待自己，有积极的自我意识；乐于与人交往，具有和谐持久的人际关系；有强烈的伦理道德观念；有创造性，对现实有卓越的洞察力；具有创造革新的思想和能力；行为方式自然真实，能抵抗消极情绪等。

三、生涯规划辅导的目标

生涯规划辅导的目标如下。

(1) 帮助学生了解什么是生涯规划及生涯规划辅导的意义。

(2) 帮助学生对个人的兴趣、人格特点、潜能、价值观、需求、动机等进行分析，增进学生自我了解和评估，这是对自我的认同和生涯发展的起点。

(3) 帮助学生确认人生目标并制订行动计划，对学生而言，主要任务是制订学习计划。

(4) 增强学生的自信心，提高自我管理能力及生活技能，帮助学生解决目前面临的问题和困惑，增强心理健康水平。

(5) 帮助学生养成良好的学习和生活习惯，提高生存技能。

(6) 让学生对未来的工作世界有一定的了解，进一步探索个人兴趣与职业结合的关系。

(7) 帮助学生在生涯规划中得到成长和进步，同时提升生涯规划师的专业能力。

通过加强中学阶段的生涯规划辅导，将人才培养从“升学主义”转向“关注学生个人的未来发展”。 特别对于高中阶段来讲，处于极重要的“探索期”，因此高中阶段的生涯规划辅导要注重以下三个目标的达成。

(1) 提高学习的效率与主动性。目标明确会使学生的学习动力十足且持久，但很多同学的目标模糊甚至没有目标，因此在高中强压力的学习下，很容易丧失信心或韧性不足。引导学生思考、分析和定位好自我目标，强化他们进行自我生涯规划的主动性，同时可以使他们看到自我发展的“彼岸”，会使他们更好地规划好高中学习生活。

(2) 培养健全人格，更好地定位自我、设计自我。通过精心设计的探索和透彻的分析描述，如“霍兰德职业倾向测试”，使学生对自己有了全面的、新的认识，知道了自己的偏好和性格特点，对复杂的专业和职业信息也有了清晰的认识，并鼓励学生在课余时间收集了解更多的相关资料，并积极实践，为以后发展早做准备。

(3) 科学的决策，规划自我发展路线。帮助学生对自己的兴趣和性格，以及对专业信息、学校信息、职业信息进行探索，并依据探索结果作出决策，学生可以通过以上过程了解规划生涯发展的科学方法，为以后的科学决策做好准备。

四、不同年龄阶段生涯规划的特点

(一)小学阶段生涯规划的特点

小学生对生涯还不能完全理解，所以小学阶段的生涯辅导，主要是以游戏和活动的方式，让学生对职业有个初步了解，并树立远大理想。

(1) 小学阶段，学生的自我意识不断发展，自我概念逐渐形成，自我评价的能力不断增长，他们能把自己的言行与别人的进行对比，对自己作出独立的评价。随着年龄的增长，学生的行为慢慢成为习惯，性格也越来越稳定。所以在儿童时期进行有效的教育，让学生养成良好的习惯，形成良好的性格，对他们一生的发展都非常重要。

(2) 小学生心理承受能力一般都比较差，如果目标达不到，很容易产生厌学情绪。所以在指导小学生做计划时，一定要先易后难，循序渐进，随着目标的一步步达成，他们的自信心增强，兴趣会越来越大，对自己的要求也会越来越高。

(3) 随着年龄的增长，小学生的兴趣范围逐步扩大，但对事物的探索往往带有情感色彩，生动、具体、新颖的事物，较易引起他们的兴趣。小学生的情感日益丰富和成熟，但有时还不太稳定。比如，他们受到表扬立即兴高采烈，挨了批评则马上情绪低落。所以在辅导过程中要注意观察学生的情绪变化，多用积极、赏识的语言，不用批评、指责的语气，保护学生的自尊心不受到伤害。

(4) 小学生活泼好动，为满足学生活动的需要，小学阶段特别是小学低年级，辅导要以游戏和活动为主，让学生在活动中寻找解决问题的方法。

(5) 小学生的道德认知不断发展，他们对道德知识的理解，从肤浅、表面，慢慢变成比较准确的、对本质的理解，道德情感体验日益深刻。小学低年级，学生的言行比较一致，但到了三年级，就会出现程度不同的言行脱节。这主要是学生的模仿力增强，控制力差，受外界不良因素影响又没有分辨是非的能力等原因造成的。所以，这个阶段的辅导是小学生道德认知发展的关键期。

(二)初中阶段生涯规划的特点

初中阶段，学生富有理想，憧憬未来，但知识贫乏，缺乏辨别是非的能力；思维具有独立性和创造性，但看问题比较片面、偏激；好奇、敏感、争强好胜，但感情脆弱，缺乏意志力；思维敏捷，精力充沛，勇于拼搏，但自我控制能力不强，缺乏坚强的意志和顽强的毅力。所以，辅导教师一定要注意学生心理发展各阶段的特点，有针对性地进行辅导和帮助，培养学生正确的生涯观和职业观，形成正确的自我意识和科学的择业态度，能用长远的目标对待职业规划。

(1) 随着青春期的到来，初中学生的身体外形迅速地发生变化，随着自我意识的觉醒，他们的成人感和独立性不断增强。他们在学习和生活上要求独立自主，从穿衣戴帽到为人处世，不愿受到限制和约束，但他们在生活能力方面又需要成人的帮助和指导，所以经常出现与成人相抵触的情绪，这就是我们常说的“逆反心理”。辅导教师要充分尊重学生，消除学生的戒备心理，要教会学生学会自我控制和调节，塑造健全的人格。老师还要调动学生家长的力量，双方积极配合，让学生平稳度过成长中的“逆反期”。

(2) 初中生在生理上的迅速发展与心理发展的不成熟之间的矛盾，是辅导的重点和关键。初中生开始对异性产生好奇和兴趣，萌发了与性相联系的一些新的情绪、情感体验，虽然内心渴求，但又不能公开表达这种情感和愿望，所以常常感到烦恼、压抑和苦闷。教师在辅导过程中，首先要更新观念，遇到问题时能从尊重学生、爱护学生的角度出发，本着见怪不怪、不夸大、不张扬的原则对学生进行积极疏导，为初中学生之间的异性交往提供一个健康、正确、宽容的舆论导向。

(3) 在初中生的情绪表现中，也充分体现出半成熟、半幼稚的矛盾性特点。随着初中生心理能力的发展和生活经验的扩大，其情绪的感受和表现形式不再像以往那么单一了，但还远不如成人的情绪体验那么稳定，情绪体验和情绪表现的强度常常不一致。初中生在团体中有时为了从众或其他一些想法，会在某种原本的情绪上加一层表演的色彩。所以老师在辅导时要注意区分哪些是学生的真实想法，哪些是具有表演色彩的，特别是在团体辅导中，要营造开放安全的团体氛围，这样学生才能用心用脑去思考自己的现在和未来。

(4) 初一学生是由儿童向少年过渡的时期，个人意识开始出现，群体意识日益增强，青春欲望萌发，童心依旧旺盛，厌学情绪渐渐滋生，自我管理逐渐变难，这个时期适应教育非常重要。初二学生的思维能力大为提高，青春欲望更加炙热，自尊反叛比较强烈，厌学情绪更加激化，这一时期自我管理教育是辅导的重点。初三学生的思维能力迅速提高，自私叛逆日益强烈，自我管理两极分化，这一时期的辅导要因人而异，针对不同学生的不同表现进行辅导。

(三)高中阶段生涯规划的特点

高中阶段是人生中比较重要的阶段，让高中生充分了解自己的职业倾向，根据自己的能力、兴趣和性格特点，有针对性地制订学习和发展计划，能明确学习的目的，增强学习动机，发挥自身的长处和潜在优势，是一件更有效果、更有意义的事情。高中生生涯规划，为他们未来的发展方向进行一个较好的定位，选择一个适合自己的专业，有助于学生减少挫折、少走弯路，顺利地走出一条成功的人生之路。

(1) 学生进入高中后，自觉性品质普遍提高，自制性品质有所增强。相对来说，高中生能比较好地控制和调节个人的行为举止，大多数学生能把自己的生活、学习与未来联系起来，把自己的需求和社会的需求结合起来，这使他们能相对顺利地处理好事情的轻重缓急，不断地提高自我监控的能力。研究表明，高中生的自我监控能力有随年级的增长而减弱的现象，这种现象要引起老师的重视，越到高三，学生的自我监控能力越低，部分学生受挫后容易出现自卑心理，这会影响规划目标的达成。

(2) 高中生在自我意识、自我评价等方面的能力也不断增强。这标志着高中阶段学生的人际关系逐渐趋向稳定成熟。高二年级的人际关系明显好于高一年级，而高三年级的人际关系基本上呈稳步发展的趋势。可以看出，高一刚刚从初中踏入高中，原有的交际范围不复存在，来自不同学校的男生、女生重新组成一个新的集体，在对他人的认识、评价上并不能作出及时的、正确的、全面的判断，这需要时间上的验证。再者，由于学生自身不同的性格特征，如自私、无私，自信、自尊、自卑，勇敢、懦弱等，必然也影响着彼此的交往程度——或疏远，或亲近，或排斥，影响着对他人积极评价的合理性。所以在社会目标、对他人的正取向、人际关系的培养方面，要加大培养力度。

(3) 高中生在自尊心、价值感、道德和纪律、面对挫折和成就等方面存在显著的年级差异，随着年级的增高，都呈明显的下降趋势。与高一相比，高二、高三学生自尊心的下降主要与其自我意识增强、生理的迅速发育成熟和学习的压力增大等因素及其交互作用有关。尤其是高三学生，面临着高考的压力，这就促使部分学生从自身的角度去考虑问题，不能更好地尊重别人，爱心和义务感减少，从而在道德、纪律上的约束力下降。再者，频繁的考试、知识难度和知识量的加大，会使学生面临更多的挫折，这一切使部分学生失去成就感和自豪感，甚至回避挑战，导致消极的自我评价。所以，辅导中要注意让学生正确地面对人生中的挫折，学会战胜挫折的方法。要让学生正确地对待个人价值和社会价值，引导学生拥有合理的价值观，让它引领我们的人生向着正确的方向航行。

(4) 高中生的自信心在不同的年级存在明显的差别，自信心随着年级的升高而呈现下降趋势，即高一学生的一般自信心和同伴交往自信心最高，高三学生的一般自信心和同伴交往自信心最低。其具体原因如下。高一学生刚经过中考的选拔，是中考中的胜利者，他们对高中生活充满好奇和期待，想更快地融入新环境，所以此时表现出了极强的自信心。而随着年级的升高，对自己生活环境的不断了解和对周围同学的逐渐熟悉，使得许多同学不喜欢周围的环境和身边的同学，加上家庭、学校、社会对学生的评价或要求由多方的关注转向单一的成绩依赖，升学成了大部分学生的必需追求；再加上随着其独立意识、成人化需要和判断力的增强，他们以自己的社会经验开始怀疑权威，思想波动，心理困惑，导致心理产生不平衡情绪，甚至颓废沮丧，学习兴趣降低，过多的失败体验又使之产生一种无助感，从而导致对自己努力作用的怀疑，失去了原有的自信心。

(5) 创造性人格是个体人格中对于创造行为起作用的部分，是创造力的重要组成部分，是个体的动机、兴趣、信仰、价值观、性格和气质等组成的多层面有机的整体。创造性人格包括人的好奇心、独立性、自信心、冒险性、挑战性、敏感性、灵活性、想象力八个方面，它是人的先天本质特征，只有高低之别，没有有无之差，但是积极主动的创造性人格是靠后天的教育和培养形成的。研究表明，高二学生的敏感性上升，高三学生的敏感性下降。高三学生面临高考，学习紧张，课业负担重，考试次数频繁，所有的精力都集中在学习上；而高二学生正处于过渡阶段，倾向于发现不同、创造不同，敏感性很强，所以在高二年级加强学生的创造性人格的培养更为重要。

五、生涯规划辅导的模式与方法

(一)团体辅导

团体是由两个人以上组成的，少则3～5人，多则十几人到几十人，为了达到共同的目标，相互依存、彼此间互动的人群结合体。团体辅导是从英文Group Counseling翻译而来的。Group也可译为小组、群体、集体，Counseling也可译为咨询、辅导，所以团体辅导与小组辅导、集体辅导概念相同。团体辅导是通过团体内的人际互动以帮助个人的历程。团体辅导的影响广泛，在团体中不论交流信息、解决问题、探索个人价值观，还是发现共同情感，同一个团体中的人都可以提供更多的观点和资源。每个团体成员不仅自己接受他人的帮助，同时学习模仿多个团体成员的适应行为，从多个角度洞察自己，也可以成为帮助其他成员的力量。在团体情境下，成员之间的互相支持、集思广益及共同探寻解决问题的办法等，客观上减少了对规划师的依赖。团体辅导效率比较高，可以节省大量的时间和精力，可以缓解辅导人员不足的矛盾，因此团体辅导是学校生涯辅导中重要的辅导模式。在团体辅导过程中，当团体凝聚力形成并增强时，会让团体成员产生强烈的归属感和认同感。成员会明确地意识到自己是团体中的一员，要保持和团体一致的认识和评价，会以团体为荣，爱护和保护团体的形象及荣誉，并且以同舟共济的精神去应对外界的困难和挑战。团体辅导以其生动活泼的方式，使学生乐于学习并能愉快地享受学习的成果。

(二)个别辅导

个别辅导是生涯规划辅导最重要、最有效的辅导模式，它能根据每个个体的实际情况，有针对性地开展一对一辅导。但在学校里，由于学生人数多，师资又相对缺乏，个别辅导不可能面向全体学生开展。

(三)生涯规划讲座

生涯规划讲座是学校生涯规划最经济的辅导模式，可以在学校的各个年级开展。讲座必须以生涯发展理论为指导，同时密切结合我国的教育实际，科学、系统地对学生进行专业选择和未来社会角色定位的引导。通过生涯规划讲座，使学生树立正确的生涯观和职业观。

(四)参加社会实践

组织学生参加社会活动，是学生社会化发展的需要，也是学生获得职业体验，锻炼自己在工作中的交往和交流能力的需要。学校可以利用周围及外部的资源，与社区、企事业单位等建立良好的关系，将这些单位作为学生参观和实习的基地，让学生通过参观、访问、访谈、实习等方式，对具体职业的职业特点加深了解，为学生日后的职业选择奠定基础。

六、生涯规划辅导的基本程序

无论是个别辅导还是团体辅导，规划师与学生之间的互动都是灵活机动的，因为每个人的性格、能力、兴趣爱好、人生追求、奋斗目标都不尽相同，所以不可能有一个成型的规划模式可以运用到所有的生涯规划中，但它的基本程序都是一样的，分为建立关系→探索评估→确定目标→行动策略→跟进督导五个阶段。

(一)建立关系

在生涯规划辅导中，规划师与学生之间能否建立一种完全的信任关系，是辅导工作顺利进行的基础。生涯规划辅导与心理咨询一样，也是一种助人自助的工作过程，它要求辅导老师掌握一定的心理学知识，了解心理咨询的相关技巧。以下是几种快速建立信任关系的方法。

(1) 简洁明了而真诚的开场白能有效地建立起信任感、依赖感，消除陌生感和防御心理。开场白中规划师的语言要跌宕起伏、抑扬顿挫、感情饱满，富有感染力和穿透力，还要充分发挥肢体语言和表情语言的作用。

(2) 暖身小游戏。暖身小游戏的基本目的是营造一种真诚和信任的气氛，让学生产生活动和表达的意愿。很多暖身小游戏都能增进师生彼此的了解，拉近人际间的心理距离。老师要参与到活动中去，让学生感到亲切可信，营造出一种开放、接纳的气氛与轻松、活泼的情绪，才能引导学生进一步投入到活动中。

(二)探索评估

评估是生涯规划中一个非常重要的内容，它通过对学生的兴趣、爱好、人格、潜能等因素的测评，帮助学生确立可能达到的生涯发展目标。目前，常用的评估方法有两种：一种是非正式测评；另一种是正式测评。

(1) 非正式测评主要通过观察、自我评价、社会关系评价等方法由学生自己进行测试，再由规划师根据自己的经验对评价结果进行分析。自我评价要针对自身特点，客观分析自身的优势和劣势，评价要有针对性，并提供详细的事例进行论证，避免任意空想和武断下结论。社会关系评价是由家长、老师、同学、朋友等社会关系对自己的优点和缺点进行评价，同时要举例说明，使评价有据可依。个人对社会关系评价进行汇总，对照社会关系评价再作自我总体评价，使评估更加客观准确。

(2) 正式测评(工具测评)。正式测评是标准的科学的测评，必须遵循严格的程序，由专业人员操作，以保证测评的客观性和准确性。

① 霍兰德职业兴趣量表。

霍兰德职业兴趣量表是其生涯发展理论中的一部分，该测评在我国应用得比较广泛。约翰·霍兰德发现，人的个性、价值观及偏好的生活方式，一般会通过六种兴趣反映出来，这六种兴趣分别反映着人的个性中的特定因素。这六种类型分别为现实型、研究型、艺术型、社会型、企业型和常规型。

现实型：愿意使用工具从事操作性工作，动手能力强，做事手脚灵活，动作协调。偏好于具体任务，不善言辞，做事保守，较为谦虚。缺乏社交能力，通常喜欢独立做事。适合的职业包括技术性职业(如计算机硬件人员、摄影师、制图员、机械装配工等)、技能性职业(如木匠、厨师、技工、修理工、农民、一般劳动等)。

研究型：思想家而非实干家，抽象思维能力强，求知欲强，肯动脑，善思考，不愿动手。喜欢独立的和富有创造性的工作。知识渊博，有学识才能，不善于领导他人。考虑问题理性，做事喜欢精确，喜欢逻辑分析和推理，不断探讨未知的领域。适合的职业包括科学研究人员、教师、工程师、电脑编程人员、医生、系统分析员。

艺术型：有创造力，乐于创造新颖、与众不同的成果，渴望表现自己的个性，实现自身的价值。做事理想化，追求完美，不重实际。具有一定的艺术才能和个性。善于表达、怀旧，心态较复杂。适合的职业包括艺术方面(如演员、导演、艺术设计师、雕刻家、建筑师、摄影家、广告制作人等)、音乐方面(如歌唱家、作曲家、乐队指挥等)、文学方面(如小说家、诗人、剧作家等)。

社会型：喜欢与人交往，不断结交新的朋友，善言谈，愿意教导别人。关心社会问题，渴望发挥自己的社会作用。寻求广泛的人际关系，比较看重社会义务和社会道德。适合的职业包括教育工作者、社会工作者。

企业型：追求权力、权威和物质财富，具有领导才能。喜欢竞争，敢冒风险，有野心、抱负。为人务实，习惯以利益得失、权力、地位、金钱等来衡量做事的价值，做事有较强的目的性。适合的职业包括项目经理、销售人员、营销管理人员、政府官员、企业领导、法官、律师。

常规型：尊重权威和规章制度，喜欢按计划办事，细心、有条理，习惯接受他人的指挥和领导，自己不谋求领导职务。喜欢关注实际和细节情况，通常较谨慎和保守，缺乏创造性，不喜欢冒险和竞争，富有自我牺牲精神。适合的职业包括秘书、办公室人员、记事员、会计、行政助理、图书馆管理员、出纳员、打字员、投资分析员。

② 舒伯的问卷调查。

舒伯的工作价值观量表，是舒伯于 1970 年编制的，共 45 题，每三个题测量一种价值观。该量表将职业价值分为三个维度：一是内在价值观，即与职业本身性质有关的因素；二是外在价值观，即与职业性质有关的外部因素；三是外在报酬，共计 15 个与个人工作有关的价值观。这 15 个价值观是利他主义、美感、创造力、成就感、独立性、威望、管理、理性刺激、经济报酬、安全感、环境、导师关系、同伴、生活的方式及异性。

舒伯的工作价值观问卷是用来测量和工作满意状况有关的价值观，其实在一般价值观中已经包含工作价值观，只是不够具体细化。工作价值观是人生目标和人生态度在职业选择方面的具体体现。它对一个人的职业目标和择业动机起着决定性作用。

③ 卡特尔 16 种人格因素调查表。

卡特尔 16 种人格因素调查表(简称 16PF)，是雷蒙德·卡特尔在 1949 年提出的人格测验。16PF 衡量的 16 种人格因素，包括乐群性、聪慧性、稳定性、恃强性、兴奋性、有恒性、敢为性、敏感性、怀疑性、幻想性、世故性、忧虑性、实验性、独立性、自律性和紧张性。这 16 种人格因素是各自独立的，每一种因素与其他因素相关性比较小，这些因素的不同组合，构成了一个人不同于他人的独特个性。卡特尔 16 种人格因素调查表是自陈量表，它的优点是高度结构化，实施简便，计分方法和解释比较客观。

④ 脑 AT 整体潜能与生涯规划测评系统

脑 AT 整体潜能与生涯规划测评系统是目前国内外信度和效度较好的测评系统，达到定比测验水平。整个系统分三部分，包括整体潜能测试、职业心向测试和人格物质测试。采取电脑施测的方法，总用时约 200 分钟，对生涯发展和专业定位所必须参考的多个维度进行全面准确的测评。测评中通过多元化的题目，收集被测试者处理题目的精准度、反应度、真实度等多角度指标 2 万多数据，通过专业的数据分析，测评系统将导出详尽的测评报告。对学生 14 大项潜在能力(如思维转换能力、人际交往能力、组织管理能力、逻辑推理能力等)、27 项人格特征(如热情、合群、支配、坚持、敏感等)、35 方面职业兴趣(如事务管理型、自然研究型、技术操作型等)等专业选择与生涯规划所必需参考的维度进行全面准确的测评。专家依据测评结果，会对学生的人格特质、职业兴趣、职业潜能进行全面剖析，提供最佳专业 20 个、最适合的职业 10 个，并对最佳专业进行详细介绍，从而作出专业定位。

(三)确定目标

在生涯规划中，特别是在学生的生涯规划辅导中，确立目标是非常重要的内容。目标是前进的方向和动力，是生活的灯塔、力量的源泉。确定了人生目标，一切就会清晰、明朗地摆在你的面前。什么是应当去做的，什么是不应当去做的，为什么而做，为谁而做，所有的要素都是那么明显而清晰。于是生活便会增添更多的活力与激情，使我们自身隐匿的潜能得到充分发挥。无论你的目标倾向于事业、财富、健康还是快乐，都必须是明确具体的、有完成时限的、远大且具有挑战性的。

1. 目标制定的原则

1) 目标必须是明确具体的、可衡量的

目标的描述一定要运用限制性的定语和状语，表意尽可能地做到明确和具体。目标应该具有明确的评估标准，如果制定的目标没有办法衡量，就无法判断这个目标是否能实现。特别是短期目标，比如你要掌握 1000 个英语单词，每天背 10 个，计划 100 天完成。这个目标非常具体，你每天按计划进行，目标就很容易达成。

2) 目标必须是有完成时限的

任何目标都必须设定完成期限，否则目标将失去意义。没有时间限制的目标是一张“空头支票”。长期目标如：我在 50 岁之前至少要拥有 30 亿元的资产。短期目标如：一年内我要读完 3 本世界名著。

3) 目标要远大且具有挑战性

目标越远大、越具有挑战性，你实现目标的动力就越大，这样可以提升自己的期望值，从而产生令人奋进的动力。如果目标伸手可及，根本不具有挑战性，那么，它对你的行动也就没有鞭策和激励作用了。

2. 制定目标的步骤

1) 确立人生目标

人生目标是人生的灯塔，是前进的风向标，它让你在人生的任何阶段都不会迷失方向。人生目标是在综合了自身的能力、兴趣、人格、潜能、人生观、价值观等各方面因素的基础上确立的，它一定是明确具体的，是一生都要为之努力奋斗的。

2) 确认人生目标

人生目标制定之后，需要进一步确认，即找出你实现人生目标的十大理由。要明确地告诉自己、说服自己，你的目标不是纸上谈兵，你有实现目标的信心、潜能和不达目的不罢休的决心。这十个理由足以支持你为实现人生目标而努力。

3) 分解目标

人生目标是长远的，不是近期就能实现的。特别是对中小学生而言，人生目标是遥不可及的。只有将长远的目标分解成一个个小目标，他们才能清楚地认识到现在的目标是什么，怎样去实现近期目标。这就要求规划师指导学生描绘人生坐标，坐标中标明人生每一阶段应该完成的具体任务。比如你在 50 岁之前至少要拥有 30 亿元资产，那么你在 40 岁、30 岁、20 岁时应该完成哪些任务才能让目标有实现的可能？假设你现在 12 岁，你应该做什么？目标分解之后，要让学生用文字清楚地表述人生每一阶段的任务和目标，特别是越靠近现在，目标越要明确，时限越短，如半年、三个月……

4) 公众承诺

把自己的目标清楚工整地写下来，最好能做成精美的卡片，张贴在班级里或自家的客厅里，让老师、同学或者家长、亲朋时刻监督自己完成任务的情况，不给自己留下懒惰的机会。

(四)行动策略

学生的生涯规划，主要是学业规划。人生目标的确认，让他们有理想、有追求，所以无论是小学生还是中学生，进行生涯规划的主要任务就是要制定行动方案并付诸实施。

1. 制订各学科学习计划

学习计划必须是短期的，经过努力能够达到的。学习计划太难则不能明显见效，不具有激励作用；学习计划太容易则不具有挑战性，不能激发学生自身的潜能，也不会激发人的斗志。所以，学习计划一定要根据自己的实际情况制订，既要比实际水平高，又要有可行性。

2. 制订学习时间表

学习时间表一定要详细、精确，每一天都要求精确到小时甚至分钟。如星期天早晨6:30起床，6:30—6:40洗刷，6:40—7:20早读(英语)，7:30吃早饭，7:45—9:45数学卷一，10:00—11:30物理卷一，11:40吃午饭，12:00—13:30午休，13:40—15:40英语卷一，16:00—17:30生物卷一，17:40吃晚饭，18:00—20:30语文卷一，20:40—22:00生物卷一，22:20休息。这是一位高三学生周日的学习时间表，小学生、初中生可根据自己的实际情况制订自己的学习时间表。

3. 达成目标的奖惩制度

学生按时间表制订的学习计划都是可测量的，也是可以达到的。规划师要定时进行检查，完成任务的要奖励，精神或物质的都可以，这要因人而异。没有完成任务的要惩罚，惩罚一定要严厉，让他做最不愿意做的事，这样的惩罚才有效果。

4. 马上行动

任何周密的计划，如果不付诸行动，都无法实现。只有知道应该做什么并马上行动，才是成功的开始。每天早晨起床之后，把今天要做的事情大声读一遍并记住它，每天晚上检查今天的任务是否完成。每天都要用积极肯定的话语鼓励自己，坚定实现目标的决心。

(五)跟进督导

规划师在指导学生完成计划之后，后续的检查督导可以交给班主任或任课老师去做，有些任务还可以交给家长，比如一些习惯的养成等，但规划师必须定期对学生的总体情况进行评估，以保证计划的可行性、任务的难易程度随时进行调整。

跟进督导要解决的问题才是生涯辅导的重点和难点，自信心、自尊心培养，学习策略辅导，创新思维和创造性人格培养，人际交往辅导，人生观、价值观培养等都是生涯辅导的内容。

七、生涯规划辅导要注意的问题

(一)生涯规划辅导对规划师的要求

(1) 生涯规划辅导和心理咨询一样，都是一种助人自助的活动方式，规划师帮助学生认识自我、接纳自我、反思自我，规划人生、寻求改变、获得成长。从事这项活动的人必须经过专业培训，掌握基本的技术，获得规划师资格证书。但目前，这样的规划师相当缺乏，要想在学校进行这方面的工作，应该由经验丰富的班主任或者对生涯规划比较感兴趣的老师来做，但也必须要经过专业培训。

(2) 规划师要遵纪守法，遵守职业道德，注意加强自身的修养，不断完善自己。

(3) 规划师应不断学习专业知识，促进自身的专业发展，提高生涯规划辅导水平。

(4) 规划师应明确了解自己的能力界限和专业职能的界限，不做超越自己的能力和职能范围的事情。对于解决不了的问题一定要及时向专家求助，以便让学生得到正确、合理的解决办法，达到生涯辅导的目的。

(5) 规划师要遵守保密原则，对学生的任何信息，不经过允许，不能向外界透露。规划中的个案记录、测验资料、录音、录像和其他资料，应在严格保密的情况下，作为档案及时送档案室进行保存。除了规划师和档案管理员以外，其他任何人员都无权查看档案材料。

(二)遵循知情同意的原则

无论是个别辅导还是团体辅导，知情同意是我们强调的重点。知情同意就是在规划之初及规划的整个过程中，规划师要让学生知道规划中遵循的保密原则、规划的目的，以及规划的目标、技术、程序等。规划师要向学生介绍自己的资历、接受的教育、培训及工作经验。

(三)规划中测评工具的运用

生涯规划中，为了让学生更全面了解自己的兴趣、能力、人格特征等，我们会运用测评工具进行评估。很多人喜欢借助于网上的测验来了解自己，但网上的很多测验不是带有娱乐性质，就是没有客观效度，这样的测试结果是不准确的。因此，我们在做规划时，如果要用测量工具进行评估，一定要选择专业的测评工具进行测评，这样学生才能科学、客观地了解自己，否则，规划就失去了意义。

八、生涯规划辅导活动主题的确定

高中学生的知识经验、思维能力的发展趋于成熟，世界观已基本形成，社会化水平有了很大提高，大多数高中学生能把自己的生活、学习与未来联系起来，把自己的需求和社会需求结合起来。但调查发现，部分高考生对自己所报考的专业“完全不了解”；有不少在校大学生表示如果可能将改变专业。因此，如何规划自己的生涯，如何选择自己今后的职业生涯，这些问题已经成为高中生以及家长们日益关注的问题。而高中阶段是基础教育向高等教育过渡的阶段，衔接了基础教育和职业教育色彩逐渐明显的高等教育。高中阶段的文理分科、志愿选择正是职业生涯规划中的重要拐点，这对学生整个生涯的影响不言而喻。

高中生正处在人生观、世界观形成的关键时期，认识自我在此时会显得更加重要。只有认识自己，才能完善自己；只有认识自己，才能掌握未来。而认识自己又包括认识自我、认识外部世界、有效的决策行动三个方面。

(一)认识自我功能——分析潜在的个性特点

我们要立足于生涯发展的角度，从气质、兴趣、性格、能力、价值观、学科兴趣、主导智能类型等方面来帮助学生深入了解自己的个性特征及潜在优势，并针对学生的特点，给出切实可行的发展建议。

(二)认识外部世界功能——掌握详尽的外部信息

对于高中生来讲，文理分科是他们面对的第一个重要选择，选择适合与否直接影响到他们自己的学业完成情况以及目标达成度。只有对所选对象清晰了解，才有可能作出最恰当的选择。正所谓“知己知彼，百战不殆”。认识外部世界不但为学生提供了强大丰富的专业、学校、职业信息，还与“认识自我”“决策行动”等功能相互联系，引导学生客观分析。

(三)有效的决策行动功能——引导可行的发展规划

决策行动往往是生涯规划中最关键也是最需谨慎实施的步骤。通过前期对学生的引导和分析，使他们初步对自己将来的目标专业、大学、创业或事业领域等方面有较为清晰的定位，这个定位是他们通过一系列自我分析后的发展愿景，会指引他们前行。当然，在自我发展过程中，这个目标或定位也是逐步调整并更加清晰、精准和完善的。

◎ 活动设计一

在挫折中奋起

一、活动背景

从心理学的观点看，挫折是指人们在从事有目的的活动时，由于受到阻碍和干扰，其需要得不到满足时出现的一种消极的情绪反应。如果处理不当，它会给人造成心理压力，从而影响学习和生活，损害身心健康。对学生进行挫折教育，使学生能够更加勇敢地去战胜学习和生活中的挫折，促进他们健康、全面地发展！

二、活动目标

(1) 认知：通过本节课，使学生了解挫折在人生路上的不可避免性；提高学生的挫折承受力，掌握对待挫折的正确方法。

(2) 情感：使学生树立信心，让挫折成为自己向上攀登的垫脚石；在遭遇挫折时，能善待挫折，努力战胜挫折，做生活中的强者。

(3) 行为：通过讨论发言，使学生能够正确对待挫折，提高抗挫能力，掌握正确对待挫折的办法。

三、活动过程

(一)观看动画　导入挫折

(背景音乐：看顽石下坚韧的小草如何成长)

1. 导入，揭题

师：同学们，万物滋润，百花盛开，看，大自然中绿草茵茵，多么美妙。我们就如这小草一样充满生机、充满活力。

2. 课件出示

(屏幕上出现一株幼芽被压在巨石下)这些幼芽在成长的过程中遭遇了巨石的压迫，面对成长中的绊脚石，它是如何面对的呢？(课件展示幼芽成长过程的动感美)

师：草儿在阳光、雨露的滋养下终于鼓足勇气钻出顽石，长得郁郁葱葱。其实我们的人生就像这株小草，并非一路全是阳光和雨露，难免要经历“顽石”和“风雨”。

【设计意图】 通过动画展示巨石下小草的成长过程，让学生直观感受挫折，并自然地导入主题。

(二)名人故事　认识挫折

简介美国总统林肯的经历：22岁生意失败；23岁竞选州议员失败；24岁再次生意失败；27岁精神崩溃；29岁竞选州议长失败；34岁竞选国会议员失败；35岁当选州议员；39岁竞选国会议员再次失败；46岁竞选参议员失败；47岁竞选副总统失败；49岁竞选参议员再次失败；51岁当上美国总统。

问题讨论：从林肯的简历中，你发现了什么？林肯经历了多少次失败才获得成功的？

师：人生的道路不可能一帆风顺、万事如意，在生活、学习、工作中都会遇到挫折，如果能够正确地看待挫折，挫折并不可怕。没有人不遇到挫折，每个人的经历中都会有许多与挫折邂逅的故事，对于企业家和大多数有成就的人来说更是如此。时势造就英雄，挫折带来财富，人生经历一点磨难是一件好事。因而，我们要想成功，就必然要踩着失败前进。

【设计意图】 通过对林肯故事的解读和讨论，使学生认识到挫折有时是人生的一笔财富，只要肯积极面对，挫折并不可怕，从而树立正确的挫折观。

(三)实话实说　分析挫折

走进实话实说的现场：分享你的挫折。

请大家说说在自己的学习生活中遇到过哪些挫折？你又是如何面对的？请按提示写出自己的真实想法。

调查问卷：你遇到过哪些让你认为不顺利、不顺心的事？小至丢失一支笔，大至受到老师的批评、考试失败等，请你按照提示写下来。

事件：

当时“我”想：

怎么做的？

结果如何？

师：在生活中，人人都希望走一条平坦的路，但人生不可能是一帆风顺的，有成功，也有失败；有顺境，也有逆境。几乎所有的人都要经历挫折。挫折对不同的人有不同的意义，俗话说：“挫折对弱者来说是万丈深渊，对强者来说是成功的阶梯。”

那么，我们该怎样面对挫折，并最终战胜它呢？

【设计意图】 通过让学生畅谈自己在学习和生活中遇到过的挫折，使学生可以直面自己生活中的挫折，并激发他们战胜挫折的坚定信念，从而顺利地过渡到下一个环节。

(四)视频观看　战胜挫折

1)　录像展示《桑兰的微笑》

桑兰是一位很有前途的国家体操运动员，在1998年纽约世界体操锦标赛中发生意外，造成终身残疾。在美国10个月的治疗过程中，痛苦、绝望让她心情暴躁，接受不了这个现实，她说：“要不就撞死，要不就坚强地活下来，说不定会有什么喜事伴随着我。”治疗过后，她在家里吃药时必须趴着吃，上卫生间要用排尿管导出来，还必须躺着，十分痛苦。昂贵的医疗资源从哪里来？多亏有很多热心的中国人资助她。在读完四年大学后，又在中国奥运会和新浪网等机构工作，最后她又发起了中国奥运伤残基金会。从此，有很多人把她叫成“百万富婆”。这样一个生活不能自理的人顽强地生活着，值得人尊敬。她最后说：“生活不光只有掌声和鲜花，还有悲哀和伤痛，是一个五味瓶，但终究是要以微笑面对生活的，成天生活在悲哀的阴影下，还不如用微笑一笑了之，这不更好吗？”

2)　小组讨论

听了这些名人的经历，回想自己遇到的挫折，你会怎么对待？

(1)　以小组交流的形式，在组内交流你有哪些战胜挫折的秘诀？请毫无保留地奉献出来，组长派人用彩色笔写在扇形纸上，并写上组号。

(2)　各组组长将写好的“战胜挫折秘诀”用大头针依次钉在泡沫转盘的相应位置上，做成一个秘诀大转盘，进行展示。

老师总结：转动挫折大转盘，转出你的快乐、我的快乐、他的快乐、我们共同的快乐。同学们都大方地贡献出了自己耐挫的秘诀，在这里，老师也想赠送一份礼物给大家。

(看课件出示) 战胜挫折的秘籍有以下几个。

A. 发泄法：打枕头，写日记……

B. 转移法：到外面玩，做别的事……

C. 换位法：别人遇到此事，会怎样做……

D. 安慰法：塞翁失马，焉知非福……

E. 求助法：找人倾诉，寻找办法……

【设计意图】 通过让学生真切地了解桑兰的故事，使他们从中学习到战胜挫折的信心、勇气以及不屈不挠的人格品质，并进一步让学生分小组讨论出战胜挫折的方法。

(五)感悟分享　总结提升

师：老师将课前收集的一些关于挫折的名人名言出示。

(1)　课件出示。

千磨万击还坚韧，任尔东南西北风。

——郑板桥

我觉得坦途在前，人又何必因为一点小障碍而不走路呢？

——鲁迅

卓越的人一大优点是：在不利与艰难的遭遇里百折不挠。

——贝多芬

(2) 名言是我们的指路明灯，激励自己勇敢地与挫折做斗争，你能写出一句吗？送与好朋友共勉。拿出你的卡片，请写上一句，并在末尾署上你的姓名，使此句成为你的名言。举一例后，互赠名言！

(3) 总结(背景音乐《阳光总在风雨后》)。

师：成长的路上有阳光，也有风雨，就看我们如何面对，要学会与命运抗争，笑着完成每一次作业，笑着面对每一次考试，笑着度过每一天，让挫折成为你成长的阶梯，挫折就会为你更为精彩的人生喝彩！勇敢地面对生活，有你、有我、有他，让我们共同面对。

(点击课件)听，熟悉的旋律又充盈在我们的课堂，让我们在歌声中结束这节课吧！

【设计意图】 通过让学生互赠名言，既可以让学生将这节课的收获和感悟彼此分享，又可以延伸课堂教学内容，使学生将这节课的所得变成一种主动信念，在日后遇到挫折时可以积极面对。

◎ 活动设计二

兴趣，我的老师

一、活动背景

五年级学生的兴趣爱好，大多是心血来潮或迫于父母的压力而选择的，这就很难形成一种持久的兴趣爱好。此次活动设计，意在帮助学生排除“干扰”，引导他们选择并形成良好的兴趣爱好，成就自己的人生理想。

二、活动目标

(1) 通过活动，使学生懂得培养良好的兴趣爱好对自己的成长非常重要。

(2) 引导学生在辨析中学会培养健康的兴趣爱好的方法。

(3) 鼓励学生积极参加有益的课外活动，培养健康的兴趣爱好。

三、活动过程

(一)兴趣故事屋

课件出示姚明的图片：认识他吗？看来大家都非常喜欢这位篮球巨星，那就让我们一起走近姚明，听听他的故事。

姚明出生在一个体育之家，父母都是篮球运动员。也许是家庭环境的熏陶，姚明从小灵活好动，特别喜欢皮球。中国女篮教练周懿娴十分喜爱姚明，送给他一个特制的小篮球，姚明整天吵着要爸爸妈妈教他打篮球。父母一有空便和他“耍球”，逢到父母训练和比赛，也常带姚明去看球。有时，他撒娇吵闹时，妈妈只要拿着小皮球哄他，他立刻就会破涕为笑。姚明的篮球之旅也并非坦途，曾有位知名的教练认为他不会成为一名出色的篮球运动员，但是姚明没有放弃自己的理想。正是姚明对篮球的这种喜爱，加上后天父母对他的培养、自己的刻苦努力，最终成就了他的篮球梦想。

想一想：听了这个故事你受到了什么启示呢？

小结：姚明之所以能登上篮球运动的巅峰，这与他小时候的兴趣爱好是分不开的。他坚持自己的最爱，加上后天的努力，最终成就了自己的篮球梦想。由此可以看出，梦想的实现与小时候的兴趣爱好是密不可分的，今天我们就一起聊聊有关兴趣的话题。

出示课题：兴趣，我们的老师。

【设计意图】 通过分享姚明的成长故事，使学生认识到发展自己的兴趣爱好会促使自己梦想的实现，从而自然地导入课题。

(二)兴趣你我他

(1) 同学们，课余时间里，你们都喜欢干什么呢？你们有哪些兴趣爱好，你愿意和大家分享一下吗？(学生自由交流自己的兴趣爱好)

(2) 邀请部分同学展示自己的兴趣爱好。

【设计意图】 通过同学们展示彼此的兴趣爱好，让大家相互了解和认识更多的兴趣爱好。

(三)兴趣喜与忧

(1) 看来大家的兴趣爱好非常广泛，那你的兴趣爱好带给你哪些收获呢？先和你的同桌分享一下。

(2) 指名说收获。

小结：学美术的同学能办出精彩的黑板报，学乐器的同学手指更灵活，爱看书的同学增长了知识、开阔了眼界，喜欢运动的同学使自己的身体更加健康。好的兴趣爱好像老师一样帮助我们进步，同学们在玩乐中长了本领。

(3) 可是兴趣有时候也会占用我们的时间，和正常的学习、生活发生矛盾，有的同学就因此产生了一些烦恼。你在坚持自己兴趣爱好的过程中遇到过哪些烦恼呢？能和大家说说吗？(全班交流)

小结：看来培养兴趣的道路并不是一帆风顺的，我们必须学会排除这些干扰，才能实现自己的人生理想。

【设计意图】 使学生了解并分析发展自己兴趣爱好可能给自己带来的“喜”和“忧”，让他们认识到，培养兴趣爱好的道路并不是一帆风顺的，应学会排除干扰，坚持到底。

(四)名人来导航

如何才能解决自己在发展兴趣的过程中遇到的困难呢？我们先来听听著名生物学家——法布尔的故事，看看名人是怎么做的。

1. 看课件，听故事

法布尔小时候生活在农村，从小就爱在村子的小溪边、草丛中捉虫子。不过，他每天都要帮着家里放鸭子。夕阳西下，法布尔赶着鸭子回家，还装了满满两裤兜的宝贝，你们猜是什么？对了，是昆虫。他边走边想——昆虫让他感到大自然的奇妙，带给他无穷的乐趣，可是，回家后，爸爸妈妈却生气了。法布尔想：我把鸭子放得更好一些，爸爸妈妈不就没话说了吗？于是每天，法布尔都认认真真地放鸭子，等鸭子都放好后，才兴致勃勃地玩虫子，并坚持观察和记录昆虫。后来，他终于成了世界著名的昆虫学家。

想一想：你从这个故事中明白了什么呢？

小结：法布尔很会处理兴趣和正常学习生活的关系，合理安排时间，最终成就了伟大的事业。(老师板书，金点子1：合理安排时间)

2. 兴趣大搜索

(1) 名人的故事给了我们启迪，身边的榜样更值得我们学习，让我们一起来听听同学们的故事。

小结：看来要培养自己的兴趣爱好不是件简单的事，让兴趣成为自己的特长，还需要恒心和毅力才能成功。

(老师板书，金点子 2：恒心+毅力=成功；金点子 3：坚持自己的最爱)

(2) 其实在我们身边还有很多因从小坚持发展自己的兴趣爱好而有所成就的例子，你知道谁的故事呢，和小组同学一起分享吧。(学生小组内交流)

3. 点子大家出

同学们真了不起，收获这么多，老师想请大家帮个忙，看看下面这三个孩子的烦恼该怎么解决呢？

(1) 请看小品——兰兰的烦恼。

兰兰从小就对舞蹈特别感兴趣，她想参加学校的舞蹈兴趣小组，就和爸爸商量。爸爸一听就火了，训斥道："跳什么舞，还是学书法好！"

自己的兴趣跟父母的意愿发生了冲突，你觉得兰兰该怎么办？

(2) 请看录像——小书迷。

明明从同学那里借来一套《恐龙世界》，他非常喜欢，一下课就拿出来看，以致上课了，他的心思还在那本《恐龙世界》上。他的手不知不觉地伸进了课桌，把书拿出来偷偷地看了起来，结果被语文老师发现了……

爱好读书是件好事，可你觉得在课堂上看课外书合适吗？明明又该怎么办呢？

(3) 请听：玲玲的自述。

我从四岁起就喜欢上了钢琴，爸爸妈妈非常支持我，给我请老师，陪我练琴，如今，我的钢琴已经过了 10 级，参加过许多大型演出。但是每天除了练琴就是写作业，一点玩的时间都没有，我很苦恼，真想放弃弹钢琴……

听了玲玲的苦恼，你们帮她想想办法吧！

4. 小结

只要有恒心、有毅力，坚持下去，总有一天，苦也会变成乐。

【设计意图】 通过名人故事的分享，使学生懂得如何科学、合理地安排自己的兴趣爱好活动，从而促进自己的学习和成长。

(五)兴趣风向标

(1) 同学们，你们的兴趣爱好都很棒，如果都能持之以恒坚持下去，在不久的将来，你们定会收获更美好的生活。那么你打算如何发展兴趣爱好，为自己规划一个怎样的未来呢？

(2) 教师扮演主持人引领学生谈兴趣背后的目标。

【设计意图】 使学生深刻认识到自己发展兴趣爱好后的目标设定，使当下的兴趣爱好和自我目标有机地结合起来。

(六)兴趣感言

(1) 师：今天，我们聊得非常愉快，通过这次活动，同学们有了许多收获和感悟，现在就请你把自己想说的话浓缩成一句，写到老师送给你们的卡片上。

(2) 学生书写自己的兴趣名言，并把卡片贴到黑板上“硕果累累”栏目下。

(3) 课堂总结。

同学们，爱因斯坦说：“兴趣是最好的老师。”愿我们每个同学都能播种下兴趣的幼芽，并用自己的行动，坚持去浇灌、培育，相信不久的将来，这棵幼芽一定会长成一棵参天大树，结出最大最美的果实。

硕果累累

板书设计

兴趣，我的老师

金点子 1：合理安排时间

金点子 2：恒心+毅力=成功

金点子 3：坚持自己的最爱

【设计意图】 激发学生用自己的行动，坚持去浇灌、培育自己的兴趣爱好，促进自己的全面发展。

◎ 活动设计三

美好人生我选择

一、活动背景

初中毕业生正处于人生的十字路口，面临着升学和就业的选择。一些学生感到自己升学无望，觉得前途渺茫，对自己缺乏信心。本节活动课就是通过生涯规划，帮助学生正确地认识自我，认识现状，从而树立信心，根据自己的性格和兴趣，选择适合自己的人生道路。

二、活动目标

(1) 让学生在毕业前对自己将来从事何种职业有初步计划。

(2) 帮助学生客观地分析自己，并对将来作出符合自己情况的选择。

三、活动过程

(一)导入新课

路遥的《人生》里有句名言：人生的道路虽然漫长，但紧要处常常只有几步，特别是当人年轻的时候。没有一个人的生活道路是笔直的，没有岔道的。你走错一步，可以影响人生的一个时期，也可以影响一生。我们，豆蔻年华的初中生，正站在人生的十字路口：部分学生会圆梦于自己的理想高中，那么，老师祝愿你们，勇攀科学高峰。部分学生学习成绩不理想，也许你们曾彷徨过、灰心过，老师要告诉你，条条大路通罗马，职业学校的大门将向你敞开，同学们，就让我们带着对未来美好的憧憬，来对职业生涯做合理规划。

【设计意图】 路遥的名言带给学生震撼，老师的话语带给学生希望，让学生在激情中进入课程。

(二)配乐诗朗诵——我的志愿

很小的时候/爸爸曾经问我/你长大后要做什么？/我一手拿着玩具一手拿着糖果/ 我长大以后要做总统。

六年级的时候/老师也曾问我/你长大后要做什么？/爱迪生的故事最让我佩服/我长大要做科学家/慢慢慢慢长大以后/认识的人愈来愈多/慢慢慢慢我才知道/总统只能有一个/慢慢慢慢我才知道/科学家也不太多

中学的时候/作文的题目/你的志愿是什么？/耳边又响起母亲的叮咛/医生律师都不错

现在/我作为一名毕业班的学生……

【设计意图】 儿时的志愿勾起了曾经的回忆，通过这个环节引起学生对目前职业选择的思考。

(三)请你参与

(1) 我们每个人都有自己向往的职业，下面根据自己喜欢的程度按①～⑤排列，将职业名称写在相应的位置。

① ______________________。

② ______________________。

③ ______________________。

④ ______________________。

⑤ ______________________。

(2) 照镜子。

认识自己，了解自己。学会做填空题。多问几个是什么。

我是一个__________人。(做出 10 个以上的填空)

我的优点：__________ __________。

我的不足：__________ __________。

(包括自己的兴趣、爱好与特长、性格、能力、价值观、个人目标与需求、个人生理与健康情况、工作经验、社会阶层与教育水准、性别、年龄、负担状况、学识、技能、智商、情商、思维方式等)

我想干什么？__________ __________。

我能干什么？__________ __________。

我应该干什么？__________ __________。

【设计意图】 正确认识自我，才能给自己合理定位，通过对自己优缺点的认识，为规划今后的人生作铺垫。

(四)开阔视野

兴趣与职业

兴趣对人生事业的发展至关重要，所以兴趣自然是职业选择应考虑的重要因素之一。为便于大家根据自己的兴趣选择合适的职业，这里介绍一下加拿大职业分类词典中各种职业兴趣类型的特点与相应的职业，如下表所示。(屏幕演示)

类型	类型特征	适应的职业
1	愿意和事物打交道，喜欢接触工具、器具或数字，而不喜欢与人打交道	制图员、修理工、裁缝、木匠、建筑工、记账员、会计、勘测、机器制造等
2	愿意和人打交道，喜欢与人交往，对销售、采访、传递信息一类的活动感兴趣	记者、推销员、营业员、服务员、教师、行政管理人员、外交联络等
3	愿意和文字符号打交道，喜欢常规的、有规律的活动。习惯于在预先安排好的程序下工作，愿意干有规律的工作	邮件分类员、办公室职员、图书馆管理员、档案整理员、打字员、统计员等
4	愿意和大自然打交道，喜欢地理地质类的活动	地质勘探人员、钻井工、矿工等
5	愿从事农业、生物、化学类工作，喜欢种养、化工方面的实验性活动	农业技术员、饲养员、水文员、化验员、制药工、菜农等
6	愿从事社会福利类的工作，喜欢帮助别人解决困难。这类人乐意帮助人，他们试图改善他人的状况，帮助他人排忧解难，喜欢从事社会福利和助人工作	咨询人员、科技推广人员、教师、医生、护士等
7	愿做组织和管理工作，喜欢掌管一些事情，以发挥重要作用，希望受到众人尊敬和获得声望，愿做领导和组织工作	组织领导管理者，如行政人员、企业管理干部、学校领导和辅导员等
8	愿研究人的行为和心理，喜欢谈涉及人的主题，对人的行为举止和心理状态感兴趣	心理学、政治学、人类学、人事管理、思想政治教育研究工作以及教育、行为管理工作、社会科学工作者、作家等
9	愿从事科学技术事业，喜欢独立思考或实验发现和解决问题的、推理的、测试的活动，善于理论分析，喜欢独立地解决问题，也喜欢通过实验作出新发现	生物、化学、工程学、物理学、自然科学工作者、工程技术人员等
10	愿从事有想象力和创造力的工作，喜欢创造新的式样和概念，对自己的学识和才能颇为自信，乐于解决抽象的问题，而且急于了解周围的世界	社会调查、经济分析、各类科学研究工作、化验、新产品开发，以及演员、画家、创作或设计人员等
11	愿做操作机器的技术工作，对运用一定技术、操作各种机械感兴趣，喜欢使用工具特别是大型的、动力强的先进机器，喜欢具体的东西	飞行员、驾驶员、机械制造等
12	愿从事具体的工作，喜欢制作看得见、摸得着的产品并从中得到乐趣，希望很快看到自己的劳动成果，并从完成的产品中得到满足	室内装饰、园林、美容、理发、手工制作、机械维修、厨师等

【设计意图】 兴趣是走向成功的起点，选择感兴趣的职业，更有利于走向成功。

(五)说说我的职业观

如果没有医生，我们的生活将会________________。

如果没有警察，我们的生活将会________________。

如果没有工人，我们的生活将会________________。

如果没有________________________________。

【设计意图】 这一环节让学生树立正确的职业观念，现代社会需要的职业是多层次多方面的，各种社会职业缺一不可。社会职业只有分工不同，没有高低贵贱之分。

(六)我的人生我做主

高中　　职校　　就业

我的选择是：________________。

我的理由是：________________。

我的性格特点：________________。

我的爱好、特长：________________。

我的学习状况：________________。

想一想：经过自我分析和参考家长、老师的意见。我决定了。

我的决定：________________。

理由是：________________。

【设计意图】 让学生意识到职业教育毕业后，也会有很好的就业机会，只要有过硬的技术和良好的综合素质同样能受他人尊重。

(七)美好人生我奋斗

列一张计划表，写出自己将如何努力，为明天的规划打下坚实的基础。小组交流、分享，让大家共同来见证。

【设计意图】 让学生付诸行动，为了明天努力奋斗。明白每一个明天都靠今天把握，每一份成功都蕴含着执着。

(八)教师寄语

(播放音乐：《明天会更好》)同学们，海阔凭鱼跃，天高任鸟飞，凭着自己的聪明才智和顽强意志，用心规划我们的人生，相信你们的明天一定会灿烂辉煌。

【设计意图】 轻松愉悦中结束本节课。

◎活动设计四

目标成就未来

一、活动背景

高中阶段是学生奠定未来发展的重要时期，而很多学生对于自我的未来规划和目标设计非常模糊，这不仅会影响他们对自我发展的设计，也不利于给予自我持久、深刻的学习动力。目标清晰利于学生对自我准确定位，会给学生源源不断的学习动力，对学生发展意义重大，因此设计本节课。

二、活动目标

(1) 让学生明确目标确定对个人发展的重要影响。

(2) 明确目标确立的重要意义。

(3) 深入理解目标制定 SMART 法则并与自我目标制定联系起来。

三、活动过程

(一)导入

1. 故事一：目标对人生的影响

哈佛大学有一个非常著名的关于目标对人生影响的跟踪调查，对象是一群智力、学历、环境等条件都差不多的年轻人，调查结果发现——

3%的人有清晰且长期的目标规划。

10%的人有清晰但比较短期的目标规划。

60%的人目标规划模糊。

27%的人没有目标规划。

这个调查一直延续到了25年以后，也就是到这些人的中年时期。

25年之后：

那些占3%的有清晰且长期目标规划的人，在25年来从来未动摇过自己的人生目标，并朝着同一个方向努力，不断地修正检讨自己的规划图纸，几乎都成为社会各界的顶尖成功人士。

那些占10%的有清晰的短期目标的人，大多生活在社会的中上层。

那些占60%的目标规划模糊的人，他们的那些短期目标不断实现，生活状态稳步上升，成为各行各业的不可缺少的专业人士。

剩下27%的是那些25年来都没有确定目标做人生规划的人，他们几乎都生活在社会的最底层，生活不如意，且常常抱怨他人、抱怨社会。

2. 故事二：新生活从选定方向开始

有一个流传很广的真实故事。在非洲西撒哈拉沙漠里，有一个名叫比塞尔的小村落，不为人知，与世隔绝。当地的人没有一个走出过村庄。

不是他们不愿意离开这块风景秀丽但贫瘠落后的土地，比塞尔人曾多次试图走出沙漠，但都没有成功。

原来，比塞尔村处在浩瀚的沙漠中间，在一望无际的沙漠里，没有一点参照物，如果凭着感觉往前走，会走出许多大小不一的圆圈，最后只能回到起点。

后来，有一个叫肯莱文的欧洲青年，来到了比塞尔，建议他们走出沙漠。当地一个叫阿古特尔的青年，跟随着肯莱文，一直向着北斗星的方向走，只用了三天时间就走出了沙漠。

多年以后，比塞尔成了远近闻名的旅游明珠。比塞尔人在村子中央的小广场上，设立了一个阿古特尔的铜像，铜像的基座上镌刻着一句话：新生活从选定方向开始！

3. 故事三：如果没有目标，人生将会怎样？

1952年7月4日清晨，加利福尼亚海岸笼罩在浓雾中。在海岸以西21英里的卡塔林纳岛上，一个34岁的女人涉水进入太平洋中，开始向加州海岸游去。要是成功了，她就是第一个游过这个海峡的妇女。这名妇女叫费罗伦丝·查德威克。在此之前，她是从英法两边海岸游过英吉利海峡的第一个女性。

那天早晨，海水冻得她身体发麻，雾很大，她连护送她的船都几乎看不到。时间一小时一小时地过去了，千千万万的人在电视上注视着她。有几次，鲨鱼靠近了她，被人开枪吓跑了。她仍然在游。在以往这类渡海游泳中她的最大问题不是疲劳，而是刺骨的水温。

15 小时之后，她被冰冷的海水冻得浑身发麻。她知道自己不能再游了，就叫人拉她上船。她的母亲和教练在另一条船上。他们告诉她海岸很近了，叫她不要放弃。但她朝加州海岸望去，除了浓雾什么也看不到。几十分钟之后——从她出发算起 15 小时零 55 分钟之后——人们把她拉上了船。又过了几小时，她渐渐觉得暖和多了，这时却开始感到失败的打击。她不假思索地对记者说："说实在的，我不是为自己找借口。如果当时我看见陆地，也许我能坚持下来。" 人们拉她上船的地点，离加州海岸只有半英里!

后来她说，真正令她半途而废的不是疲劳，也不是寒冷，而是因为在浓雾中看不到目标。查德威克小姐一生中就只有这一次没有坚持到底。2 个月之后，她成功地游过了同一个海峡。她不但是第一位游过卡塔林纳海峡的女性，而且比男子的纪录还快了大约 2 小时。

【设计意图】 通过分享哈佛大学的目标测试以及两个生动的故事，使学生深刻地认识到确定目标对于自己一生发展的重要性和必要性。

(二)目标的作用

针对以上故事，学生自我感悟，小组交流。对目标的作用达成共识。

——给人明确的方向感，使人充分把握个人的行为目的。

——使人明白最重要的目的是什么。

——让人清晰地评估自己的行为，进而正面检讨自己的行为，提升进度。

——让你在忙乱中转移自己的重心。

——让你没达到成功之前"看"到结果，产生延续的信心和动力。

【设计意图】 通过小组交流，使学生明晰目标确定的作用，激发他们内心确立目标的愿望。

(三)确定目标

如何设定一个有效的目标：SMART 法则。

Specific——明确的，有方向性的，清晰的，具体的。

Measureable——可以量化的。有数据衡量的。

Achievable——可以达到的。有一定挑战性，通过努力能实现。

Result-oriented——注重结果的。实现目标后，有具体的结果。

Time-limited——有时间期限的。以时间为基础，计划目标的完成程序必须与时间有关。

举例：假如你想买辆车，你要清楚以下问题，

——买一辆什么车?

——价位是多少?

——通过什么努力能够有足够的钱买?

——用多少时间买到车?

如何分解目标?(参考如下)

1 年内应该达到的目标：________________。

30 天内应该达到的目标：________________。

7 天内应该达到的目标：________________。

1 天内应该达到的目标：________________。

半天内应该达到的目标：________________。

1个小时内应该达到的目标：________________。

小任务：为自己制定期末考试的目标

【设计意图】 通过 SMART 法则和买车这个目标达成的步骤，使学生明确目标制定的过程，并通过布置的小任务“为自己制定期末考试的目标”来使学生运用好这一法则。

(四)立即行动

步骤一：列出实现目标的理由。

步骤二：设下时限。

步骤三：列出实现目标所需的条件。

步骤四：自问“假如要实现目标的话，我自己必须变成什么样的人？”并在纸上列下来。

步骤五：列出目前不能实现目标的所有原因，按从难到易顺序排列，自问“现在马上用什么办法来解决这些问题”，并逐项写下。

步骤六：定下承诺，直到实现目标为止，否则绝不放弃。

步骤七：设下时间表，从实现目标的最终期限倒推至现在。

步骤八：马上采取行动，从现在开始。

步骤九：衡量每天的进度，每天检查成果。

小任务：自我探索单

十年后我的目标：________

(1) 实现这个目标我最大的优势：________

(2) 目前我最大的阻力：________

(3) 为了实现它，我应该怎么做？________

(4) 半个学期后，我应该达到一个什么结果？________

(5) 一年后，我应该达到一个什么结果？________

(6) 三年后，我应该达到一个什么结果？________

【设计意图】 通过“自我探索单”，使学生明确日后践行时的具体步骤和方法，也使他们自己的目标实现和当下的给力行动有机地统一起来。

(五)总结提升

给你的小小建议：勾画自己的人生蓝图。

人生蓝图的核心是“我一定要成功”，人生就是不断地从成功走向更加辉煌的成功。

(1) 设定好目标，每月写下你的生命计划。

(2) 计划好每一天，应该每天晚上做好第二天的安排，并自我检查当天的计划实施情况。

(3) 持之以恒，不能间断，即使处在人生的低谷或事业发展不顺时，也不要放弃。

一心向着自己目标前进的人，整个世界都会给他让路！

——爱默生

【设计意图】 通过引导学生学会勾画自己的人生蓝图，使他们进一步懂得“一心向着自己目标前进的人，整个世界都会给他让路”。

◎ 活动设计五

亮出你心·中的剑

一、活动背景

美术专业特长生在高三学生群体中是一个特殊的群体，从高二暑假开始，他们历经了半年时间的专业集训，春节后，又先后经历了省美术联考和半个月的专业校考。学生返校后，由于半年的时间没有进行文化课的系统复习，在文化课复习上面临着巨大的压力，不少学生存在着畏难情绪，有的甚至产生了厌学情绪，对前途感到迷茫，对高考目标感到模糊，对未来没有信心，对自己不抱希望。针对这种情况，设计一节生涯规划课对学生来说具有非常重要的意义。

二、活动目标

通过辅导活动，使学生树立起对自己、对未来的信心。

确立必胜的信念，敢于付诸行动。

三、活动过程

(一)活动导入：观看视频 1

(1) 观：看从优酷网上下载的一段视频《感动全人类的视频》。视频中的主人公是力克·胡哲。视频展现了一个出生就没手没脚的他，是怎样从一无所有到一无所缺，靠着自己顽强的奋斗活出了人生奇迹的感人故事。看完视频以后，放一段平缓的音乐，让学生闭上眼睛，静静地体会 1 分钟。接下来让学生谈自己的体会，先在小组内互相讨论，然后每组推选一位发言人代表本组进行阐述。在最后的环节，出示准备好的三张幻灯片，第一张的内容是力克·胡哲的话：“人生最可怕的并非失去四肢，而是没有生存希望及目标！记住自己拥有的，真正改变命运的，并不是机遇，而是我们的生活态度。”第二张的内容是老师的总结：力克用自己的行动向我们展示了什么是“永不放弃”，他用自己的故事向世人证明了什么是“不设限的人生！”第三张是以大标题的形式做成的一张幻灯片，内容是：一切皆有可能！

(2) 体：学生体会视频中的人物和内容。

(3) 评：学生互评互议视频中的内容。

(4) 悟：老师引导学生对本段视频进行启示总结。

【设计意图】 通过幻灯片和老师的讲授，引起学生心灵上、思想上的震动，为下一环节的深入做好铺垫。

(二)观看视频 2

(1) 观：看《亮剑》视频。

(2) 体：学生体会视频中的人物和内容。

(3) 评：学生互评互议视频中的内容。

(4) 悟：老师引导学生对本段视频进行启示总结。

【设计意图】 通过上一环节的视频，激起了学生在视觉和心理上的触动，在这个环节中，将对学生的灵魂做进一步的深入触碰。在活动程序和步骤上与上一环节一样，一观、二体、三评、四悟，通过这些过程让学生体会到什么是一支军队的军魂，一支军队靠什么取得胜利，一个人又要靠什么取得胜利，决定胜利的关键因素并不是物质，而是精神！让学生明白什么是亮剑精神，那就是与对手狭路相逢时，无论对手多么强大，就算对手是天下第一剑客，明知不敌，也要亮出自己的宝剑，即使是倒在对手的剑下，也虽败犹荣，这就是亮剑精神。

(三)自纠规划

下发自纠规划表格，学生用书写文字的方式进行梳理。

【设计意图】 通过上面两个环节的看、体、评、悟和老师的总结点评，学生在思想上引起了触动。在这个环节的活动中，通过填写表格的方式，让学生对自己的问题进行剖析，寻找内心深处的思想根源，对自己的问题提出整改方案，对自己的学习目标和人生目标重新进行审视，对自己的学习行为进行规划设计。

(四)亮剑宣誓

(1) 大屏幕投放宣誓词。班长带领全体同学进行宣誓。

(2) 现场录像。

通过宣誓仪式使学生振奋精神树立对自己、对未来的信心。在这个环节里，老师先做总结发言，指出，在这个世界上一切皆有可能，任何一个人，只要他想成功，所有的借口都是空洞的。高考在即，不论我们的处境多么艰难，不论我们的胜算有多大，我们都要敢于亮出我们心中的剑，奋力一搏！接下来，用幻灯片的形式出示宣誓词：为了我的梦想和荣耀，我要亮出我心中的剑！斩断前行路上的一切荆棘，勇往直前！义无反顾！永不放弃！永不退缩！我坚信，我能行！由班长带领全班同学进行宣誓。教师作为一个见证者，用摄像机拍下宣誓的过程，这样做的目的是营造一种庄重感和神圣感，起到良好的宣誓效果。

(五)活动总结

对学生提出希望，号召学生以这次活动为契机，把握住时间和机会，以果敢的行动去开拓自己的未来。

附：自我纠查及规划设计表

高考前自我纠查及规划设计表

区域	自纠及规划项目	我的纠查结果及设计方案
自我纠查区	我现在在学习中是否经常出现畏难情绪？	
	面对大知识量的复习，我是否经常感到力不从心？	
	面对来自老师、家长和同学的压力，我是否曾经想到过放弃？	
	我是否经常感觉对生活失去信心，对什么都不感兴趣？	
	我是否能清晰地记得我高一时的理想是什么？	
	父母给我印象最深的一句话是什么？	
	老师对我最有启发的一句话是什么？	
自我规划区	从力克身上，我获得了什么启示？	
	从李云龙身上，我获得了什么启示？	
	重新写出我的理想：	
	高考前我的奋斗箴言：	
	高考前我的行动纲领：	

学生签字：

◎ 活动设计六

触摸梦想　规划人生　点亮未来

一、活动背景

人生规划是一个人根据社会发展的需要和个人发展的志向，对自身有限资源进行合理的配置，对自己未来的发展道路作出一种预先的策划和设计。15～18 岁的高中学生，正是世界观的形成期和个性发展的定型期。从社会学理论上讲，这个阶段也是青少年社会化的完成期。而现在的高中学生普遍缺乏对未来的清醒认识，缺乏方向感，理想主义严重，极少能根据社会发展的需要和个人发展的志向，对自己未来的发展道路作出一种预先的策划和设计。尤其是进入高二之后，有的学生失去了高一时的激情澎湃，学习渐渐迷茫，甚至出现厌学情绪。只有有了明确的人生规划，才会有针对性地去寻求机会，创造机会，主动给自己的人生寻找出路；或者待机会来临时，因为有了充分的准备，才可以毫不犹豫地冲上去，抓住机会。因此，对高中学生进行人生规划教育，充分激发他们的自我意识，引导他们确立人生愿景，设计人生蓝图，是至关重要的一个课题。

二、活动目标

(1)　正确分析学生自身的现状。

(2)　制定科学合理的人生规划表。

三、活动过程

(一)引言导入

人生是什么？这是一个重大而又永恒的课题。我们仰望苍穹时思索，我们夜深人静时自问。中国的词典上这样说：“人生是指人的生存以及全部的生活经历。”美国的教科书对人生的阐释则是：“人生就是人为了梦想和兴趣而展开的表演。”是的，人生是为了梦想和兴趣而来，我们要尽自己所能，让我们的生命历程上演精彩而无悔的篇章。这节课我们要一起“触摸梦想、规划人生、点亮未来！”

【设计意图】 通过教师引用对“人生”的两种不同的解释，引起学生思考，合理规划人生。

(二)环节一：发现人生规划的重要性

教师展示：

曾有人做过一个实验：组织 3 组人，让他们分别沿着 3 个村子步行到 10 公里以外的地方。

第一组的人不知道村庄的名字，也不知道路程有多远，只告诉他们跟着向导走就是。刚走了两三公里就有人叫苦，走了一半时有人几乎愤怒了，他们抱怨为什么要走这么远，何时才能走完？有人甚至坐在路边不愿意走了，越往后走他们的情绪越低落。

第二组的人知道村庄的名字和路段，但路边没有里程碑，他们只能凭经验估计行程的时间和距离。走到一半的时候，大多数人就想知道他们已经走了多远，比较有经验的人说：“大概走了一半的路程。”于是大家又向前走，当走到全程的 3/4 时，大家情绪低落，觉得疲惫不堪，而路程似乎还很长，当有人说“快到了”，大家又振作起来加快了步伐。

第三组的人不仅知道村子的名字、路程，而且公路上每一公里就有一块里程碑，人们边走边看里程碑，每缩短一公里大家便有一小阵的快乐。行程中他们用歌声和笑声来消除疲劳，情绪一直很高涨，所以很快就到达了目的地。

问题设置：

(1) 路途、村庄、里程碑有什么寓意？

(2) 现在你处于哪个组？你想进入哪个组？

学生相互交流感想。

【设计意图】《礼记·中庸》云：“凡事预则立，不预则废。”学生在读取案例的过程中已经自发地形成认识：人生需要预先的策划和设计。若茫然上路，我们可能牢骚满腹，可能半途而废，甚至一事无成。通过这个环节唤醒并激活学生的自我意识，把“人生需要规划和设计”这一思想传达给每一个学生。

(三)环节二：人生愿景，说出你的梦想

教师：毛泽东在青年时代就树立了立志报国、献身革命的志向。周恩来立志“为中华之崛起而读书”，陈景润上中学时就暗暗立志要摘取哥德巴赫猜想这一数学王冠上的明珠。那么我们的梦想是什么呢？

学生分享梦想。

【设计意图】 通过伟人的事例，让学生清楚要做自己人生的设计师，规划自己人生的远景，绘制自己生命的蓝图，发挥自己的才能，书写自己人生的历史。

(四)环节三：人生规划的方法

活动一：认识自己

教师展示：保险销售员的故事。

有个同学举手问老师：“老师，我的目标是想在一年内赚 100 万元！请问我应该如何计划我的目标呢？”

老师便问他：“你相不相信你能达成？”他说：“我相信！”老师又问：“那你知不知道要通过哪个行业来达成？”他说：“我现在从事保险行业。”老师接着又问他：“你认为保险业能不能帮你达成这个目标？”他说：“只要我努力，就一定能达成。”

“我们来看看，你要为自己的目标作出多大的努力。根据我们的提成比例，100 万元的佣金大概要做 300 万元的业绩。一年是 300 万元业绩，一个月是 25 万元业绩，每一天是 8 300 元业绩。”老师说，“每一天 8 300 元业绩，大概要拜访多少客户？”

老师接着问他：“大概要 50 个人。那么一天要 50 人，一个月要 1 500 人，一年呢？就需要拜访 18 000 个客户。”

这时老师又问他：“请问你现在有没有 18 000 个 A 类客户？”他说：“没有。”老师说：“如果没有的话，就要靠陌生拜访。你平均一个人要谈上多长时间呢？”他说：“至少 20 分钟。”老师说：“每个人要谈 20 分钟，一天要谈 50 个人，也就是说，你每天要花 16 小时与客户交谈，还不算路途时间。请问你能不能做到？”他说：“不能。老师，我懂了。目标不是凭空想象的，是需要凭着一个能达成的计划而定的。”

学生讨论。

教师总结：年轻的心，美好的梦，有梦想固然是好的，但更重要的是我们要对自己有清醒的认识。

活动二：分析现状

同学们分析自身所具备的优势和劣势，以及最急需解决的问题。

学生交流。

活动三：让榜样定位人生

学生交流：

我想要成为“他(她)那样的人”。

他(她)具有这些特点……

活动四：分解目标，直至终点

(1) 教师展示：马拉松运动员的故事。

山田本一是日本著名的马拉松运动员。他曾在 1984 年和 1987 年的国际马拉松比赛中两次夺得世界冠军。记者问他凭什么取得如此惊人的成绩，山田本一总是回答：“凭智慧战胜对手！”

大家都知道，马拉松比赛主要是运动员体力和耐力的较量，爆发力、速度和技巧都还在其次。因此对山田本一的回答，许多人觉得他是在故弄玄虚。

十年之后，这个谜底被揭开了。山田本一在自传中这样写道：“每次比赛之前，我都要乘车把比赛的路线仔细地看一遍，并把沿途比较醒目的标志画下来，比如第一个标志是银行；第二个标志是一棵古怪的大树；第三个标志是一座高楼……这样一直画到赛程的结束。比赛开始后，我就奋力向第一个目标冲去，到达第一个目标后，我又以同样的速度向第二个目标冲去。40 多公里的赛程，被我分解成几个小目标，跑起来就轻松多了。开始我把我的目标定在终点线的旗帜上，结果当我跑到十几公里的时候就疲惫不堪了，因为我被前面那段遥远的路吓到了。”

问题设置：我们的人生也是一场马拉松，你将你的人生分为几个阶段？

学生交流。

教师总结：7～20 岁是人生学习期；20～30 岁是人生进修期；30～40 岁是人生巩固期；40～70 岁是智慧奉献期；70～80 岁是人生总结期。

在我们的人生学习期，我们也要有目标，你要考入什么大学？要做哪些努力？

(2) 填写个人成长规划表。

姓名		学号		年龄	
我的最终理想是：					
我的优势是：					
我的劣势是：					
目前我最急需解决的问题是：					
我的榜样：					
人生学习期，我要考　　大学，我要做的努力是：					

步骤	分步目标	实现年龄
一		
二		
三		
四		
五		
我的人生学习期，我要考　　大学，我要做的努力是：		

续表

学期	基础学习	竞赛获奖	人际交往	个性爱好	性格修养	工作能力	其他
高二第二学期							
高三第一学期							
高三第二学期							

实现理想需要做好的准备有：

1.
2.
3.
4.

对于上述规划我	很满意(　　)	较满意(　　)	不清楚(　　)	不满意(　　)

学生交流自己的设计成果。

本环节是本节课的关键，环节中的四个活动的设计环环相扣，都紧紧围绕人生规划的方法展开。在第二个环节中，学生们展示了自己一个个“伟大”的梦想，但很多梦想不切合实际，理想化倾向严重，要纠正这种倾向，需告知学生“认清现实”才是生涯探索与人生规划的最佳原则。若我们对自己以及环境没有充分的认识与了解，便不能作出较为适合自己的决定。活动一用数字向学生阐释，美好的梦想固然重要，但做事情首要的是正确的自我定位，认清自己，认清现实。活动二教会学生运用 SWOT 分析法进行自我剖析，发现自己的优势和劣势，并寻找急待解决的问题。活动三要求学生找一个人生的参考榜样，让无穷的榜样力量激活学生自我设计的欲望。活动四通过对学生“自我人生规划设计”的引导与辅导，根据 SMART 原则帮助学生制定出切实可行的、可量化的、阶段性的人生目标与实施计划，从而形成在未来学习中的清晰指向。

【设计意图】 由学生参与进行设计活动，使他们自觉地将自己在高中阶段的学习与个人的长远人生规划联系起来，培养学生认识自我、设计自我的能力。

(五)环节四：结束语

1. 配乐诗

去寻找一片花园，
让心灵融化，
让梦想飞翔。
去寻找一片天地，
将梦想打开，
将人生照亮。
用自己的明眸看清未来的方向，
用自己的肩膀担起所有的期望。

教师发言：是骏马就要驰骋千里，是雄鹰就要搏击长空。路，在脚下。同学们，你们准备好了吗?

2. 全体同学起立宣誓

让我们在全体老师的见证下，郑重宣誓。

我宣誓：从公元某年某月某日起，我要以一个奋进者的形象行走人生长途！我会努力学习、探求真知！我会心怀梦想、坚毅奋发！我会谦恭厚重、乐观豁达！我会充满信心、笑傲人生！

教师：触摸梦想，规划人生，愿我们用奋斗的汗水点亮未来！

愿所有人的梦想都开花！

【设计意图】 呼应主题，激发斗志，落实行动！

第四章　人际交往辅导

人际交往是人们生活中的重要内容，适度的人际交往可以促进个体的社会化发展和人格成熟，促进个体安全感、幸福感的产生。人际交往辅导就是运用有关心理学的理论、技术和手段来指导、训练学生的人际交往，增强学生人际互动和社会适应能力，改进学生人际关系，推动学生人格的成长和成熟。

一、人际交往辅导的价值与意义

知识经济时代，团队精神、合作意识在竞争中越来越重要，许多工作需要团队合作才能完成。是否善于交往与合作，已经越来越成为现代社会中影响个人事业成败的重要因素。

哈佛大学就业指导小组于 1995 年的调查结果显示：在 500 名被解聘的人中，因人际关系不良而导致工作不称职者占 82%。美国普林斯顿大学对 10 000 份人事档案进行分析，结果显示："智慧""专业技术"和"经验"只占成功因素的 25%，其余 75%决定于良好的人际沟通能力。卡耐基工业学院曾对美国最成功的 100 名企业家进行过调查，结果显示，这些成功的企业家有一个惊人的相同之处，就是花在专业、技能和管理上的时间只占其工作时间的 15%，而花在人际关系上的时间却占其工作时间的 85%。美国著名成功学大师卡耐基更是提出了放之四海而皆准的成功公式：成功=15%才能+25%机遇+60%人际关系。如果一个人是天才，但他孤僻、自傲，不能正确地与人沟通，融洽地与人合作，那么他的价值将大幅度下降。随着人类文明的不断进步，社会化大生产将作为人类社会的最终形式而存在，个人英雄主义的时代早已经结束，合作意识对社会的发展至关重要，对个体的成功至关重要。

学校教育是学生心理发展历程的重要时期，是学生学会人际交往、适应学习生活、融入集体生活的基础阶段。学校中的人际关系，是构成少年儿童的社会经验和他们对社会中人与人之间关系的概念与情感的重要基础，良好的校内人际交往环境和人际关系能使孩子们心情舒畅、身心愉悦，有利于培养孩子乐观豁达的品格，促进孩子积极主动地适应各种环境，应对各种问题。菲律宾大学的儿童心理学家马·劳迪斯·卡兰丹认为："一个社交能力低下的孩子比没有进过大学的孩子具有更大的缺陷。"学生在学校内不仅要学习科学文化知识，而且要学习如何与他人相处，增强与人交往的能力，学会共情、理解、宽容、合作，成为一个受人欢迎的人。人际交往辅导，适应了学生健康成长的需要，是学校心理健康教育的一项重要内容。

二、人际交往辅导的理论依据

(一)爱利克·伯奈的人际交往模式理论

我们都希望用一定的方式证明自我价值的存在，适度的自我价值感也是良好人际关系的基础。自我价值感来源于对自己作为一个独特的个体而存在的固有价值的认识。任何一个个体都是无法完全被取代的，都有其独特性和独特的创造性潜能。伴随这种价值感而来的是对他人的独特性价值的理解和对他人的尊重。是否具有这种适度的自我价值感会直接影响到人际交往的模式。美国著名心理学家爱利克·伯奈依据个体对自己和他人所采取的基本态度，提出了四种人际交往模式。

第一种交往模式：我不好—你好，我不行—你行

著名心理学家阿德勒指出，人在生命的初始是依赖于周围的人而生存的，与周围的成人相比，儿童常常感到自己的无能，因而从小就有自卑感，在潜意识中形成了“我不行—你行”的心理模式。人的成长过程也就是逐渐克服这种心态的过程。有的同学由于在个体社会化过程中，尚未完全摆脱儿时形成的这种心理行为模式，因而在人际交往中常常表现出不同程度的自卑和恐慌，最极端的表现是社交恐惧症。

第二种交往模式：我不好—你也不好，我不行—你也不行

具有这种心态的人在与他人的关系中表现为：不喜欢自己也不喜欢别人，既看不起自己也看不起别人，既不会去爱人也不能体验和接受他人的爱。

第三种交往模式：我好—你不好，我行—你不行

具有这种心态的人常常表现为充满优越感，骄傲自大，自以为是，总以为自己是对的，别人是错的，自己对别人好而别人对自己不好，并为此感到愤愤不平，把人际交往失败的原因都归咎于他人。

这三种交往模式都会阻碍人际交往，并且不利于心理发展和心理健康。

第四种交往模式：我好—你也好，我行—你也行

这是一种成熟的、健康的心理模式，具有这种心态的人能充分体会到自己的能力，相信自己也相信他人，爱自己也爱他人。这种人不是十全十美的人，却能客观地悦纳自己和他人，正视现实，并努力去改变自己能改变的事物，善于发现自己、别人和外部世界的光明面，从而使自己保持一种积极的、乐观的、进取的、和谐的精神状态。

(二)舒茨的人际模式理论

社会心理学家舒茨提出人际需要的三维理论。舒茨认为：每一个人在人际互动过程中，都有三种基本需要，即包容需要、支配需要和情感需要。这三种基本需要决定了个体在人际交往中所采用的行为，以及如何描述、解释和预测他人行为。这三种基本需要的形成与个体的早期成长经验密切相关。

1. 包容需要

包容需要是指个体想要与人接触、交往、隶属于某个群体，与他人建立并维持一种满意的相互关系的需要。在个体的成长过程中，若孩子与父母、与同伴缺乏适量的交往，那么儿童的包容需要就很难得到满足，他们会形成低的社会行为，倾向于内部言语，总是与人保持距离，拒绝参加任何群体活动。但如果个体在早期的成长经历中社会交往过多，包容需要得到了过分满足，他们又会形成超社会行为。在人际交往中，他们会过分地寻求他人的注意，过分地热衷于参加群体活动。如果个体在早期能够与父母或他人进行有效的、适当的交往，他们就不会产生人际焦虑，他们会依据具体的情境来决定自己是否应该参加群体活动，从而形成适当的社会行为。

2．支配需要

支配需要是指个体控制别人或被别人控制的需要，是个体在权力关系上与他人建立或维持满意的人际关系的需要。个体在早期的生活经历中，若是成长于既有要求又有自由度的民主气氛环境里，就会形成既乐于顺从又可以支配的民主型行为倾向。他们能够顺利地解决人际关系中与控制有关的问题，能够根据实际情况适当地确定自己的地位和权力范围。而如果个体早期生活在高度控制或控制不充分的环境里，就倾向于形成专制型的或服从型的行为方式。专制型行为方式的个体，表现为倾向于控制别人，但却绝对反对别人控制自己，他们喜欢拥有最高统治地位，喜欢为别人作出决定。服从型行为方式的个体，表现为过分顺从、依赖别人，完全拒绝支配别人，不愿意对任何事情或他人负责任，在与他人进行交往时，这种人甘愿当配角。

3．情感需要

情感需要是指个体爱别人或被别人爱的需要，是个体在人际交往中建立并维持与他人亲密的情感联系的需要。当个体在早期经验中没有获得爱的满足时，就会倾向于形成低个人行为。他们表面上对人友好，但在个人的情感世界深处，却与他人保持距离，总是避免亲密的人际关系。若个体在早期经历中被过于溺爱，就会形成超个人行为。这些个体在行为表现上，强烈地寻求爱，并总是在任何方面都试图与他人建立和保持情感联系，过分地希望自己与别人有亲密的关系。而在早期生活中经历了适当的关心和爱的个体，则能形成理智的个人行为。他们总能适当地对待自己和他人，能适量地表现自己的情感和接受别人的情感，又不会产生爱的缺失感，他们自信自己会讨人喜爱，而且能够依据具体情况与别人保持一定的距离，也可以与他人建立亲密的关系。

(三)柏恩的人际交往分析理论

人际交往分析理论是由加拿大的柏恩博士于 1964 年提出来的。人际交往分析理论又叫人格结构的 PAC 分析理论。该理论认为，在人际交往过程中，个体的个性是由三种心理状态构成的：一是父母自我状态，用 Parent 的第一个字母 P 表示；二是成人自我状态，用 Adult 的第一个字母 A 表示；三是儿童自我状态，用 Child 的第一个字母 C 表示。

第一种心理状态：父母自我状态

父母自我状态是指父母对其子女的态度和行为而言。如果一个人对待别人就像父母对待孩子一样，也就是说，此人处在一种“父母自我状态”。父母自我状态以权威和优越感为标志，通常表现为独断专横，喜欢统治人、责骂人、训斥人。具有父母自我状态的人讲起话来总是习惯用“你应该……”“你不能……”“你必须……”等言辞。

第二种心理状态：成人自我状态

成人自我状态表现为冷静、达观、理智、客观等。具有成人自我状态的人待人接物冷静，慎思明断，尊重别人，讲起话来习惯说“我个人的看法是……”。

第三种心理状态：儿童自我状态

儿童自我状态表现为像孩子一样无主见，任人摆布，爱感情用事，一会儿逗人可爱，一会儿发脾气令人讨厌。具有儿童自我状态的人讲起话来总是习惯说“我不知道……”“我猜想……”。

以上三种心理状态，汇合为人的个性而且蕴藏在人的潜意识中，在一定条件下，会不自觉地表现出来。人际交往分析理论认为，父母自我状态和儿童自我状态对客观世界的感受和反应往往并不一致，而成人自我状态的思考和反应则具有统一性和一贯性。因此，理想的相互作用是“成人刺激”和“成人反应”。

(四)霍曼斯的社会交换理论

社会学家霍曼斯提出了社会交换理论。他认为人和动物都有寻求奖赏、快乐并尽量少付出代价的倾向，在社会互动过程中，人的社会行为实际上就是一种商品交换。人们所付出的行为肯定是为了获得某种收获，或者是为了逃避某种惩罚，希望能够以最小的代价来获得最大的收益。人的行为服从社会交换规律，如果某种特定行为获得的奖赏越多，他就越会表现出这种行为；而某种行为付出的代价很大，获得的收益又不大，个体就不会继续从事这种行为，这就是社会交换理论。

霍曼斯指出，社会交换不仅是物质的交换，而且还包括了赞许、荣誉、地位、声望等非物质的交换，以及心理财富的交换。个体在社会交往中，如果给予别人的多，他就会试图从与双方的社会交往中多得到回报，以达到平衡；如果付出了很多，但得到的很少，他就会产生不公平感，从而终止这种社会交往。相反，如果一个人在社会交往中，总是付出的少，得到的多，他就会希望这种社会交往能继续保持，但同时也会产生内疚感。只有当个体感到自己的付出与收益达到平衡时，个体才会产生满意感，并希望双方的社会交往继续保持下去。

三、人际交往辅导的目标

《纲要》明确指出，城镇中小学和农村中小学的心理健康教育，必须从不同地区的实际和不同年龄阶段学生的身心发展特点出发，做到循序渐进，设置分阶段的具体教育内容。

(一)小学生人际交往辅导的目标

1．友爱同学，学会与同伴合作

小学生与同伴相处时要态度友善，热情大方，说话谦虚谨慎，注意分寸。在集体生活中要学会商量、等待和忍耐，学会退让和妥协，学会忠诚与守信，学会宽容和信任，学会倾听和接纳等。

2．尊重长辈，并学会理解和关爱长辈

首先，要尊重长辈。“尊重”是孩子与父母、老师相处最起码的要求。有了尊重，才能虚心听取家长、老师的意见和教诲；有了尊重，才能构建良好和谐的亲子关系、师生关系。其次，要信任长辈。学生要知道父母和老师都是爱自己的，都是愿意帮助自己的，他们的社会经验丰富，应该信任他们，有事求助他们，把他们当作朋友。

3．主动交往，学会结交新朋友

孩子要带着真诚的微笑主动与人交往，要相信自己是受人欢迎的。要在适当的场合表现自己，让别人记住你，同时也要学会记住别人的名字。在别人需要的时候伸出援助之手，

并相信这样做一定能结交到真正的朋友。

4．学会倾听和交谈

孩子要学会倾听，要学会用眼神示意对方“我在专心听你讲话”，不要打断对方的话，适当时报以肯定的回答。

5．学会赞美和感谢

真诚、适时、适当的赞美于人于己都是有利的。孩子要学会感谢，学会感恩，并且要用行动表现出来，即使是一个微笑、一句真诚的感谢，都会令别人感到愉快，令自己感到幸福。

6．学会拒绝，消除误会

与人相处中，每个人都有说“不”的时候。坦诚自己的困难，学会委婉地拒绝别人，既使自己不为难，又使别人心无芥蒂地接受自己的拒绝，这就是拒绝的艺术。如果受到别人的误解，一定要以实际行动消除误会；当语言无效时，要相信时间能证明一切。

(二)初中生人际交往辅导的目标

1．掌握人际交往的基本策略

改变对人际交往方面的认识，如感受人际交往的重要性，了解人际交往的规律，学习人际交往的技巧，提高人际交往的能力等。

2．主动在生活中运用交往的策略

初中生在日常生活中，要有意识地运用学到的社交能力和技巧，提高交往效果，达到自己与人交往的目的，如学会微笑、学会倾听、学会赞美、学会说“不”等。

3．在合作中实现共赢

人际交往的最终目的，是具有积极与他人合作的意识、态度和行为。初中生在家庭、学校和社会等多种环境中，要学会与身边的人合作，共同解决生活中遇到的各种问题。

(三)高中生人际交往辅导的目标

1．掌握人际交往的基本规律

高中生需要了解人际交往中的一些规律，如人际吸引、印象管理、人际信任和人际距离的规律等，并运用这些规律建立建设性的人际关系。

2．掌握人际交往礼仪规范

高中生需要学习人际交往的礼仪规范，以及待人接物的良好态度、技能和技巧等。

3．学习人际交往技巧

高中生要学习必要的人际交往技巧，例如如何与人相处、如何与人沟通、如何与人合作、如何公平竞争、如何区分责任义务等。这些人际交往技巧是建立和维护良好的人际关系、创设良好的人际关系氛围的有力工具。

4．学会调节人际关系状况

高中生需要正确认识自己的人际关系状况，因为良好的个性品质对人际交往有巨大的吸引力，不良的个性品质对人际交往有巨大的排斥力。要善于处理人际交往中的问题，及时调节自己。

5．学以致用

高中生需要运用所学到的人际交往知识，调节日常的交往行为，协调与父母、教师、同学和社会人之间的关系，从而提高自己的人际交往能力，培养有助于增进人际吸引的个性品质。

四、不同年龄阶段人际交往的特点

(一)小学生人际交往的特点

小学生的人际交往主要有与同伴的交往、与父母的交往和与教师的交往。

1．与同伴的交往

小学生与同伴的关系最初建立在外部条件或偶然兴趣一致的基础上，比如住在同一条街道、同一幢楼房，或者是同桌，或者父母相互熟悉等。后来，他们逐渐建立了新的交往标准。首先，他们倾向于选择与自己的兴趣、习惯、性格和经历相和谐的人做朋友；其次，他们倾向于选择品行得到他人赞赏的人做朋友，如挑选学习成绩比自己好或能力比自己强的人做朋友。

小学生的同伴关系还具有一定的性别特点。青春期以前的小学生，倾向于选择同性同伴。有些男生尤其是低年级的男生，常常采取制造事端的方式与女生接触，比如在课间时把女生的文具藏起来，在课桌中间画一条界线等。随着年龄的增长，男女生会表现出微妙的变化。比如到了高年级时，男生在与异性交往时，往往表现出拘谨、腼腆、漠不关心的样子。

2．与父母的交往

父母是小学生最早模仿的对象，他们事事处处效仿父母，学习父母的行为方式，父母是他们最直接的榜样。小学生对父母形成的依恋感使他们易于向父母倾诉不安和烦恼，以得到父母的安慰和帮助，亲子间也因为沟通而更加融洽，小学生的归属感也在与父母的沟通中得到满足。

3．与教师的交往

对小学低年级的学生来说，教师的话是绝对权威的，这种绝对服从心理有助于他们快速地学习、掌握学校生活的基本要求。但是，随着年龄的增长，小学生的独立性和评价能力也随之增长起来。从三年级开始，小学生的道德判断进入可逆阶段。小学生不再无条件地服从、信任教师，他们对教师的态度开始发生变化，开始对教师作出评价，对不同的教师表现出不同的喜好。心理学研究发现，小学生最喜欢的教师往往是讲课有趣、喜欢体育运动、严格、耐心、公正、知识丰富、能为同学着想的教师。小学生对教师的评价还影响着小学生对教师的反应，他们对自己喜欢的教师往往报以积极的反应，而对自己不喜欢的教师往往报以消极的反应。对不同学科教师的情感偏好，影响着小学生上课的积极性。

(二)初中生人际交往的特点

初中生在人际交往方面，显示出与童年完全不同的特点，这些新特点主要表现在以下几个方面。

1. 交往范围逐渐缩小

进入青春期以后，初中生突然产生了许多心理上的不安和焦躁。他们需要有一个能倾吐烦恼、交流思想并能保守秘密的地方，他们不再广泛交往，而是缩小交往范围，选择一两个最要好的朋友。他们选择朋友的标准主要有以下几个方面：第一，有共同的志趣和追求；第二，有共同的苦闷和烦恼；第三，性格相近；第四，在许多方面能相互理解等。初中生的好友一般是同性别的。这个阶段朋友之间的关系也是十分密切的，所建立起的友谊相对稳定和持久。

2. 友谊成为生活中的营养品

进入中学后，初中生将感情的重心逐渐偏向于关系密切的朋友，他们有了心里话宁愿向朋友倾诉，也不愿告诉父母。初中生对交朋友的意义有了新的认识，对朋友的质量产生了特殊的要求，这促进了志同道合友谊的建立。在初中生的日常交往中，好朋友之间往往彼此公开自己认为最重要、最秘密的事。这种交流能够促进他们通过别人更好地认识到自己内心世界所发生的一切，更好地了解自己。

3. 与异性朋友之间的关系

进入初中以后，随着性生理的发育，性心理也逐渐发展，男女生之间的关系有了新的特点，双方都开始意识到了性别问题，并彼此对对方逐渐产生了兴趣。但是，在最初阶段，他们对异性的兴趣却是以一种相反的方式表达的，或者在异性同学面前表露出一种漠不关心的态度；或者在言行中表现出对异性同学的轻视；或者以一种不友好的方式攻击对方。总之，从表面上看，他们并不相互接近，而是相互排斥。

到初中阶段的后期，男女生之间逐渐开始融洽相处。而且，在一些男生与女生心中，会有一位自己所喜爱的异性朋友。调查表明，女生一般对那些举止自然、友好、不粗鲁、有活力的男生更容易产生好感；男生一般对那些仪表好、文雅、活泼的女生更容易产生好感。但男女生一般都不将这种情感公开出来，在许多情况下，这只是一个永久的秘密。随着时间的流逝，随着他们各方面的发展与成熟，随着价值观念的不断变化和调整，产生于初中阶段的这种情感很可能渐渐淡化，甚至完全消失。所以，初中阶段男女同学之间的爱慕之情是很稚嫩的，缺少牢固的基础，很少有保持下来最终发展为爱情和婚姻的。但是，只要处理得当，控制在相当有限的程度内，这种感情也有一定的意义。当一个初中生喜欢上一个异性同学时，他(她)自然也希望对方能接受自己，于是就能更加自觉地按照一个好少年的标准，尽可能地去完善自己，从而促进各方面的发展。但如果这种关系无限度地发展，就会妨碍初中生的正常进步。

4．与父母关系的变化

在童年期以前儿童的眼里，父母的形象至高无上，他们对父母既尊重又信任。进入青春期以后，初中生与父母之间的关系发生了微妙的变化。这种变化主要表现在以下几方面。第一，情感上的脱离。初中生由于在情感上有了其他的依恋对象，与父母的情感便不如以前亲密了。第二，行为上的脱离。初中生要求独立的愿望十分强烈，在行为上反对父母对他们的干涉和控制。第三，观点上的脱离。初中生对任何事件都喜欢自己进行分析和判断，不愿意接受现成的观念和规范，因此，他们对以前一贯信奉的父母的许多观点都要重新审视，而审视的结果与父母意见常常不一致。第四，父母的榜样作用削弱。一方面，随着初中生生活范围的扩大，会有其他成人形象通过各种途径进入他们的心目中，这些人物又都是些近乎理想水平的形象，相形之下，父母就黯然失色了；另一方面，随着初中生思维水平和认识能力的提高，会逐渐发现存在于父母身上的，过去未曾觉察的某些缺点，这也会削弱父母的榜样作用。

5．与教师关系的变化

初中生不再盲目地接受任何一位教师。他们开始品评教师，而且在每位学生的心目中都有一两位最钦佩的教师。初中生所喜爱的教师一般具有以下特点：知识渊博、授课水平高、热情和蔼、关心学生的成长、有朝气等。在初中生的心目中，他们所喜爱的教师几乎能达到十全十美的程度，并能在行动上对这些教师作出最好的反应。例如，对他们所喜爱的教师负责的科目，会努力学习；对这位教师所提出的各种要求，会十分认真地执行；对这位教师提出的各种意见和看法，会毫不犹豫地去接受和吸取等。

同样，在初中生的心目中，也总有一两位他们最不喜爱的教师，对自己所不喜欢的教师的各种意见，他们往往持拒绝态度。

(三)高中生人际交往的特点

1．与父母的关系

高中生正处在心理上脱离父母的心理断乳期。随着身体的迅速发育，自我意识的明显增强，独立思考和处理事物能力的发展，高中生在心理和行为上表现出强烈的自主性，迫切希望从父母的束缚中解放出来。他们希望父母既是良师又是益友，父母能尊重、理解和信任他们，与他们具有新的平等关系。由于他们的感情变得内隐，虽然内心世界活跃，但情感的外部表现却并不明显，这往往阻碍了父母与他们的相互了解。

2．师生的关系

高中生师生关系的基础发生了变化。教师和小学生的关系是建立在教师的类似母爱的情感基础上，教师的关心和爱护是最重要的因素。随着年龄的增长，师生关系中的理性成分越来越重要，教师的能力、学识和个性以及对学生的信任、尊重和理解在师生关系中占的比重越来越大。

3．同伴之间的关系

有75%～85%的高中生明显倾向于和同龄人交朋友，这种倾向基本上反映出他们对平等关系的向往。他们愿意对“志同道合”的知心朋友倾吐心声，却很少和父母及教师谈心。

同伴对青年初期社会化影响的领域与父母不同，他们主要是提供了更多个人需要的满足和必要的娱乐消遣。

4. 与异性交往

由于生理发育成熟以及各种能力的增长，青少年在生理上的急剧变化为性心理的产生提供了物质基础。高中生从关注自身的生理变化，转移到对异性身体和异性各种情况的注意，喜欢看具有男女爱情情节的小说和电影，对异性产生了强烈的好奇心，企图用直接或间接的方式吸引、接近异性，对异性有强烈的依恋，这就是异性的吸引力。异性吸引，最初是对整个异性而言的，没有特定对象，以后才逐渐去寻找自己理想的对象。在日常生活中，他们开始悄悄地打扮自己，在各种活动中，都会有意无意地在异性面前显示自己或想法获得异性关注的目光。

正常的异性交往可以促进成长，能促进智力上的取长补短，情感上互相安慰，个性上互相丰富，活动中互相激励。但高中生应大方、适度地与异性交往，不必过分拘谨，不应过分随便，不宜过分严肃，不该过分亲昵，不可过分卖弄，不能违反习俗。

引导高中生学会交往。高中生之间的喜欢并不等于爱，有好感并不等于初恋，暗恋人并不等于罪恶，表示者并不等于卑鄙，会拒绝并不等于绝交。总之，高中生之间的正常交往是需要保护的，在保护的前提下，再给予有效的指导。

五、人际交往辅导的模式与方法

人际交往辅导主要采用案例式体验教学、角色扮演式体验教学、心理游戏式体验教学、心理训练式体验教学等几种活动方式。

(一)案例式体验教学

案例式体验教学起源于“哈佛大学”的情景案例教学课。在案例式体验教学中，教师根据具体的教学内容将课前准备的有关案例呈现给学生，组织学生阅读、分析、思考、讨论，鼓励学生既要畅所欲言，又要认真听取他人的意见，还要大胆发言，让学生在思想的碰撞中进一步把握本质，领悟内涵，丰富自己的认识，激发相应的情感。案例式体验教学使每一位个体在发挥自己智慧的同时，也学习了他人的智慧，形成了集全员智慧于一身，大家共同学习、共同提高的理想的学习效果。

(二)角色扮演式体验教学

角色扮演是指运用戏剧表演的方法，将个人暂时置身于他人的社会地位，并按照这个特定位置所要求的方式和态度行事，以增进人们对他人社会角色和自身角色的理解，从而学会更有效地履行自身角色的心理技术。

角色扮演式体验教学就是联系现实问题，创设一定的情境或仿真情境，让学生扮演情境中的角色，并和其中的人或事互动。通过自己的角色活动，获得心理体验，并分析角色行为，纠正错误，以形成特定的心理品质与行为习惯。在角色扮演中，学生能亲身体验和实践他人的角色，从而能够更好地理解他人的处境，体验他人在不同情况下的内心情感，同时，反映出个体深藏于内心的感情，有助于促进个体的重新认知。

(三)心理游戏式体验教学

心理游戏式体验教学是一种在团体情境中提供心理学帮助与指导的重要方式，它通过团体内人际交互作用，促使个体在交往中通过观察、学习、体验，认识自我，探讨自我，接纳自我，调整和改善与他人的关系，学习新的态度和行为方式，良好地适应生活。心理游戏为学生提供了一种良好的社会活动场所，营造了一种信任的、温暖的、支持的团体气氛，促使成员以他人为镜，反省自己，深化认识，成为他人的社会支持力量。心理游戏可以促进成员间互相支持，集思广益，特别适合人际关系适应不良的人。

(四)心理训练式体验教学

心理训练式体验教学是指在团体辅导活动中，运用有针对性的、模拟现实生活的团队训练活动，发展学生的心理品质，锻炼学生的能力，促进活动目标达成的团体辅导方式。

心理训练式体验教学采用的活动方式有许多，如针对性的心理训练、拓展性的心理游戏活动、心理夏令营、智力开发活动等。拓展训练借助简单器械、设施，精心设计一系列的游戏活动，如“诺亚方舟”“同舟共济”“穿越黑洞”“孤岛求生”等游戏，让队员处于一个陌生新奇的环境中，面对各种不同的挑战，发掘个人潜能，促进合作交往，激活团队创造力。

六、人际交往辅导中要注意的问题

(一)教师本身要具有人际魅力

在进行人际交往辅导时，教师要注重言传身教。“学高为师，身正为范”，在人际辅导课堂上，教师更要发挥表率作用。要教给学生礼仪，教师首先要衣着端庄，温文尔雅；要教给学生礼貌，教师就要面带微笑，文质彬彬；要教给学生语言表达的技巧，教师首先要斟酌词句，语言幽默；要教给学生倾听的方法，教师首先要耐心地倾听学生的发言。教师的言传身教，会对学生产生潜移默化的影响。

(二)教师要关注弱者，促进优势互补

无论是给年幼的小学生上课，还是给稍大点的高中生上课，教师都要摆正自己的心态，站在学生的立场，以成人的心态，建立民主平等的师生关系。教师对所有的学生要一视同仁，对性格羞怯的学生要给予更多的关注，给他们更多的锻炼机会。他们的心是细腻敏感的，教师一个关爱的眼神、一句体贴的话语，就会点燃开发他们潜能的引信。

七、人际交往辅导活动主题的确定

在日常交往中，人们既需要表达自己，以便让他人更好地了解自己，也需要与他人进行沟通，营建和谐融洽的人际关系，有时还需要克服人性的弱点，理性地进行交往。根据学生人际交往能力发展的需要，人际交往辅导主题可以设计为人际表达技巧辅导、人际沟通技巧训练和人际交往障碍调适三方面的内容。

(一)以人际表达技巧辅导为主题

只有打开心窗，外面的阳光才能照射进来；只有表达自己，才能传递友情，让别人了解自己，促进人与人之间心灵的沟通。学会表达友好是学会交往的第一步。

1. 表达友好

初生的婴儿用微笑表达对母亲的友好，吸引母亲的注意，得到母亲更多的关爱。同学之间表达友好，可促进情感的沟通和友情的建立。与人初次交往时，表达友好，可以快速建立友情，促成人脉。那么该如何表达友好呢？

(1) 面带微笑。微笑，是传递友情的信使；微笑，是增强信心的武器。在与人交往中，面带微笑，自然就会提高人际吸引指数。人们都喜欢与面带微笑的人进行交往，我们每一个人都需要学会面带微笑地与人交往。

(2) 主动握手。握手是我们表达友好的重要方式。握手是一种交流，可以沟通原本隔阂的情感，加深双方的理解和信任。握手时一定要用右手，紧握对方的手1～3秒，双目注视对方，微笑致意或问好。

(3) 关注对方。关注他人的爱好兴趣，关注他人的喜怒哀乐，关注他人的冷暖温饱，就是对他人友好的表现。在与他人交往时，以他人为中心，尽量为他人着想，就是对他人的尊重，同时也会赢得他人的好感。

2. 表达感谢

在人际交往中，免不了互助，所以哪怕是一件微不足道的小事，也不要忘记说声“谢谢”。另外，不断地去发现值得感谢的东西，并对他人表达感谢，既是对他人的承认，也是对他人的温暖。感谢，仅仅在心里感谢是不够的，还需要表达出来。

表达感谢时应注意以下几个方面：①真心诚意、充满感情、郑重其事地表示感谢；②大大方方、口齿清楚地表示感谢；③指名道姓地向人们表示感谢；④感谢时眼睛应看着对方；⑤细心地、有意识地寻找值得感激的事进行感谢；⑥在对方并不期待感谢或认为根本不可能受到感谢时表示感谢，效果更好。

3. 学会赞美

美国心理学家威廉·詹姆士曾说：“人类本性最深的企图之一是期望被人赞美和尊重。”渴望赞美是每个人内心最基本的愿望，成长过程中的学生既渴望得到家长、老师的赞美，也渴望得到同学的赞美。赞美如同阳光，可以驱走学生心灵中的黑暗，照亮学生前行的路。赞美如同雨露，可以协调同学关系，增进同学之间的友谊。托尔斯泰说过：“就是在最好的、最友善的、最单纯的人际关系中，称赞和赞许也是必要的，正如润滑油对轮子是必要的，可以使轮子转得更快。”

要想得到别人的赞美，我们首先要学会赞美别人。赞美别人，如同一支火把能照亮别人的心田，也为自己留下一片晴空。赞美有助于发扬被赞美者的美德，推动彼此间的友谊健康地发展，还可以消除人际间的龃龉和怨恨，化干戈为玉帛。一个经常赞扬子女的母亲会创造出一个完美快乐的家庭，一个经常赞扬学生的老师会使一个班集体团结友爱、天天向上，一个经常赞扬同学的学生会天天如沐春风。每一个人都需要被赞美。赞美是一种生活的艺术，是一种并非人人都会的技巧。那么，该如何赞美别人呢？

1) 赞美要因人而异

人的素质有高低之分，年龄有长幼之别，因人而异、突出个性、有特点的赞美比一般化的赞美能收到更好的效果。老年人总希望别人不忘记他“想当年”的业绩与雄风，同其交谈时，可多称赞他引以为豪的过去；对年轻人不妨语气稍微夸张地赞扬他的创造才能和开拓精神，并举出几点实例证明他的确能够前程似锦；对经商的人，可称赞他头脑灵活、生财有道；对有地位的干部，可称赞他为国为民、廉洁清正；对知识分子，可称赞他知识渊博、宁静淡泊……赞美他人要依据事实，切不可虚夸，否则会弄巧成拙。

2) 赞美要情真意切

虽然人们都喜欢听赞美的话，但并非任何赞美都能使对方高兴，能引起对方好感的只能是那些基于事实、发自内心的赞美。相反，若无根无据、虚情假意地赞美别人，对方不仅会感到莫名其妙，而且会觉得说话的人油嘴滑舌、诡诈虚伪。例如，当见到一位其貌不扬的女士，却偏要对她说“你真是美极了”，对方立刻就会认定你所说的是虚伪之极的违心之言。但如果着眼于她的服饰、谈吐、举止，发现她这些方面的出众之处并真诚地赞美，她一定会高兴地接受。真诚的赞美不但会愉悦他人，增进友谊，而且有利于自己的心态阳光。常发现别人的优点，可使自己对人生持乐观、欣赏的态度。

3) 赞美要翔实具体

赞美应从具体的事件入手，发现别人哪怕是最微小的长处，并不失时机地予以赞美。赞美用语越翔实具体，说明你对对方越了解，对他的长处和成绩越看重。让对方感到你的真挚、亲切和可信，你们之间的人际距离就会越来越近。如果你只是含糊其辞地赞美对方，说一些“你学习得非常出色”或者“你是一位卓越的班干部”等空泛的话语，会引起对方的猜疑，甚至产生不必要的误解和信任危机。

4) 赞美要合乎时宜

赞美的效果在于相机行事、适可而止，真正做到“美酒饮到微醉后，好花看到半开时”。当别人计划做一件有意义的事时，开头的赞扬能激励他下决心作出成绩，中间的赞扬有益于他再接再厉，结尾的赞扬则可以肯定他的成绩，指出进一步的努力方向，从而达到“赞扬一个，激励一批”的效果。

5) 赞美要雪中送炭

俗话说：“患难见真情。”最需要赞美的不是那些早已功成名就的人，而是那些因被埋没而产生自卑感或身处逆境的人。他们平时很难听到一声赞美，一旦被人当众真诚地赞美，便有可能振作精神、大展宏图。因此，最有效的赞美不是“锦上添花”，而是“雪中送炭”。此外，赞美并不一定总用一些固定的词语，见人便说“好……”。有时，投以赞许的目光，做一个夸奖的手势，送一个友好的微笑也能收到意想不到的效果。

4. 学会拒绝

良好的人际关系是我们保持身心健康的重要条件。是不是为了维护朋友之间的良好关系，我们就要时刻与朋友保持高度一致呢？适时地说“不”，学会拒绝别人也是我们处理好人际关系的一种重要技能。

说“不”的方法可以从两方面谈起。一是何时说“不”。一般来说，手头的事比别人约自己去做的事更重要时，或者别人所要求的事确实是自己不愿意做的，或者是明显不好的事(从社会道德规范看)，譬如抄作业、自习课有同学找到说话等，这时要勇敢地说“不”。二是如何说“不”。要注意聆听对方的谈话，倾听对方说话是对他最起码的尊重。拒绝时要果断，不能含糊其辞，要明确地表达出自己不愿意的态度。在拒绝别人时还应该作出必要的简短解释，同时应注意说话的语气，要有礼貌，言辞尽可能委婉。

(二)以人际沟通技巧训练为主题

人际沟通技巧就是在适当的时候以适当的方式与他人进行有效的交流，以达到自己想要的效果。人际沟通技巧有以下几方面。

1. 语言沟通技巧

人生来就渴望与他人进行交流和沟通，而语言是人类所特有的最重要的交际工具。语言不仅是信息传播最有效、最便捷的媒介，也是与他人共享文化经验和个人经验的工具。假如沟通是一扇门，那么语言就是这扇门的钥匙。语言是沟通不同个体之间的桥梁，是不同个体心理活动彼此发生影响的最有效的工具。谈话时语言运用得是否适宜，采用的方式和技巧是否恰当，将对沟通的效果产生很大影响。语言沟通技巧可从以下三方面进行把握。

1) 时

一般来说，人们在心情愉快时比较乐于和他人交流，也相对容易接受外界的信息。选择这个时机进行谈心，就容易使沟通顺利进行，取得良好的沟通效果。而在他人情绪低落、心烦意乱时，与之进行交谈，十有八九会吃“闭门羹”。寻找沟通的时机，在恰当的时候与他人进行沟通，沟通就成功了一半。

2) 情

沟通不仅是一种信息交流，更是一种感情的传递。沟通不能只谈学习工作，不谈思想情感，而应该敞开心扉，开诚布公，交真心，谈真话，以心换心，这样才能增进相互之间的情感，架起相互信任的桥梁，使沟通成为增强团结的黏合剂。

3) 意

古人说：“言不在多，达意则灵。”形象生动、幽默含蓄的交谈更受人欢迎。交谈中不要说尽道破，应该留有余地，用生动的比喻、轻松幽默的语言来化解人际交往时的局促、尴尬气氛。另外，还要注意用词委婉，也就是我们常说的“避讳”。在日常交际中，总会有一些人们不便、不忍，或者语境不允许直说的东西，这时说话人要故意说些与本意相关或相似的事物，来烘托本来要直说的意思，这样就会使本来可能困难的交往变得顺利起来，让听者在比较舒畅的氛围中接受信息。

2. 非语言沟通技巧

有关资料表明，在面对面的沟通过程中，那些来自语言文字的社交意义不会超过35%，换言之，有 65%的社交意义是以非语言信息传达的，非语言信息往往比语言信息更能打动人。

在一般情况下，非语言行为多数与语言一起出现，目的是使语言意义更丰富、更强烈，并赋之以某种情绪色彩。非语言沟通包括点头、姿势转换、面部表情、手势以及拍打、拥抱等身体接触以及目光接触，此外还包括静止的体态、人际空间距离的静态姿势沟通等。

在运用非语言沟通技巧时，要把握以下几个方面。

1) 平等沟通

沟通不是下命令，发指示，而是谈想法，讲道理，以理服人，不能以势压人。双方在平等的基础上沟通，可使同学之间、师生之间、父母之间增进了解，达到关系融洽，扫清沟通障碍的目的。同学间平等相待，不仅要平等地对待与自己意见相同的人，还要平等地对待与自己意见相左的人，容得下批评，听得进逆耳之言。

2) 寻找切入点

沟通中最重要的是“倾听”，倾听会使了解变得全面而深入。倾听期间可以寻找到合适的“切入点”。“切入点”就是一种共鸣，是共舞双方身体接触的部分。它是“倾听”的关键，是无缝沟通的重要环节。

从刺激到反应之间有一段时间差，利用此段间隙，可以仔细地品味，寻找更多细微的因素，搜索更加合理的“切入点”。找准切入点，是无缝沟通的第一步。

3．学会倾听

人有两只耳朵，若不是先天或后天的聋子，那么他就会听。虽然每个人都会听，但听的质量好坏、起到作用的好坏，并不是相同的。学会听别人说话有那么重要吗？当然重要，在人生旅途中有很多丧失的机遇，有若干阴差阳错的信息，也有不少失之交臂的朋友，甚至各奔东西的恋人，还有因无法沟通而导致婚姻破裂的夫妻，都是源于不会倾听的结果。理想的人际关系是建立在相互交流思想的基础之上的，用心倾听是交流的开始。

一个人越有水平，他在倾听他人讲话时就越认真。倾听对方讲话时，还要注意以下几点。①眼睛要注视对方(鼻尖或额头，不要一直盯住对方的眼睛，那样会使人不舒服)。②从态度上显示出很感兴趣，不时地点头表示赞成对方。③身体前倾。④为了表示确实在听而不时地发问，如“后来呢？”⑤不中途打断别人的讲话。⑥不随便改变对方的话题。

4．学会合作

合作能力是在与人交往过程中逐渐形成的一种与周围环境、社会相互适应、相互依存、相互促进、共同发展的本领。联合国教科文组织21世纪教育委员会提出未来教育的四大支柱，其中在育人方面指出，要使学生学会共同生活，学会合作，学会与自然协调。

合作能力主要包括以下几个方面。

(1) 诚于嘉许，宽于称道。每个人都渴望被肯定，经常发现他人的优点，真诚地称道，会给人带来愉悦，便于合作关系的建立。

(2) 认清自己，平等沟通。有的学生只看到自己的优点，看不到自己的缺点，在与他人交往时，往往以自我为中心，骄傲蛮横，自私霸道。而有的学生，往往只看到自己的缺点，看不到自己的优点，在与他人交往时，往往自卑懦弱，被动盲从，随波逐流。对自己要有全面的认识，在与他人合作时，才能不卑不亢，平等沟通。

(3) 取人之长，补己之短。要善于取人之长，补己之短，听取采纳合理建议，即使他人的意见不够正确，也不应横加指责，应该用委婉的语气加以说服，使人易于接受。

(4) 捕捉差异，接受对方。捕捉到与对方的差异后，设身处地，从对方的角度看问题，合作双方就能更容易沟通和理解。

(5) 忍耐宽容，谦虚礼让。这是做人的美德，在合作过程中显得尤为重要。在人际交往中，具有较强合作能力的人，能经常发现他人的优点，并加以赞赏；能了解他人的困难，并给予热情的帮助；能倾听他人的正确见解，并加以采纳；能做到襟怀坦荡、大公无私；在关键时刻能表现出舍己为人的崇高品质，并具有崇高理想与信念，这是增强人际吸引力的重要因素。在人际关系上，不计较个人恩怨，不考虑个人得失，团结他人，乐于助人，能够使他人在这种精神的感召下，真诚相待，将伙伴式的合作关系加深和发展下去。

(6) 尊重他人，真诚接纳。对他人的意见要表示尊重。尊重他人的观点，尊重他人的爱好，尊重他人选择的权利，这些都是有效合作的前提。尊重他人保持异议的权利。真诚接纳他人，会促使对方摒弃嫌隙，保持继续合作。

5. 换位思考

换位思考，是一种人际沟通的技巧，也是最基本的道德教谕。

遇到问题时多站在别人的角度看问题，设身处地为别人着想，我们就能更多地理解别人、宽容别人。世事无绝对，每一件事情都具有两面性。当我们遇到与他人意见相左的情况时，不妨换位思考一下，设身处地从对方的角度去思考，就有可能从“山重水复疑无路”，步入“柳暗花明又一村”的境界。

(三)以人际交往障碍调适为主题

人际交往是一种非常复杂的动态过程。良好的人际关系就像甘露一样滋润着学生的心灵，能使学生健康快乐地成长。学生普遍渴望与他人交往，渴望得到友谊，但是，许多学生常常不能如愿，导致严重的失败感。学生常见的人际交往障碍有以下几个方面。

1. 自卑心理

有的学生总是觉得自己的相貌、知识、能力与他人相比相形见绌，并自惭形秽，这种自卑情绪会慢慢削弱他们在人际交往中的自信心，导致他们在交往中小心翼翼、谨小慎微，内心矛盾重重却不敢大胆地表达自己，渴望友情却不敢对外交往，严重影响人际关系。

2. 自负心理

与自卑心理正好相反，具有自负心理的学生只关心个人的需要，强调自己的感受，在人际交往中表现为目中无人、高高在上。与同伴相聚时，如果不高兴，就会不分场合地乱发脾气；如果高兴，就海阔天空、手舞足蹈讲个痛快，全然不考虑别人的情绪和别人的态度。另外，在对自己与别人的关系上，过高地估计了彼此间的亲密度，讲一些不该讲的话。这种过于亲昵的行为，反而会使人出于心理防范而与之疏远。

3. 猜疑心理

猜疑心理可以说是友谊之树的蛀虫。英国哲学家培根说过：“多疑之心犹如蝙蝠，它总是在黄昏中起飞。这种心情是迷人的，又是乱人心智的。它能使你陷入迷惘，混淆敌友，从而破坏人的事业。”具有猜疑心理的人，往往在主观上先设定了他人对自己不满，然后在生活中寻找证据，带着以邻为壑的心理，把无中生有的事实强加于人，甚至把别人的善意曲解为恶意。这种狭隘的、片面的、缺乏根据的盲目想象，不仅使友谊蒙上阴影，也使自己草木皆兵，常常处于惊恐不安之中。

4. 忌妒心理

西班牙作家赛万斯指出："忌妒者总是用望远镜观察一切，在望远镜中，小物体变大，矮个子变成巨人，疑点变成事实。"忌妒是对与自己有联系的、强过自己的人的一种不服、不悦、失落、仇视，甚至带有某种破坏性的危险情感，是通过把自己与他人进行对比而产生的一种消极心态。当看到与自己有某种联系的人取得了比自己优越的地位或成绩时，便产生一种忌恨心理；当对方面临或陷入灾难时，就隔岸观火，幸灾乐祸，甚至借助造谣、中伤、刁难、穿小鞋等手段贬低他人，安慰自己。正如黑格尔所说："有忌妒心的人自己不能完成伟大事业，便尽量去低估他人的伟大，贬低他人的伟大使之与他本人相齐。"

一些学习好、表现好的学生容易存在这种心态。有的学生看到班级里其他人在某一方面超过自己时，心里觉得很不好受，有时为了发泄内心的不服，没事也找碴儿跟人家拌嘴，这是一种看到别人在某些方面比自己强，进而恼怒他人的情感。具有这种心理的学生，交际范围比较小，处事格调比较低，人际关系往往处于紧张之中。

5. 社交羞怯

社交羞怯是绝大多数人都拥有的一种心理。许多学生在交际场所或大庭广众下，羞于启齿或害怕见人。如果过分焦虑，就会言语上支支吾吾，行动上手足失措，长此以往，不利于同他人正常交往。

6. 敌视心理

敌视心理是人际交往中比较严重的一种心理障碍。具有敌视心理的人总是以仇视的目光对待别人。这种心理或许来自童年时期受到虐待从而产生"别人仇视我，我仇视一切人"的心理。对不如自己的人用不宽容的方式表示敌视，对比自己厉害的人用敢怒不敢言的方式表示敌视，对处境与己类似的人则用攻击、中伤的方式表示敌视，周围的人随时有可能受其伤害。

消除心理障碍，改善人际关系，重点在于调节自己的情绪，而情绪的调节概括起来有两类：一是外部调节机制，即他人帮助改变环境，对其进行疏导、劝慰等；二是内部调节机制，即通过自己的意识和意志来调节情绪。学校的教育者应注重情绪的外部调节机制的建立。

(1) 减轻学生心理压力。多数在人际交往中有心理烦恼的学生，对获得良好的人际关系抱有较高的期望值，但鉴于所处的环境和对他人过分的多疑、自卑等情绪，矛盾情绪极大，他们渴望得到别人的理解、体贴和帮助，希望有人能倾听他们的诉说，盼望有人能帮助他们对内心矛盾作出解释。在辅导活动中，教师要鼓励他们说出内心的困苦，缓解情绪压力，以达到消除内心的寂寞和减轻心理压力的目的。

(2) 引导学生进行合理认知。学生的烦恼往往源于对自己、对他人的不良的认知方式，引导学生用合理的思维方式取代不合理的思维方式，以合理的信念代替不合理的信念，最大限度地减少不合理信念带来的不良影响，能减少或消除学生已有的心理障碍。

(3) 培养学生良好的交往习惯。引导学生在建立正确思维方式的基础上，走出自己"画地为牢"的小圈子，主动融入群体，多接触周围的同学，培养多方面的兴趣和爱好，提高耐挫折能力，久而久之，就会形成良好的交往习惯。

八、人际交往辅导活动计划安排

对学生进行人际交往辅导，既要考虑不同学习阶段学生的年龄特点、认知发展水平，还要关注当前学生的心理需求；既要重视一般性的人际交往能力辅导，也要注重障碍性人际困惑的排解；既要有理论知识的指导，也要有学生模拟实践的具体操练。

(一)活动背景表述

活动背景包含活动设计的原因、意义和理念等。我们在设计一节心理辅导活动课时，首先要考虑的是：我要解决什么问题？班里的学生存在的倾向性问题是什么？他们的年龄特点又是什么？辅导的主题具体是什么？这样，选题才会有的放矢，才会受到学生欢迎。

(二)辅导目标设计

目标是对班级心理辅导活动过程的预期，是集体活动的导向，班级心理辅导活动的内容和形式都是围绕目标制定的。同时，目标又对班级成员起到凝聚作用。心理辅导活动目标的设计，要注意以下几点。

1. 目标应与学生成长密切相关

班级心理辅导活动的目标一方面是矫治性目标，如根据学生中的对人缺乏信任、多疑、不善与人合作、社交退缩、难以与人亲近等心理问题设计有针对性的心理辅导活动，通过心理游戏、心理训练等方式，矫治学生心理偏差，引导学生心理健康发展。另一方面，班级心理辅导活动更多地应着眼于发展性目标，从积极的一面来提高学生的心理品质，如“做个合格的听众”“最佳人缘儿”“学会合作”“学会倾听”等，发展学生沟通能力，提高学生人际适应水平。心理辅导活动还要坚持一些团体辅导的共性目标，如发展团体信任；学会自我接纳；容忍别人；学习作出决定并接受其结果；减少孤独感；澄清自己的价值观；增强关怀别人的能力；学会善解人意；尝试改变自己的行为等。

2. 目标要明确具体

目标要具有可操作性，必须是通过活动、体验、感悟能够体会和认识到的，也就是说在课时的限制内能够真正达到的。

3. 目标要整合三维

活动目标既有知识与能力目标，也有过程与方法目标，还有情感、态度与价值观目标。在进行目标表述时，要将三维目标整合在一起，实现三维目标的兼顾和目标体系的完整。

(三)活动环节设计

活动目标一旦确立，接下来就要着手设计活动方案，这是最能发挥教师创造性的一个环节。但要设计好一次心理辅导活动也不是一件容易的事，它要求教师理解心理辅导的基本思想，尤其要掌握团体辅导的方法和技巧。

1．活动内容紧密围绕活动目标

心理活动课具有极强的活动性，要求以板块式活动推进课堂的进程，环节紧凑、活动贴切。可以采用角色扮演、小品表演、小组讨论、辩论会、故事接龙、自由联想、抢答赛、走跳棋等方式，为学生设计情境，或者提供开放式问题空间，使学生在活动中体验感悟。要求教师精心选取能够反映辅导主题的活动方式，综合考虑活动所需要的空间、参与范围、所需要的材料道具和活动控制等问题，为学生提供最优质的活动，充分调动学生的兴趣和参与的积极性。

2．设计活动情境，促进学生体验

心理辅导活动的宗旨是帮助学生解决自己的问题，主要是以参与者自身的经验为载体。体验是改变、完善自身经验的重要环节。只有经过体验，参与者才会在内心产生碰撞，才会有深切的感悟。一般来说，可以从两个角度设计活动情境：一个角度是从观察入手进行体验，如播放与主题有关的视频或图片，让学生感悟体验；另一个角度是从行动参与入手进行体验，如进行生动活泼的游戏活动，让学生在实践中体验。

3．设计好切入点，控制活动的进展

在进行心理辅导活动设计时，要认真厘清思路，设计好切入点，恰当地引入主题，同时安排好活动进程，做好环节之间的衔接，控制活动的进展。

由于心理辅导课涉及人成长发展的各个方面，而人与人之间是具有差异性的，教师在设计心理辅导活动时还应充分考虑到突发状况的发生，做好适时控制、正确引导的心理准备，防止学生产生认知偏差和错误导向，确保各项活动的顺利完成，努力达到既定的辅导目标。

4．设计好暖身活动

正如开展体育运动需要进行预备活动一样，在实施心理辅导时也需要做一定的“暖身活动”。心理辅导是一种心灵与心灵的沟通，要达到其辅导目标，必须营造安全、开放、轻松的气氛，让学生进入放松、温暖的情绪状态。只有在良好的气氛与情绪状态下，学生才能积极投入到辅导活动中来，开放心灵，并在活动中获取成长的经验。因此，有效的暖身活动对于保证心理辅导活动的顺利进行和取得成功是十分必要的。暖身活动的形式很多，大肢体的运动是一种常用的技术，因为身体的放松会减少情绪上的紧张与焦虑。

九、人际交往辅导活动实施过程指导

(一)组建活动小组

班级心理辅导活动要求人人参与，若要每个学生都在全班同学面前表现一番，在时间上是不允许的，因而，更多的学生是在小组里表现的。小组的组织与发动是关键的一环。组建小组的第一步是确定小组成员。班级里的小组基本上是异质的，应该尽可能采取自愿结合的形式，这样小组成员的参与程度较高。在必要的情况下，在与同学充分协调的基础上，也可由辅导老师作出适当的调整，将性格活跃的和性格内向的同学、爱说话的和不爱说话的同学组成异质组，发挥异质组成员的互补性，保证小组活动的顺利进行。第二步是组内分工负责。每一个组内成员要承担一定的职责，组内分工一般有主持人、发言人、书记员、计时员、联络员、保管员、形象大使等。每个学生都应该在不同的活动中承担不同的职责，以锻炼自己的能力。

(二)布局活动环境

环境设计也是一个不容忽视的环节。班级心理辅导活动要求每个学生都行动起来，要求所有小组都活动起来，但教室里一排排的课桌椅限制了同学们活动的空间，有人称之为“秧田式”座位。在开展心理辅导活动时，可以打破这种格局，教室里没有课桌椅，只有干净的地板或地毯，上面放着一个个小坐垫，全班同学根据活动的需要可分可合、可站可坐，方便自如。

(三)注重行为重建

人际交往辅导的最终目的是要让学生的情感和行为发生变化。行为的变化，非一朝一夕所能见效。我们在一次辅导活动中，不仅是让学生有所触动和领悟，还要让他们将体验、感悟的东西化为行动。这还需要课后的行为实践，并在实践中进行反馈和调整。教师应要求学生制订行为计划图，将每天要做的事写在行为计划图上，进行分类，并对各项活动的成效进行评价，给自己奖惩。同时组织分享交流活动，让学生演示自己的实践过程，相互之间取长补短，不断调整自己的行为方案。

十、人际交往辅导活动效果评价

从人际交往辅导活动课的特殊性提示和要求出发，结合人际辅导活动课的基本流程，我们认为可以从以下几方面来评价一节心理辅导活动课。

(一)辅导目标评价

心理辅导活动课目标评价应着重以“全人发展”“自我实现”这个总目标为依据，在评价心理辅导活动课的目标时，必须遵循以下原则。

1. 适应时代需要的原则

学校的心理辅导工作要适应时代发展的需要，要对社会的快速变迁及满足因快速变化所衍生出来的新需要作出敏感、及时的反应。

2. 符合儿童心理发展规律的原则

人的心理是极其复杂的，它的发展既有连续性，又有阶段性。因此，我们在评价心理辅导目标时，既要考虑心理结构的整体协同发展，即“全人发展”，又要注意心理发展的阶段性，使每个年龄阶段的心理辅导目标有所侧重，使心理的全面发展和重点发展统一起来。

3. 整体协同发展的原则

心理素质是整体素质的有机组成部分，它的发展离不开其他素质的发展。心理辅导目标应与其他教育目标形成协同效应，促进整体素质的发展。

4．可操作性原则

心理辅导目标除了要具体化外，还要注重简单明了、便于操作、便于检测等特点。

(二)辅导内容评价

辅导内容应依据心理辅导目标来确定。换句话说，什么因素对于受教育者的心理发展是最需要的，它就应当成为心理辅导活动课的主要内容。

(三)辅导过程评价

1．看暖身活动

辅导教师能否根据本单元的主题，运用生活中的资源设计出相应的活动，以激发学生的兴趣与动机？该暖身活动是否能创设安全、接纳、轻松的氛围，引导学生进入活动？

2．看所设计的活动与所创设的情境

(1) 必要性。活动应依据心理辅导目标来展开，所设计的活动与心理辅导目标无一致性，该活动就无必要。

(2) 适切性。辅导活动设计是否符合学生的经验与心理发展水平。

(3) 参与性。辅导活动设计是否能最大限度地激发学生积极参与和体验。

(4) 持续性。辅导要促成学生的持续发展，心理辅导活动应有次序性、延续性和累加性。

如果创设的情境或活动满足两个条件，即第一，来源于学生的生活实际；第二，符合辅导对象的心理发展水平和年龄特点，那么学生就能在活动中高质量、有效地获取丰富的心理体验，达到自我教育的目的。

3．看辅导进程

(1) 辅导过程是否具有安全、接纳、温暖、尊重的团体气氛。

(2) 师生之间是否建立了一种民主、平等、合作的辅导关系。

(3) 辅导中是否有广泛的、良性的学生互动和师生互动，这是团体动力的一个重要指标。

4．看学生的反应

(1) 学生是否能积极主动地参与到辅导活动中来。

(2) 活动中学生能否自然地、投入地扮演所取得的角色。

(3) 辅导中学生是否有自我体验、自我开放与自我探索。

5．看教师的表现

(1) 教师是否具备共情、真诚、无条件积极关注等良好的态度特质，并在辅导过程中得到正确的表达。

(2) 在整个辅导过程中是否能够创设、确立并维持安全和温暖的环境、信任和理解的和谐气氛，并鼓励学生相互分享，引导学生自我探索。

(3) 教师扮演的角色是否到位。心理辅导的显著特点是教师要调动学生的情感力量，尊重、信任和理解学生，与学生架起心灵的桥梁进行情感交流。所以心理辅导活动课要求教师更多的是扮演好朋友、小组成员、心理专家、团体领导者等角色，而不是扮演居高临下的训导者角色。

6. 看辅导作业

辅导作业是课内辅导的延伸。辅导作业的内容应联系学生的生活实际，拓展、强化学生所获得的知识、态度和行为。

(四)辅导方法、策略的评价

(1) 所采用的辅导方法或策略是否正确、适当。

(2) 运用方法与策略时是否有一定的艺术性和创造性。

(五)辅导效果评价

心理辅导活动课有效性评价应从集体和个体两方面来评价。

1. 从集体角度评价

作为集体，含义有三个，即学校、学生团体、班级。心理辅导活动课程实施的结果应使集体有所变化，无论整个学校、学生团体，还是班级都会有明显进步。

评价的标准有以下几个方面。

(1) 全校形成重视心理辅导的氛围。

(2) 学科教学借鉴心理辅导活动课的某些做法，将心理辅导渗透到学科教学中去。

(3) 校风有积极的改观。

(4) 班级团体的凝聚力增强。

(5) 班级的满意度、荣誉感增强。

2. 从个体角度评价

个体包括学生个体与教师个体。考查心理辅导活动课程实施对个体发展的影响效果，可以考虑以下几个方面。

(1) 辅导目标的达成度。看学生是否通过辅导达到了预期制定的具体辅导目标，这应结合起始评价来评价。起始评价所得的资料既可以作为课程设计参考，又可以作为评价课程辅导效果的依据。

(2) 学生能否把知、情、行三个维度上所获取的辅导效果统整起来，并促成自我成长。

(3) 学生对心理辅导活动课是否形成了积极的兴趣与态度。

(4) 辅导教师是否具有进一步钻研相关理论的兴趣与行为。

(5) 辅导教师是否在与学生建立的这种新型人际关系中体会到自我价值的实现，并在行为表现上以更积极饱满的情绪投入到全心全意为学生服务中去。

◎ 活动设计一

男生女生　阳光交往

一、活动背景

小学高年级的学生，从十一二岁开始逐渐进入青春发育期。青春期来临，孩子体内一场蓬勃的变化正在发生，与此同时，他们的心理也有了新的发展，对异性的一种朦胧的好奇感和接近的欲望正在悄悄地萌发。在某些小学高年级班里，过去从来没有过的“男女界限”划分出来了；有的学生还在下面暗暗传播“谁喜欢谁”，这些青春期心理的萌动让男女生的交往变得不自然起来。教师应通过活动培养学生正确的异性交往态度。

二、活动目标

(1) 通过活动，让学生对男女生交往有一个正确的认识，树立健康的男女生交往观念，形成正确的交往态度。

(2) 了解男女生交往中应注意的一些事项，掌握男女生交往的一些方法，增进男女生彼此的了解。

三、活动过程

(一)趣味游戏，进入主题

(1) 教师导语：听了《小小少年》这首歌，同学们有没有这样一种感觉，(学生说)说的就是我呀！一股莫名的情绪涌上心头。我们一起来做个游戏轻松一下吧。这个游戏的名称叫——指鼻子，主要是考考大家的反应能力。

(2) 游戏规则：先用手指自己的鼻子，老师说到一个部位，请用手指指到同桌的这一部位，然后迅速回到自己的鼻子上。

请一男一女示范(教师说：头发——耳朵——左肩)。

全班起立，跟着做游戏，教师提出要求的速度逐渐加快。

头发——额头——下巴——左耳——右耳——小辫子——花裙子

(3) 教师小结：同学们，在刚才的游戏中我们班的男生和女生玩得多么开心啊！每个人的脸上都洋溢着阳光般的灿烂笑容。是啊，生活中的男生女生就应该像我们现在这样阳光交往、开心相处(板书：男生女生，阳光交往)！可是据老师了解，在平日的学习生活中，有许多同学在男女生交往过程中，并不是每时每刻都快乐，而是经常遇到烦恼。

【设计意图】 敞开心扉是一件很不容易的事情，特别是步入青春期的小学高年级学生。他们有了心事宁愿向朋友、同学倾诉，或者写秘密日记，也不愿意说给父母、师长听，更何况是当众吐露。这一环节的目的是活跃课堂气氛，松弛学生的神经，为学生倾诉烦恼做好铺垫。

(二)男生女生，倾诉烦恼

1. 教师导语

有了烦恼，就要说出来，这样才能解决。你在男女生交往过程中，曾遇到过哪些烦恼呢？

2. 我口说我心

引导学生说出男女生交往中烦恼的事。

(1) 出示课前调查的、有代表性的男女生交往烦恼(2～3个)。

(2) 学生思考：你有类似的烦恼吗？你是怎么处理的？你想对这位同学说点什么？

(3) 学生交流。

(4) 教师引导学生继续交流：除了这些，你们还有哪些烦恼？

(5) 学生继续交流。

3. 教师小结

是啊，这样那样的烦恼总是困扰着我们，让我们不能快乐学习、阳光交往。当我们遇到这些烦恼时，该怎么做呢？看了下面的小品，你是不是会有所收获呢？

【设计意图】 教师启发学生倾诉自己的烦恼，学生才能意识到烦恼对自己的影响，进而增强转化烦恼的意愿。

(三)心情平台，探讨方法

1. 创设情境

小品 1:

课间游戏的时候，4 位女生正在玩编花篮的游戏。她们玩得正开心的时候，一位男生垂头丧气地走了过来，撞到了其中一位女生身上。这位女生并没有发火，而是关心地询问这位男生怎么了，主动帮助他解决问题。

讨论探究:

(1) 看完这个小品，你从那位女生身上学到了什么？

(2) 学生交流。(板书：互相帮助)

(3) 教师小结：男生女生就应该这样，阳光交往。

小品 2:

下课了，一位男生走进教室，看到同班的丁丁(男)和小敏(女)正在面对面地讨论问题。他恶作剧地一笑，召集了几个男生，趴在窗口，大声地喊："嘿，大家快来呀，看这小两口！" 小敏觉得非常委屈。

讨论探究:

(1) 看到这一幕，你想对小敏说什么？你还想对搞恶作剧的男生说什么？

(2) 你有过类似的经历吗？举例说明。

(3) 再遇到这样的情况，你会怎样处理？(教师相机板书：理解　包容　忍让……)

2. 交谈收获

同学们，交流了这么多男女生交往的好方法，当你再遇到男女生交往方面的烦恼时，该怎么做呢？请结合具体事例谈一谈。

(1) 学生交流。

(2) 教师总结，并有针对性地进行评价鼓励。

3. 解决问题

问题 1: 宁宁的烦恼(一封信)。

高老师:

您好！我叫宁宁，是一名女生，性格活泼开朗，平时既爱和女生玩，也会和男生讨论问题，美好的友谊一直伴随着我。可是到了五年级以后，一切都变了，男生和女生之间好像有了一堵无形的"墙"。就像我们现在的课间操学习舞蹈，老师让我们男生女生手拉手表演舞蹈。我们一点也不好意思，只是拉着对方的袖子，似乎是在跟空气握手，这样的感觉让人难受。老师也批评我们的动作不到位. 我真不明白，到了高年级，女生和男生该怎样交往呢?

问题 2: 楠楠的困扰。

楠楠有一头漂亮的头发，又长又密，但她后面的男生总喜欢拽她的长发，楠楠很苦恼。

问题 3: 玲玲的郁闷。

玲玲是一名内向寡言的女生，同桌是一个调皮的男生。玲玲刚穿了新衣服，就被同桌在上面用圆珠笔画了地图。她甚至被同桌剪碎过羽绒服。玲玲却没有告诉老师和家长。

(1) 教师导语：请用我们交流时学到的好方法，为这些同学解除心中的烦恼。

(2) 先小组交流，然后班上交流：你想对这些同学说什么？

(3) 学生交流。

4. 教师寄语

同学们，听了你们的开导，宁宁他们一定会很开心，很感动。在此老师想真诚地对你们说：拥有了坦诚，我们之间就会像阳光一样明亮；拥有了理解，我们之间就会像阳光一样温暖；拥有了尊重，我们之间就会像阳光一样灿烂。让我们绽放阳光般的笑脸，舒展阳光般的心情，共同走向人生的每一个春天！(课件展示)(齐读)

师：让我们一起大声地说——

男生女生　　阳光交往(齐读)

【设计意图】 水性虽能流，不导则不通。遇到问题，并通过一定的方式方法进行必要的疏导，是解决学生心理问题的重要途径。本环节先进行方法引导，然后引导学生运用学过的方法解决问题，进行自我疏导。

(四)取长补短，交往更阳光

(1) 每人发一张纸，写出最受欢迎的异性同学，每人写两个，并写上简短的原因。

男生：在你眼中，谁是最受欢迎的女生？理由是什么？

女生：在你眼中，谁是最受欢迎的男生？理由是什么？

(2) 统计结果：最受欢迎的男女生。

(3) 学生交流：你喜欢跟这样的男生(或者女生)交朋友吗(从对方身上感受优点)?

(4) 教师小结：我们都有一双善于发现的眼睛，这双眼睛不但要发现对方的缺点，更要发现对方的优点。取人之长，补己之短，男女生之间的交往就会更加阳光。

(5) 殷殷寄语：

男生对本班的女生说——(对女生提出希望或要求，或者自己以后怎么做)。

女生对本班的男生说——(对男生提出希望或要求，或者自己以后怎么做)。

(6) 教师小结：一花不成春，独木不成林。只有全班的男生和女生和谐相处，阳光相处，我们才能快快乐乐，共同成长。

【设计意图】 一个不会欣赏他人的人，也很难得到他人的欣赏。本环节旨在引导学生用智慧的眼睛发现异性同学身上的优点，并相互学习。

(五)活动总结

这节课我们收获了“男生女生，阳光交往”的方法，也就等于收获了快乐。在快乐的歌声中，让我们手拉手，走出教室，结束本堂课(播放音乐：《快乐的同桌》)。

◎ 活动设计二

学会与父母沟通

一、活动背景

初二阶段的学生逆反心理越来越重，与父母沟通的机会越来越少，亲子冲突时常出现，亲子沟通方面的指导显得尤为重要。

本节课旨在引导学生在反复的情景体验中感悟，明白与父母沟通的重要性，掌握与父母沟通的方法并能主动沟通，从而消除彼此间的隔阂，建立和谐的亲子关系。

二、活动目标

(1) 使学生认识亲子沟通的重要性，能意识到日常生活中与父母沟通中存在的问题及产生的原因。

(2) 引导学生掌握、运用与父母沟通的技巧，积极主动地与父母沟通，达到改善亲子关系的目的。

三、活动过程

(一)问卷调查，导入主题

1. 播放歌曲《吉祥三宝》视频

教师导语：视频中的一家三口一问一答，其乐融融，让我们羡慕不已。童年的亲子关系如此美好，可是随着年龄的增长，我们与父母的关系如何了呢？

2. 问卷调查

(1) 你认为你与父母的关系属于(　　)。

A. 朋友关系　　B. 敌对关系　　C. 陌生人关系　　D. 其他，如________

(2) 当你与父母发生矛盾时，你通常选择的解决方式是(　　)。

A. 持久冷战　　B. 大发雷霆　　C. 主动认错　　D. 离家而去

E. 其他，如________

要求：如实回答。

教师统计调查结果。

教师小结：通过调查我们发现，许多同学与父母之间的关系融洽，但也有部分同学与父母之间的关系遇到了一些困扰，沟通越来越难。我们应如何与父母进行沟通呢？

【设计意图】 问卷调查旨在了解学生与父母之间的关系状况，激发学生主动与父母沟通，同时根据学生的回答，调整课堂内容。

(二)情境设计，亲身体验

1. 剧情设计

(1) 呈现故事情节。

日记风波

星期天，外出打球的佳华回到家：“妈，我回来了！”他发现平日像迎客松一样站立在门口迎接他的妈妈竟然不在。满心疑惑的佳华走向自己的卧室，透过虚掩的房门，他看到妈妈正在小心翼翼地看着什么。“妈，你在看什么啊！？”猛然被惊动的妈妈一下子跳起来，面色慌张、语无伦次地说：“没什么……”佳华看到自己平日里紧锁的抽屉已被打开，日记本正仰躺在里面。佳华马上意识到妈妈偷看了自己的日记，……接下来会发生什么？

(2) 续编故事。

首先以小组为单位续编故事，演绎接下来会发生的情境。

【续编提示】：

情境1——站在自己的角度。

情境2——站在父母的角度。

情境3——站在中立的角度。

……

然后分组讨论，研讨设计。

(3) 剧情演绎。

分组表演设想中的情境。

对妈妈大发雷霆，母子一场激战后，佳华甩门而去，离家出走。

与妈妈约法三章，定期沟通。

防妈妈如防贼，处处小心……

教师导语：不同的做法会把亲子关系引向不同的方向，所以在处理与父母的关系时，一定要慎重考虑。接下来让我们继续来关注故事的发展。

2. QQ大家谈

(1) 愤怒的佳华对妈妈大发雷霆，甩门而去。来到了网吧，他在自己的QQ空间中写道：

今天，妈妈居然偷看我的日记，真是气死我啦，她怎么可以这样？她怎么可以这样？

我一直都有写日记的习惯，记下自己的想法和与朋友交往的细节。很多都是非常非常隐私的小秘密。可今天妈妈居然偷看我的日记，真让我无比愤怒。

没办法形容我现在的感受，真觉得无地自容，并不是说有什么见不得人的，可是我真不想把这些暴露给别人看，即使是最亲近的人。

以后再也不想理妈妈了。心灵超级受伤害。

(2) 看了佳华的留言，假如你是他的QQ好友，你怎么看待这件事？你会在他的留言板里写些什么？

(3) 草拟QQ留言，发表自己的看法。

3. 专家帮帮看

(1) 让我们继续关注事情的发展。

倔强的佳华接下来几天都不与妈妈说话，佳华的妈妈很着急，无奈之下她找到《心理访谈》栏目组心理专家杨凤池，请他来帮忙调节陷于僵局的母子关系。假如你是杨凤池教授，你会采用什么方法来调节陷入僵局的母子关系呢？

(温馨提示：注意母子双方的调节)

(2) 小组讨论，总结发言。

4. 真情告白

(1) 在专家的指导下，母子俩的关系究竟会怎样呢？下面请看佳华母子写给对方的信。

(2) 呈现佳华与母亲的信。

佳华写给妈妈的信

妈妈：

我错了！我实在不该跟您顶撞，更不应该那样跟您说话。可是，我实在无法理解您的做法。您知道吗，在此之前，我一直跟同学炫耀我有一个善解人意、尊重孩子的好妈妈。

可当我发现您偷看我的日记时，妈妈您知道我有多震惊吗？我冲您大吼大叫，随后留下一脸愕然的您甩门而去，沉迷在网吧里直至天黑。

今天杨教授的调解，让我愤怒的心渐渐平息了下来。强烈的自尊让我一时间不知道怎样与您沟通。晚上，我正躺在床上回想这两年来跟您比较大的几次冲突，突然，房间门开了，您轻手轻脚地走了进来，帮我拉好被，又轻手轻脚地退出了房间。您做这些的时候，我不敢动，不敢呼吸，眼角流出了滚烫的泪珠。妈妈，我知道您是爱我的。我知道，你很想了解我，只是不知道如何表达，偶尔用错了方式！……

妈妈，对不起，我错了！我真的错了！我不应该那样对待您！妈妈请您相信我，您的儿子有一天会长大！妈妈，请原谅我的莽撞和无知！

不孝儿子：佳华

妈妈写给佳华的信

(在《感恩的心》的背景音乐下，有感情地朗读母亲的信。)

儿子:

妈妈错了，妈妈不该偷看你的日记。儿子，妈妈知道，你已经长大了，也有自己的秘密，妈妈不该随便偷看你的日记。可是自从你上了初中以后，就突然由妈妈的开心果变成了忧郁王子。这种转变让妈妈很担心啊。妈妈不想在一边干着急，所以才会偷看你的日记。很抱歉，妈妈事先忽略你的感受了，但当妈妈看到你像一只受伤的小野兽一样站在门口，愤怒地盯着妈妈的时候，妈妈的心里非常难受。

儿子，妈妈只是希望你过得好、过得开心，希望你成绩优异、前途无量，你能理解母亲的心愿吗？妈妈的做法也许太急功近利了，妈妈真诚地向你道歉！你可以和妈妈坐下来好好谈谈吗？妈妈真的很想与你做无话不谈的好朋友。

你永远的固定资产：妈妈

【设计意图】 通过出示学生生活中常出现的生活情境《日记风波》，并让学生体验不同的角色，从而可以使学生从多个角度来认知和分析亲子沟通中出现的问题，并积极主动地寻求有效沟通的方法。

(三)自我感悟，真情表露

1. 自我感悟

伴随着歌曲《懂你》，回忆自己与父母相处的点点滴滴。

2. 真情表露

在《让爱驻我家》的背景音乐下，将想对爸爸妈妈说的话或做的事做成心愿卡。

3. 展示或赠送心愿卡

展示学生的快乐生活瞬间，让学生向父母赠送心愿卡。

4. 家长感言

请被邀家长发表感言。

【设计意图】 通过让学生回忆与父母相处的点点滴滴，使他们感悟父母对自己的真爱，并通过制作心愿卡来让学生表达自己对父母的爱。

(四)活动总结，实践迁移

1. 练习活动

练习一：认识代沟。

描述你和父母之间的主要分歧有哪些，并试图从父母的立场想问题。如

着装方面：你的观点________________________________。

你父母的观点____________________________。

父母观点的合理性________________________。

学习方面：你的观点________________________________。

你父母的观点____________________________。

父母观点的合理性________________________。

音乐方面：你的观点________________________________。

你父母的观点____________________________。

父母观点的合理性________________________。

体育方面：你的观点________________________________。

你父母的观点____________________________。

父母观点的合理性________________________。

其他方面：你的观点________________________________。

你父母的观点____________________________。

父母观点的合理性________________________。

练习二：实话实说。

给父母写一封信，描述你对他们的不满，要讲事实、讲道理，不要感情用事，不要使用情绪化的语言，最好能举一些例子说明问题。

下面是一个个案，可参考。

亲爱的爸爸(妈妈)：

您好！很久就想跟您说说我对您的感受了，可总觉得不好意思。另外也不敢直截了当地向您披露自己的真实想法，今天学习了这一课才能够鼓足勇气拿起这支沉重的笔。

长期以来……

我记得最伤心的事情就是……

过去……

可现在……

我希望……

爱您的××

××××年××月××日

可将这封信写下来交给老师，由老师组织全班讨论并决定是否转交给家长。

2. 再次演绎《日记风波》

3. 教师小结

与父母沟通时，如果只站在自己的立场，忽略父母的感受，亲子关系会冲突不断；如果能换位思考，多站在父母的角度，设身处地地感受父母的不易，亲子关系就会和谐美

好……希望通过这节课的活动，大家能够学会与父母沟通，找到与父母融洽相处的方法，拥有和谐的亲子关系。

【设计意图】 让学生再次演绎《日记风波》，从而让学生把自己所收获的沟通方法和积极与父母交流的意识运用到情景演绎中，进而强化日后实际生活中的运用。

◎ 活动设计三

学会倾听

一、活动背景

倾听是一种技巧，也是一门艺术，更是一种重要的教育思想。倾听，不仅有利于接受信息、启迪心智，而且能激起思维火花，促进学习进程。作为学生，倾听是学会学习的一种重要素养，是汲取知识的前提，是提高学习效率的保证。对小学低年级的学生来说，受所处年龄段及心理特征的影响，自制力还比较差，课堂上经常出现管不住自己、不注意倾听等现象。针对这些现象，我们设计了本节课。苏霍姆林斯基说：“儿童是用形象、色彩、声音来思维的。”在活动设计中，我们采用了低年级小学生喜欢的情景剧、游戏等形式，让学生在轻松、愉悦的氛围中学会倾听。

二、活动目标

(1) 情感目标：引导学生发现“倾听”的重要性，养成乐于倾听的好习惯。
(2) 知识目标：引导学生了解倾听的重要性，学会“倾听”的方法。
(3) 能力目标：促进学生在生活中更好地运用倾听的方法。

三、倾听能力测试

你的倾听能力如何

下面为你设定了30种关于倾听的方法和态度，请你分别将代表一定态度的A、B、C、D中适合你的一项填入后面的括号内(A 一贯；B 多数情况下；C 偶尔；D 几乎从来没有)。

(1) 力求听对方讲话的实质而不只是它的表面意义。 ( )
(2) 以专注的姿势表达你在入神地听对方说话。 ( )
(3) 别人讲话时不急于插话，不打断对方说话。 ( )
(4) 不一边听对方说话一边考虑自己的事。 ( )
(5) 听到批判意见时不激动，耐心地听人家把话讲完。 ( )
(6) 即使对别人的话不感兴趣，也耐心地听人家把话讲完。 ( )
(7) 不因为对讲话者有偏见而拒绝听他讲话。 ( )
(8) 即使对方地位低，也要对他持称赞态度，认真听他讲话。 ( )
(9) 因某事而情绪激动或心情不好时，避免把自己的情绪发泄在他人身上。 ( )
(10) 听不懂对方所说的意思时，利用反射地听的方法来核实他的意思。 ( )
(11) 利用套用法证明你正确理解了对方的思想。 ( )
(12) 利用反射地听的方法鼓励对方表达出他自己的思想。 ( )
(13) 利用归纳法重述对方的思想，以免曲解或漏掉对方说出的信息。 ( )

(14) 避免只听你想听的部分，注意对方的全部思想。 ( )
(15) 以适合的姿势鼓励对方把心里话都说出来。 ( )
(16) 与对方保持适度的目光接触。 ( )
(17) 既听对方的口头信息，也注意听对方表达的情感。 ( )
(18) 与人交谈时选用最合适的位置，使对方感到舒适。 ( )
(19) 能观察出对方的言语和内心思想是否一致。 ( )
(20) 注意对方的非口头语言表达的意思。 ( )
(21) 向讲话者表达出你理解他的情感。 ( )
(22) 不匆忙下结论，不轻易判断或批判对方的话。 ( )
(23) 听话时把周围的干扰因素排除到最低限度。 ( )
(24) 不向讲话者提太多问题，以免对方产生防御反应。 ( )
(25) 对方表达能力差时不急躁，积极引导对方把思想准确地表达出来。 ( )
(26) 在必要情况下边听边做笔记。 ( )
(27) 对方讲话速度慢时，抓住空隙整理出对方的主要思想。 ( )
(28) 不指手画脚地替讲话者出主意，而是帮助对方确信自己有解决问题的方法。 ( )
(29) 不伪装认真听人家讲话。 ( )
(30) 经常锻炼自己专心倾听的能力。 ( )

上述所列 30 种听的方法与态度，对每一种而言：如果“一贯”得 4 分，“多数情况下”得 3 分，“偶尔”得 2 分，“几乎从来没有”则得 1 分 。

请你填完后，算出你应得的总分数。总分在 105～120 分，说明你的倾听能力为“优”；89～104 分为“良”；73～88 分为“一般”；72 分以下则为“劣”。你对自己的倾听能力的评价结果如何？不妨做一番自测。

四、活动过程

(一)创设情境，导入主题

学生观看心理小短剧《倾听者和不倾听者》。

情景 1: 学生甲一副愁眉苦脸的神情，沮丧地走着。碰到学生乙，甲上前诉苦求助：“我最近好烦恼，我的数学考试又不及格了，被老师训了一顿，又被老爸打了一顿，而且……”乙好像在听，但面无表情。

情景 2: 甲更加烦恼痛苦，这时候他又碰到了丙。甲走上前去，诉苦求助：“我最近很烦恼，我的……”丙一听，急忙插嘴：“怎么啦？你烦恼什么？”甲说：“我的数学……”丙又插嘴说：“数学作业又没有交吗？不会做吗？是你没有听课吧？”甲解释道：“不是，是我的……”丙继续插嘴自说自话：“是不是考试偷看作弊被老师抓到了，还是你老爸不让你玩游戏又把你的游戏碟给没收了？……”甲看着丙一股脑儿地说了一大串话，自己就是插不上嘴，更加苦恼了。甲唉声叹气地走了。

情景 3: 丁看到甲一副无精打采的样子，主动询问：“你有什么事吗？”甲：“我心里烦死了！”丁：“愿意说给我听听吗？”甲：“我的数学又没及格，被老师训了一顿，又被老爸打了一顿。”丁：“那可真够烦的。”甲：“而我也有我的苦衷。”“是吗？”“我每天晚上在家做作业时，家里总是热闹非凡，爸爸妈妈和生意上的朋友一起打麻将，吵死了，我都静不下心来……”(丁边听边点头。)

看完情景剧后，教师用以下两个问题引导学生思考。

(1) 你喜欢和甲、乙、丙、丁四个同学中的哪一个交朋友？

(2) 你为什么喜欢和他交朋友？

学生进行交流，教师引导：会倾听的人才能收获信任、友谊。既然“倾听”如此重要，那么在生活中如何倾听呢？这节课我们活动的主题是：学会倾听。

【设计意图】 小学生的思维从以具体形象思维为主的形式逐步向以抽象逻辑思维为主的形式进行过渡，但是他们的抽象思维在很大程度上仍然与感性经验相结合，特别是低年级的学生，有很大一部分还是具有具体思维的特点，所以在本环节中直接让学生观看和他们日常生活中接近的“小情景剧”，这样能够很好地抓住学生的思维，带领他们融入课堂中。

(二)做游戏，体验正确“倾听”的方法

(1) 游戏名：我是小小邮递员。

(2) 比赛规则。

① 以小组为单位进行游戏。教师给每个小组的第一名同学一封信——“小纸条”。这位学生有1分钟的时间看完并记住“信”的内容，时间到后收回“信”。

② “信”收回后，教师宣布游戏开始并计时。学生开始依次向后传“信”的内容，最后一名同学收到“信”的内容后，举手示意。

③ 记录每组的完成顺序及所用时间。

④ 每组的最后一名同学说出自己收到“信”的内容，最后哪个小组收到“信”的内容最准确且用时最短，哪个小组获胜。

(3) 比赛结束，为获胜小组发“最佳倾听奖”奖品。

(4) 游戏结束后，学生进行小组讨论。

① 获胜小组讨论。

在游戏的过程中，你是怎样又快又准确地传“信”的？教师适时地引导小组长总结归纳“获胜秘诀”。

② 其他小组讨论。

在游戏过程中，你有哪些方面做得不好，导致最后传递的内容出现错误？教师适时地引导小组长总结归纳“注意问题”。

讨论完成后，分组交流，教师和学生根据“获胜秘诀”和“注意问题”，共同归纳出正确的倾听方法。

一要专心，眼睛看着说话的人，注意力要集中。

二要耐心，不随便插嘴，要听完别人的话，再发表自己的意见。

三要细心，耳朵听仔细，听完整，不能只听大概意思。

四要用心，在听的过程中，大脑要边听边思考，分析听到的内容是否正确。

五要虚心，当别人提出与自己不同的意见时，要能虚心接受。

【设计意图】 在游戏过程中，让学生切身体验“倾听”，这样可以让学生更好地理解和领会到底什么才是真正的倾听，正确的倾听到底是什么样的。

(三)倾听训练

(1) 游戏名称：你来说，我来接。

(2) 游戏规则：教师和全班同学一起参与。从第一位学生开始，大家试着轮流说成一句话：“一只青蛙跳下水，咚！”但每人只能说一个字，第一位学生说“一”，第二位学生接着说“只”，第三位学生赶紧说“青”，依次类推，直到有一名学生响亮地说道：“咚！”。从第九名学生开始，按每人只说一个字的方式轮流说完“两只青蛙跳下水，咚！咚！”这一句。剩下的学生按以上方式继续说“三只青蛙跳下水，咚！咚！咚！”说错的学生，需要从出错的那句话的第一个字重新开始游戏。随着“青蛙”的数量不断增加，“咚咚”的次数也依次增加，直至全班最后一名学生说完，游戏结束。

(3) 学生交流。

做完游戏后，找学生谈一谈。

① 你用到了哪些倾听的方法？

② 你还有哪些方面没有做好？

【设计意图】 这个看似简单的接话游戏，随着人数的不断增加，其难度也在加大，不仅需要学生用耳朵听，还要用脑分析，用眼睛看等。学生在学习了倾听的方法后，随后进行倾听训练，可以使学生在游戏过程中进一步巩固学到的倾听方法。

(四)拓展延伸

教师围绕以下几个问题引导学生对本节课进行总结。

(1) 在平时的课堂上有哪些锻炼倾听的机会？你应该怎么利用这些机会？

(2) 同桌之间交流本节课的体会、想法。

(3) 集体交流体会，展示每个学生的倾听本领。

(4) 教师小结：“播种行为，收获习惯；播种习惯，收获性格；播种性格，收获命运。”可见，习惯的力量是巨大的，只有养成良好的习惯，才能转化为自身的素质。认真倾听的习惯不是一朝一夕就能养成的，老师希望同学们在课后继续运用这节课学到的“倾听”方法，成为一名爱倾听、会倾听的好孩子。

【设计意图】 在本节课的最后，让学生自己总结本节课的收获，并利用交流的机会，引导学生在日常生活中有针对性地进行倾听训练。良好倾听习惯的养成是一个漫长的过程，学生课后的倾听实践非常重要。

◎ 活动设计四

学会合作

一、活动背景

“学会学习，学会创造，学会合作，学会生存”已成为 21 世纪教育的主题，合作能力是未来工作、社会适应乃至国力竞争的重要基础。当前，学生多数为独生子女，在家庭、学校、社会等多层面中表现出不合群、不善于与人合作等弱点，培养学生的合作意识、合作精神和合作能力成为学校心理健康教育的重要任务之一。

二、活动目标

(1) 在活动中体验友好合作的重要性和合作带来的快乐情感，增强合作意识。

(2) 学会合作，培养团队成员的合作精神和合作能力。

(3) 通过活动、体验、分享，培养学生的合作意识，增强合作能力，掌握并在实际生活中学会运用与他人合作的技能、技巧。

三、活动过程

(一)初探合作，导入主题

规则：组内成员之间两两结合，但是不能商量，各自在纸上写下自己想得到的钱数。如果两个人的钱数之和刚好等于100或者小于100，那么，这两个人就可以得到自己写在纸上的钱数；如果两个人的钱数之和大于100，比如说120，那么，这两个人就要分别付给老师60元。

学生进行游戏。

结果表明，大部分学生需要给老师付钱。换句话说，在双方有共同利益时，人们也往往会优先选择竞争，而不是选择对双方都有利的“合作”。

【设计意图】 利用热身活动活跃气氛，为后期活动的顺利进行奠定基础。

(二)活动分享，体验合作

活动一：解开“千千结”(15分钟)

1. 活动规则

小组成员想办法在不说话、不松手的情况下(活动开始前可以提示学生从中选出一个指挥，视课堂具体情况而定)，将自己从“千千结”中解脱出来。

2. 方法与步骤

(1) 小组成员围站成一圈，记住自己的左右手分别拉着的同伴的右左手。两组相对的同学交换位置，请大家再次拉住原来邻伴的手(一定不要拉错)，不要放手，这样大家就形成一个“千千结”了。

(2) 在不松手的情况下，想办法把自己从“捆绑”中解脱出来(别松手)。这时，可能会出现大家都从“千千结”中解脱出来，却形成了几个小圈，而不是原来大圈的情形。

(3) 如果还有时间，可以做个“信号”旅行，即由任意一个同学开始，首先发出信号，比如用自己的左手加力发出信号，收到信号的同学也这样传递下去，是否能得到返回的信号？

3. 学生讨论，各抒己见

(1) 游戏过程中出现了什么困难？你是如何克服的？

(2) 每个人都把自己在游戏中承担的任务同日常学习生活实际联系起来，谈谈看法。

4. 教师小结

(1) 人与人之间的沟通除了语言之外还有其他的方式。

(2) 要想顺利完成任务必须认真分析游戏要领，齐心协力解决问题。

(3) 培养了团队成员之间默契配合、团结互助的精神。

(4) 团队成员之间要相互信任，遵从指挥。

(5) 生活中，许多看似简单的问题，若不亲身实践就不能轻而易举地完成。以后遇事不能妄自主观臆断，只有亲自体验才能有更细致、更深刻的了解，才能准确地把握事物的本质。

(6) 手拉手，手臂与手臂相互交错，的确是结了一个复杂的“人结”。但是经过一番穿梭、跨越，复杂的“结”一点点变得简单、明显和容易。虽然在此过程中多少会遇到一些麻烦，但在大家的共同努力下，最终还是变成了完整的圆。在生活和工作中没有解不开的结，只要我们相信自己，相信伙伴，再复杂的困难都会在微笑中被化解。

【设计意图】 使团队充满活力，培养团队精神，增进团队成员之间的沟通与了解，使全体团队成员融合在一起。

活动二：盲人与拐杖(15分钟)

1. 活动准备

形式：将学生分成15人左右的小组若干个(也可根据学生的实际情况进行)。

材料：眼罩。

场地：一块紧邻墙壁的平整草地，不要有障碍物。

时间：15分钟。

2. 活动规则

每组选出两名志愿者，让其中一个人蒙上眼罩，扮演盲人。没有蒙眼罩的志愿者把蒙着眼罩的搭档带到距离墙壁10米远的地方，面向沿着墙壁站立的小组其他成员，然后让蒙着眼罩的人向前走。靠墙壁站立的同学扮演拐杖，不能开口说话，只能用其他无声的方式来引导蒙着眼罩的同伴。

3. 方法与步骤

(1) 所有的学生背对墙壁(或其他坚固物体)站成一排，每个人之间都保持一定的距离。

(2) 志愿者将蒙着眼罩的同学领到距离墙壁10米远的地方。

(3) 蒙着眼罩的同学摆出“缓冲”的姿势，即向前伸出双臂，小臂向上弯曲，手掌向外，手的高度与脸齐平(在发生意外碰撞时，这种姿势有助于避免或减轻对身体上半部分的伤害)。

(4) 一切就绪后，告诉蒙眼罩的同学向墙壁走去，同时摆出“缓冲”姿势。

(5) 紧靠墙壁站立的同学要保持完全静止和沉默，此外，还要防止蒙着眼罩的同学撞到墙上。换句话说，当蒙着眼罩的同学靠近时，他们要抓住他，不能让他触及墙壁。

(6) 墙边的人抓到蒙眼罩的同学以后，大家依次交换角色，保证每个人都扮演一次盲人和一次拐杖。

4. 讨论

(1) 游戏过程中，大家对蒙着眼睛走路有何感想？

(2) 在第二轮游戏中，大家是否感到更自如了？为什么？

(3) 拐杖对自己的作用有何认识？

(4) 在实际生活中，如何使团队成员更进一步地相互支持？

(5) 当前有没有什么因素阻碍了我们相互支持？如果有，如何克服它？

5. 教师小结

通过盲人与拐杖的角色互换，我们体验了一个黑暗无声的世界。我们在同伴用心地指引下，绕过障碍，勇敢地迈出每一步。我们又用换位思考感受到对方的感受、紧张与需要，然后用自己满满的坚定感化同伴，增加了彼此的信任。

【设计意图】 提高团队成员的信任度，增强团队的凝聚力。

备注：环节二的活动中需要注意以下问题。

活动中必须要注意保证学生的人身安全。“解开‘千千结’”和“盲人与拐杖”有助于学生了解心理辅导活动课，体验心理辅导活动课安全、和谐、快乐的氛围。但在操作上若稍有不慎，就很容易延误时间，所以在活动前一定要讲明白活动的规则，必要的话进行示范。在活动规则讲解完毕之后或讲解完一部分之后，一定要询问学生“还有问题吗”，给学生发问和澄清的机会。在小组讨论活动时间结束前，教师要提醒学生时间快到了，以免有的小组在其他小组汇报时还继续讨论。

(三)情景再现，合作双赢

重新呈现环节一。

实践证明：在前面实践的基础上，成员之间大多数能做到相互配合，为了达到共同的目标，选择了小于50的数字。

教师小结：合作，是共享的基础，是事业成功的土壤。任何事业的成功，都需要良好的合作。即使是在竞争下的合作也需要注意以下问题：第一，体现“双赢”的原则；第二，要处理好自己与他人的关系；第三，必须发扬团队精神。

【设计意图】 在前面合作体验的基础上，再现合作的重要性和必要性。

(四)拓展延伸，持续合作

推荐阅读姜戎的《狼图腾》，认真体会狼的合作意识、合作精神及合作能力，将其中的精华制作成书签随时提醒自己。

【设计意图】 拓展延伸是心理健康教育活动课在课后的必备环节，只有将在课堂上学到的知识在课后不断地加深理解、巩固运用，才能解决在实际生活中遇到的问题，真正达到学习目的。

◎ 活动设计五

理智把握青春情感

一、活动背景

中学生正处于青春期，对异性交往比较敏感。正常的异性交往具有智力互补、个性互补、情感互慰的作用，但异性交往不当，会影响正常的学习和生活。为了帮助学生建立健康的异性友谊，我们设计了“理智把握青春情感”班级心理辅导活动课。

二、活动目标

(1) 了解青春期学生的情感特点。

(2) 引导学生树立正确的异性交往观，理智把握青春情感。

三、活动过程

(一)导入

教师导语：我们班里有男生也有女生，在日常学习和活动中，同学们互相帮助，共同进步，结下了深厚的友谊。异性朋友是否和同性朋友一样，可以亲密无间、形影不离地交往呢？(学生回答不可以)。有人将异性之间的友谊称为需要“恒温”的友谊。如何正确把握友谊的“温度”？今天班级心理辅导活动的主题是：理智把握青春情感。

异性交往是生活中的一项重要内容，异性之间的合作可以谱写出人生华美的乐章。请看下面发生在学生中的趣事。

【设计意图】引导学生思考异性友谊与同性友谊的区别，促进学生对“恒温”友谊的思考，导出活动主题。

(二)事例分析

1. 事例一：外出野餐

某班外出野餐，第一次男女分席，男孩子们你争我抢，狼吞虎咽，一桌菜风卷残云般一会儿就吃个精光。女孩子们在嬉笑打闹中，把一桌菜也很快地报销了，杯盘狼藉。第二次男女合席，情景大为改观：男孩子们你谦我让，大有君子风度；女孩子们温文尔雅，大有淑女风范。

2. 事例二：卫生检查

某班的卫生总是搞不好，不少学生不叠被子，床铺也乱七八糟。老师想了个办法，每个学生都在自己的床上贴上名字，检查卫生时，男学生检查女生宿舍，女学生检查男生宿舍。由于谁也不想在异性同学面前丢丑，所以宿舍的卫生大为改观。

教师导语：请同学们想一想，上述两个事例中为什么有异性的参与会产生如此大的作用？

学生思考。

教师引导大家畅所欲言。

引导学生，自由发言。

教师小结：这是由于一个有趣的心理效应——异性效应。

随着性生理、性心理发育的成熟，少男少女之间会自然地产生吸引。这种情况常常表现为开始在意自己在异性同学面前的形象和言谈举止。为了女同学的微笑，男同学会谈吐举止文明礼貌，服饰整洁大方，具有豁达的胸怀和男子汉的气质。当有男生在场时，女生会表现得举止优雅大方，待人温文尔雅。

教师导语：我们都有这样的体验，在有异性参与的活动中，我们的积极性往往更高，心情也更愉快。请同学们结合自己的日常生活体验，谈一谈异性交往的好处。

学生分组进行讨论，一名学生代表发言。

教师小结：同学们总结出这么多异性交往的好处，概括起来主要有四个方面。

智力上取长补短。

情感上相互安慰。

个性上互相弥补。

活动中相互激励。

教师导语：异性交往有那么多的好处，这些好处的发挥需要有一个前提，那就是——交往要适度(学生回答)。异性同学应如何适度交往呢？

学生分组进行讨论，一名学生代表发言。

教师小结：(多媒体演示)

异性交往中的四宜四不宜。

(1) 交往宜广不宜专。

(2) 交往宜短不宜长。

(3) 交往宜疏不宜频。

(4) 交往宜浅不宜深。

【设计意图】 通过演示学生喜闻乐见的生活故事，引导学生分析、思考青春期性心理发展的一般规律；激发学生思考，树立正确的异性交往观，引导学生打破羞怯，主动交往，适度交往。

(三)青春的烦恼

在这个特殊的青春时代，我们可能会喜欢上某个异性，如某位歌星或现实生活中的某个人；我们也可能会被某个异性所喜欢。卞之琳在《断章》一诗中写道："你站在桥上看风景，看风景的人在楼上看你。明月装饰了你的窗子，你装饰了别人的梦。"我们先来讨论一下，喜欢上某个异性怎么办？

1. 故事一：是否该表达爱慕之心

初三有个叫李伟的同学对班上的夏洁很有好感。他喜欢夏洁的聪明、善良和美丽，他寻找各种机会接近夏洁。夏洁是一个非常活泼、开朗、热情的女孩，每当李伟需要帮助的时候，夏洁就会像对待其他同学一样热心地帮助他。李伟觉得很感激，更觉得和夏洁在一起很开心，为此他感到很烦恼，经常失眠。于是他向好朋友请教是否该向夏洁表达爱慕之心。

教师导语：同学们，李伟是否该向夏洁表达爱慕之心，为什么？如果你是他的好朋友，你会如何帮助他呢？

教师引导学生自由发言。

教师导语：刚才我们讨论了喜欢上某个异性该怎么办。接下来我们讨论一下，被某个异性喜欢，该怎么办？

2. 故事二：收到异性的情书怎么办

下午放学后，小丽打开书包，发现里面夹着一张纸条，上面写着："一次偶然的机会，我认识了你，我被你的气质和才华深深吸引。我想和你交个朋友，如果你愿意，请在放学后到学校东边桥头等我。"

教师：请同学们帮助小丽出谋划策！

学生自由发言，老师适度引导。

教师小结：通过刚才的讨论，我们可以看出，喜欢某个异性和被某个异性喜欢，就如同喜欢一朵盛开的花和盛开的花被某人喜欢一样，是一种非常正常的情感。在日常交往中对待自己喜欢和喜欢自己的异性应和对待其他同学一样，落落大方、一视同仁，经过一段时间，心海会逐渐恢复平静。

【设计意图】 以喜欢异性和被异性喜欢两则案例，引导学生出谋划策，通过助人实现自助。

教师导语：如果与自己喜欢的或喜欢自己的异性不能正常交往的话，极易产生两颗心相碰的不和谐音符——早恋。

(四)早恋——两颗心相碰的不和谐音符

走出早恋的沼泽地

我与一位女同学接触较多。最近一段时间，她的影子一直在我的脑海中浮现。我清清楚楚地知道早恋的危害，曾努力不去想她，却总以失败告终。这严重影响了我正常的学习和生活。怎样才能走出早恋的沼泽地呢？怎样才能像原来一样与她延续正常的友谊？请帮助我。

老师：请同学们思考并分组讨论。

(1) 早恋的危害是什么？

(2) 怎样走出早恋的沼泽地？

教师引导学生进行讨论。学生对早恋的危害自由发言。

教师导语：一旦陷入早恋，该如何摆脱呢？

学生对怎样摆脱早恋自由发言。

教师小结：通过对早恋问题的讨论，同学们提出了早恋的种种危害和摆脱它的多种方法。理智与感情支配着我们的选择，受感情的驱使，或许会获得一时的快乐，但是会为学生生活蒙上一层阴影。而受理智的支配，或许会一时心中不快，但有助于双方的学业成功。走出早恋的沼泽地，就是明媚的阳光地带。

【设计意图】 通过让学生对早恋案例出谋划策，既清楚地分析了他人，又理智地把握住了自己。

(五)活动总结

同学们，有人说青春期是人生的花季，有人说青春期是人生的雨季，而老师想要告诉大家，青春期是人生一道亮丽的风景线。青春期的你们思维活跃、精力充沛，应充分运用你们的智慧打下坚实的知识基础。青春期的情感丰富却不稳定，我们应理智地把握青春情感，让青春期为一生的成长、成功奠下坚实的基础。

【设计意图】 以鼓励的语言，激发学生理智把握情感，做情感的主人。

◎ 活动设计六

批评，成长的良药

一、活动背景

亲其师才能信其道。和谐的师生关系不仅可以改善学生的学习情绪，提高学生的学习动力，而且有利于学生人格的健全发展。高中阶段是人格形成的关键时期，不良行为习惯的及时纠正有利于学生一生的健康发展。但由于高中生认知发展、情绪控制能力的差异，有的学生犯错后不能正确地面对老师的批评，甚至产生逆反情绪，影响正常生活。为了帮助学生坦然面对自身的不足，虚心接受老师的批评，协调与老师之间的关系，设计了本节课——“批评，成长的良药”。

二、活动目标

(1) 通过敞开心扉，使学生了解批评是成长中的必修课，没有批评就不会健康成长。

(2) 引导学生通过换位思考，增进师生、生生之间的沟通和理解。

三、活动过程

(一)故事导入：薯片的传说

教师导语：许多人休闲时会吃薯片。你喜欢吃薯片吗？你知道薯片是如何被发明的吗？让我们一起来看一则故事：《薯片的传说》。

学生思考：薯片的诞生是谁的功劳？

薯片的传说

世界上本来没有薯片，那薯片是如何诞生的呢？

周末，厨师乔治正忙碌时，服务生端进来一只盘子对他说："有位客人点了这道'油炸马铃薯'，他抱怨太厚了。"乔治看了一下盘子说："这和以往也没什么两样啊。"但他还是重新做了一份。几分钟后，服务生又端着盘子回来说："那人还是嫌太厚。"

这客人是怎么啦？乔治有点生气，但他还是耐着性子将马铃薯切成更薄的片状，之后，放入油锅里炸成诱人的金黄色，捞起放入盘子后，又撒了一些盐。没过多久，服务生再次端着盘子回来了，只不过这次盘子是空的。服务生说："那客人满意极了，与他同桌的人也都说很好吃，他还要一份。"

就这样，薄薄的油炸马铃薯片成了乔治的招牌菜，后来吸引了许多人慕名前来品尝。油炸马铃薯片现在已经被发展成多种口味，它也成了世界各地的人们都十分喜欢的一种休闲食品。

学生各抒己见，教师点拨。

教师小结：薯片的诞生，既是顾客的功劳，也是乔治的功劳。

别人的批评，不管是否过分，只要你保持一份耐性，然后合理地去对待，你就会有所收获。

——梭罗(19 世纪美国最具有世界影响力的作家、哲学家)

学生思考：为什么乔治能虚心接受顾客的批评呢？如果你是他，你会像他一样做吗？

教师随机提问，学生回答。

教师导语：在求学的路上，我们有时会遭到老师的批评，但由于我们的自尊心较强，有时难以坦然面对，甚至会产生逆反情绪。在面对老师的批评时，我们如何才能像乔治一样，勇于让步，坦然接受，让批评促进我们成长呢？

今天我们活动的主题是：如何面对老师的批评。

【设计意图】 以大部分学生喜欢吃的薯片诞生的故事，导出本节课，贴近学生生活，便于学生接受活动主题。

(二)让我们敞开心扉

1. 谈一谈曾经挨过的批评

学生分组讨论下面的问题。

(1) 求学至今，你是否曾经挨过老师的批评？

(2) 你最难以忘记的是哪一次？

(3) 那次受到老师批评时你有什么感受？

小组代表概括发言。

教师小结：(教师拍掌)老师要为大家鼓掌，因为我们大家敢于直面过去，直面过去就是对我们生命的负责。在求学过程中，我们每个人，包括老师在内，都曾经挨过老师的批评。当老师赞美我们时，就像和煦的春风一样温暖着我们的心；当老师批评我们时，就像暴风雨一样，让我们伤心难过。如果犯错后老师只是轻描淡写、蜻蜓点水，我们改不改都无所谓，是否更受我们欢迎呢？没有了老师的批评，一帆风顺地生活，我们是否会更快乐呢？

2. 议一议批评对成长的作用

麦穗与挫折

过去上帝还住在地球上时，有一天，一个农夫找到上帝，对他说："我的神啊，也许是你创造了世界，但是你毕竟不是农夫，我得教你点东西。"

上帝借着胡子的遮掩，偷偷笑了，对他说："那你就告诉我吧。"

"给我一年时间，在这一年里，按照我说的去做。我会让你看见，世界上再也不会有贫穷和饥饿。"

在这一年里，上帝满足了农夫所有的要求。没有狂风暴雨，没有电闪雷鸣，没有任何对庄稼有危害的自然灾害发生。当农夫觉得该出太阳了，就会阳光普照；要是觉得该下点雨了，就会有雨滴落下，而且想让雨停雨就停。环境真是太好了，小麦的长势特别喜人。

收获的时间到了，农夫看到麦子长得那么好，就对上帝说："你瞧，要是再这么过十年，就会有足够的粮食来养活所有的人。人们就算不干活也不会饿死了！"

然而，等人们收割的时候，却发现麦穗里什么都没有，空空如也。这些长得那么好的麦子，竟然什么都没结出来。

农夫惊讶极了，又跑到上帝那儿去了："上帝呀，这究竟是怎么回事呀？"

"那是因为小麦都过得太舒服了，没有任何打击是不行的。在这一年里，它们没经过风吹雨打，也没受到过烈日煎熬。你帮它们避免了一切可能伤害它们的东西。没错，它们长得又高又好，但是你也看见了，麦穗里什么都结不出来。还是时不时需要受些挫折的，就像白昼之间总有黑夜，风雨雷电都是必需的，正是这些锻炼了小麦。"

教师导语：看过这个故事，你有什么感想？

学生各抒己见，教师点拨。

教师小结：和风细雨的温室，培养不出参天大树。要想成为社会需要的栋梁之材，就要学会在风雨中成长。

教师导语：批评是成长的灵药。良药苦口，如何才能笑着服下呢？

【设计意图】 通过敞开心扉，促进学生情绪情感的释放，使学生明确批评是人生的必修课；通过故事启发，增强学生勇于面对和接受批评的勇气。

(三)换位思考

1. 校园里的故事

情景剧表演：扣分之后

(旁白)放学后，学生A与学生B两人走在回家的路上。

学生A：今天真是奇怪，我竟然收到了一张扣分单。

学生B：这是怎么一回事呢？

学生 A：我昨天负责值日，打扫教室地面卫生，我感觉自己打扫得特别干净，但是不知为什么，被扣分了。

学生 B：扣分单上是怎样写的？

学生 A：上面写着“地面上有纸团”。我很奇怪，纸团是从哪里钻出来的呢？

学生 B：是不是打扫完卫生后，别人不小心掉到地面上的呢？

学生 A：有可能。真是冤枉，不知道班主任知道此事后，会如何说我。

学生 B：你一向认真负责，班主任会理解你的。

(旁白)学生 A 忧心忡忡，她担心班主任会批评自己，同时也担心为班级扣分了同学会责怪自己，她的心空阴霾密布……

学生思考：

(1) 如果你是班主任，你会怎样对待学生 A？

(2) 如果你是学生 A，你会如何面对老师？

(3) 如果你是班级其他同学，你会如何对待学生 A？

学生分组讨论，小组代表发言，教师点拨。

教师小结：

三种心态

心　态	特　点		代表语言
	积　极	消　极	
儿童心态	活泼、乐观、无忧无虑	任性、自我中心、不负责任	我不管，我就想……
父母心态	呵护、照顾、关心、安慰	指责、训斥、教训、管理	你应该，否则……
成人心态	实事求是、平等、负责任	精于计算，不讲情面	我个人认为，你应该……

当学生犯错时，老师持儿童心态，是对我们不负责任的表现；老师持父母心态，感觉很严厉，却是爱我们的表现；老师持成人心态，更容易让我们接受。那在面对老师的批评时，我们应持哪一种心态呢？

教师随机提问，学生回答。

教师小结：在面对老师的批评时，我们应持成人心态。因为批评是对我们负责任的表现。批评会伴随我们一生，有则改之，无则加勉。但有时我们做对了，也会挨批评，该怎么办呢？

2. 展望未来，做对了也挨批评怎么办

卡耐基面对批评

美国心理励志大师卡耐基先生多次对人讲起这样一个故事。

“在很多年以前，我所办的成人教育班和示范教学会中，多了一个从纽约《太阳报》来的记者。他毫不给我留情面，在报上不断发表攻击我的工作和我本人的文章。我当时真是气坏了，认为这是对我极大的侮辱，不能容忍。我马上打电话给《太阳报》执行委员会的主席，特别要求他们刊登一篇文章，以说明事实真相，并表明我不能这样被嘲弄。我当时下决心要让犯错误的人受到应得的处罚。”

“现在我时常为我当时的举动感到惭愧。我现在才了解，买那份报纸的人大概会有一半人不会看到那篇文章，看到的人里面又有一半会把它只当作一件微不足道的事情来看，而真正注意到这篇文章的人里面，又有一半在几个礼拜后就把这件事情忘得一干二净……”

“尽可能做你应该做的事，然后把你的破伞收起来，免得让批评你的雨水顺着脖子后边流下去。”

教师导语：看过这个故事后，你有什么体会？

学生思考并讨论。

教师随机提问，学生回答。

【设计意图】 通过角色扮演，启发学生设身处地地思考，促进学生对班主任的了解、对同学的同情以及对自己的思考，丰富学生的人际沟通策略，促进师生关系的和谐。展望未来环节，以成功学大师卡耐基为榜样，引导学生冷静地对待那些自己无法接受的批评。

(四)活动总结

教师提问，总结本节课活动的收获。学生交流活动收获。

教师送出寄语：生活对谁都不会一直是一副笑脸，批评也许会伴随我们的一生。最积极的态度是有则改之，无则加勉。

跌倒了就马上爬起来，拍拍身上的灰尘，继续前行！吃一堑，长一智，明天会更美好！

【设计意图】 以言简意赅的语言，引导学生正确面对批评，吃一堑，长一智，逐渐走向成熟。

第五章　情绪管理辅导

情绪管理最早由《情感智商》一书的作者丹尼尔·戈尔曼提出。

所谓情绪管理，是指通过研究个体和群体对自身情绪和他人情绪的认识、协调、引导、互动和控制，充分挖掘和培植个体和群体的情绪智商、驾驭情绪的能力，从而确保个体和群体保持良好的情绪状态。情绪管理辅导是指运用有关心理辅导的理论和技术，帮助学生认识、接纳和把握自己的情绪，学会恰当地表达情绪以促进相互间的理解和交流，并学会控制、疏导自己的情绪，处理自己的情绪困扰，增进自己心理健康的一种教育活动。

一、情绪管理辅导的价值与意义

21 世纪以来，社会发展十分迅速，社会竞争不断加剧，学生从小就参与学业竞争，随着社会价值的多元化及家庭不稳定性的增加，学生所经历的压力源也在不断增多。如果学校对此视而不见、漠不关心，学生自己没有心理准备，没有学会相关的情绪管理的策略，那将给学生的心理发展带来难以估计的伤害。近年来，常有中小学生因情绪问题或挫折而离家出走、自杀等报道见之于报刊媒介，这足以说明情绪管理辅导的重要性。它的主要作用表现在以下几方面。

(一)情绪管理辅导有利于建立和谐的人际关系

个人良好的情绪管理是构建融洽人际关系的重要前提，这一点从“情商”的内涵中也可以解读到。情商可以用这样几个关键词来诠释，即“自知”“自控”“自励”“通情达理”“富有同情心”，意思是指个体能准确地识别、评价自己和他人的情绪情感，并能适应性地调节、引导、控制和改善自己和他人的情绪，同时能设身处地地考虑他人的情绪感受和行为原因，善于换位思考等。由此可见，引导学生做好情绪管理，才能使他们更有效地与他人进行沟通、交流、人际互动等，提升自己的人际吸引力，在人际交往中成为受欢迎的人。因此引导学生做好自我情绪管理对于他们建立和谐的人际关系有着积极的影响。

(二)情绪管理辅导有利于学生的身心健康

情绪与人们的身心健康有着密切的关系。不良情绪会造成生理机制的紊乱，从而导致各种躯体疾病，如强烈或持久的消极情绪会造成心血管机能受损，引发高血压和冠心病，严重时还可能导致脑血栓或心肌梗死。

持久的不良情绪如果得不到及时调节，如持久的焦虑情绪、抑郁情绪、紧张情绪等，会使个体心理长时间处于失衡状态，严重的甚至会向神经症发展。相反，良好的情绪可以直接作用于脑垂体，保持内分泌的适度平衡，使全身各系统、器官的功能更加协调、健全。因此，告诉学生不要一味地排斥自我的不良情绪，或选择逃避或放任不良情绪牵制自己，而是引导他们如何正确认识、体察、悦纳不良情绪，并善于主动地采取建设性的方式去调整自我的不良情绪，从而使自我的心理状态及时还原到平衡点。用积极乐观的态度面对学习和生活，这无疑会有助于他们建立和维护良好的情绪状态，促进身心健康。

(三)情绪管理辅导有利于塑造健全的人格

人格是个人素质的重要组成部分，是个人独特的、以自我为核心的、相对稳定而又有一定可塑性的、整体的行为模式和经验表现的样式。人格是个人的身体与心灵合而为一的存在状态。健全人格的情绪控制特征是：情绪理性化、冷静、脾气温和、有满足感、与别人相处愉快。这不仅体现了情绪与人格密切相关，也说明了提高情绪管理能力对人格发展的重要意义。研究表明，对情绪的有效调节和控制能使个体保持良好、积极、稳定的情绪，有助于培养乐观向上、积极进取、百折不挠的良好品质；对自己和他人情绪的认知、理解有助于培养真诚友好、善解人意等良好性格。

总之，情绪管理辅导对人的学习、工作和生活具有非常重要的意义，如果个体早期的情绪遭受剥夺或遇到持久的困扰而得不到及时疏解，就会影响以后心理的健康发展。

情绪管理辅导是心理辅导中的一个重要专题，要透彻地把握情绪管理辅导的精髓，掌握情绪管理辅导的技巧，首先应了解关于情绪的心理学理论，并把握情绪的概念、内容和特点等，以便更好地指导心理辅导课。

二、情绪管理辅导的理论依据

自从1884年和1885年美国心理学家威廉·詹姆士和丹麦生理学家卡尔·兰格提出情绪外因学说以来，国外对情绪心理的研究十分活跃，提出了一系列研究理论。而自20世纪60年代以来，以阿诺德等为代表的情绪认知理论、伊扎德的情绪动机—分化理论和艾利斯的情绪ABC理论，对进行团体情绪辅导，有着十分重要的借鉴意义。

(一)以阿诺德等为代表的情绪认知理论

在阿诺德之前，情绪心理学家们侧重于情绪的生理机制研究，强调情绪与有机体的生理唤醒有着密切联系。美国女心理学家阿诺德则认为，情绪绝不是由单纯的生理唤醒所决定的，情绪及其感受赖以产生的源泉在于客观情境事件，但它们又不是由刺激事件直接、机械地决定的。人怎样弄懂当前的情境刺激？它对人有什么意义和作用？这都需要通过认知评价。阿诺德在20世纪60年代初期发表的两卷巨著《情绪与人格》中，首次在情绪理论中提出了“评价”的概念。阿诺德的情绪评价理论包含着环境的、认知的、行为的和生理的多种因素。她突出地强调，来自环境的影响要经过人的评价与估量才能产生情绪。也就是说，人必须评估情境刺激对人具有怎样的意义，是否符合人的需要、意图或渴求。没有这样的评价，就不可能产生情绪。

继阿诺德之后，随着认知心理学的发展，情绪的评价理论有了很大的演变，并分为两大支派。一支是以沙赫特为代表的认知—激活理论，这一支更多地研究生理激活变量和认知的关系。另一支是以拉扎勒斯为代表的纯认知理论学派，这一支更多地从环境、认知和行为方面阐述认知对情绪发生的影响。

(二)伊扎德的情绪动机—分化理论

该理论萌生于20世纪60年代，至今已成为很有影响的情绪理论之一。伊扎德的动机论则容纳了更复杂的内涵，他提出，情绪是一种基本的动机系统，他从整个人格系统出发建立了情绪—动机体系。伊扎德提出人格具有六个子系统，即内稳态、内驱力、情绪、知觉、认知、动作。人格子系统组合成四种类型的动机结构：内驱力、情绪、情绪—认知相互作用、情绪—认知结构。在这庞大的动机系统中，情绪是核心，无论是与内驱力相联系的情绪，还是同知觉、认知相联系的情绪，抑或是蕴含在人格结构中的情绪特质，都起着重要的动机作用。伊扎德进一步指出，情绪的主观成分——体验正是起动机作用的心理机构，各种情绪体验是驱策有机体采取行动的动机力量。

伊扎德的情绪理论还从进化的观点出发，提出大脑新皮质体积的增长和功能的分化同面部骨骼肌肉系统的分化以及情绪的分化是平行的、同步的。多种情绪的分化是进化过程的产物，因此，才具有灵活多样的适应功能，从而导致情绪在有机体的适应和生存上起着核心作用。每种具体的情绪都有其发生的渊源，都有特定的意识品性和适应功能。

在对情绪性质的阐述上，动机—分化理论既说明了情绪的产生根源，又说明了情绪的功能，为情绪在心理现象中确立了相对独立的地位，尤其在对人类婴儿情绪发生和功能的阐释上，具有创新性和极大的说服力。

(三)艾利斯的情绪 ABC 理论

1. 什么是情绪 ABC 理论

情绪 ABC 理论是由美国心理学家艾利斯创建的。该理论认为激发事件 A(Activating event 的第一个英文字母)只是引发情绪和行为后果 C(Consequence 的第一个英文字母)的间接原因，而引起 C 的直接原因则是个体对激发事件 A 的认知和评价而产生的信念 B(Belief 的第一个英文字母)，即人的消极情绪和行为障碍结果(C)，不是由于某一激发事件(A)直接引发的，而是由经受这一事件的个体对它不正确的认知和评价所产生的错误信念(B)所直接引起的。错误信念也称为非理性信念。

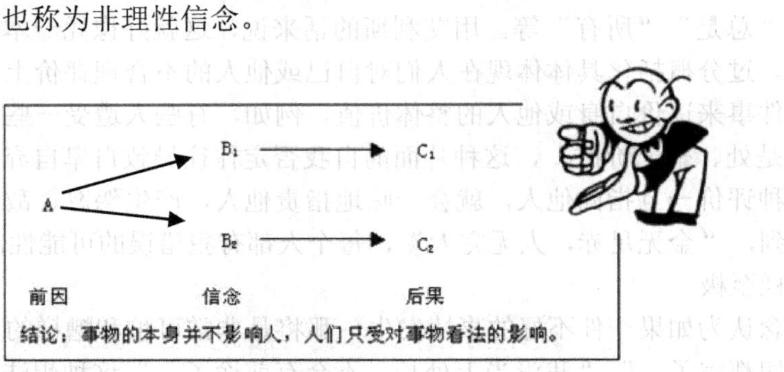

如上图所示，A 指事情的前因，C 指事情的后果，有前因必有后果，但是有同样的前因 A，产生了不一样的后果 C_1 和 C_2。这是因为从前因到后果之间，一定会通过一座桥梁 B(Belief)，这座桥梁就是信念和我们对情境的评价与解释。又因为，同一情境之下(A)，不同的人的信念以及评价与解释不同(B_1 和 B_2)，所以会得到不同的结果(C_1 和 C_2)。因此，事情发生的一切根源源于我们的信念、评价与解释。情绪 ABC 理论的创始者艾利斯认为：正是由于我们常有的一些不合理的信念，才使我们产生情绪困扰。

2. 常见的不合理信念

艾利斯将个体的不合理信念归纳为以下几种：①人应该得到生活中所有对自己重要的人的喜爱和赞许；②有价值的人应该在各方面都比别人强；③任何事物都应该按自己的意愿发展，否则会很糟糕；④一个人应该担心随时可能发生灾祸；⑤情绪由外界控制，自己无能为力；⑥已经定下的事是无法改变的；⑦一个人碰到的种种问题，应该都有一个正确、完满的答案，如果一个人无法找到它，便是不能容忍的事；⑧对不好的人应该给予严厉的惩罚和制裁；⑨逃避可能、挑战与责任要比正视它们容易得多；⑩要有一个比自己强的人做后盾才行。

3. 不合理信念的特征

依据情绪ABC理论，分析日常生活中的一些具体情况，我们不难发现人的不合理信念常常具有以下三个特征。

1) 绝对化的要求

绝对化的要求是指人们常常以自己的意愿为出发点，认为某事物必定发生或不发生的想法。它常常表现为将“希望”“想要”等绝对化为“必须”“应该”或“一定要”等，如“我必须成功”“别人必须对我好”等。这种绝对化的要求之所以不合理，是因为每个客观事物都有其自身的发展规律，不可能以个人的意志为转移。对于某个人来说，他不可能在每一件事上都获得成功，他周围的人或事物的表现及发展也不会依他的意愿而改变。因此，当某些事物的发展与其对事物的绝对化要求相悖时，他就会感到难以接受和适应，从而极易陷入情绪困扰之中。

2) 过分概括化

过分概括化是一种以偏概全的不合理思维方式的表现，它常常把“有时”“某些”过分概括化为“总是”“所有”等。用艾利斯的话来说，这就好像凭一本书的封面来判定它的好坏一样。过分概括化具体体现在人们对自己或他人的不合理评价上，典型特征是以某一件或某几件事来评价自身或他人的整体价值。例如，有些人遭受一些失败后，就会认为自己“一无是处、毫无价值”，这种片面的自我否定往往导致自卑自弃、自罪自责等不良情绪。而这种评价一旦指向他人，就会一味地指责他人，产生怨怼、敌意等消极情绪。我们应该认识到，“金无足赤，人无完人”，每个人都有犯错误的可能性。

3) 糟糕至极

这种信念认为如果一件不好的事情发生，那将是非常可怕和糟糕的，例如：“我没考上大学，一切都完了。”“我没当上处长，不会有前途了。”这种想法是非理性的，因为对任何一件事情来说，都会有比之更坏的情况发生，所以没有一件事情可以被定义为糟糕至极。但如果一个人坚持这种“糟糕至极”的观念时，那么当他遇到他所谓的百分之百糟糕的事情时，他就会陷入不良的情绪体验之中，从而一蹶不振。

因此，在日常生活和工作中，当遭遇各种失败和挫折，要想避免情绪失调，就应该多追问一下自己内心的想法和信念，看是否存在一些“绝对化的要求”“过分概括化”和“糟糕至极”等不合理想法，如果有，就要有意识地用合理信念取而代之。

4. 合理情绪疗法

合理情绪疗法是20世纪50年代由艾利斯在美国创立的，它是认知疗法的一种，因此采用了行为治疗的一些方法，故又被称为认知行为疗法。合理情绪疗法的基本理论主要是情绪ABC理论，这一理论又是建立在艾利斯对人的本性的看法之上的。

艾利斯对人的本性的看法可归纳为以下几点。

(1) 人既可以是有理性的、合理的，也可以是无理性的、不合理的。当人们按照理性去思维、行动时，他们就会很愉快、富有竞争精神及行动有成效。

(2) 情绪是伴随人们的思维而产生的，情绪上或心理上的困扰是因不合理的、不合逻辑的思维所造成的。

(3) 人具有一种生物学和社会学的倾向性，倾向于其有理性的合理思维和无理性的不合理思维。即任何人都不可避免地具有或多或少的不合理思维与信念。

(4) 人是有语言的动物，思维借助于语言而进行，不断地用内化语言重复某种不合理的信念，将导致无法排解的情绪困扰。

因此，艾利斯宣称：人的情绪不是由某个诱发性事件的本身所引起的，而是由经历了这一事件的人对这一事件的解释和评价所引起的。

例如，两个人一起在街上闲逛，迎面碰到他们的领导，但对方没有与他们打招呼，径直走了过去。其中一个人对此是这样想的：“他可能正在想别的事情，没有注意到我们。即使是看到我们而没理睬，也可能有什么特殊的原因。”而另一个人可能有不同的想法：“是不是上次顶撞了他一句，他就故意不理我了，下一步可能就要故意找我的碴儿了。”

两种不同的想法会导致两种不同的情绪和行为反应。前者可能觉得无所谓，该干什么仍继续干自己的；而后者可能忧心忡忡，以至无法冷静下来干好自己的工作。从这个简单的例子可以看出，人的情绪及行为反应与人们对事物的想法、看法有直接关系。在这些想法和看法的背后，有着人们对某类事物的共同看法，这就是信念。这两个人的信念，前者在合理情绪疗法中称为合理的信念，而后者称为不合理的信念。合理的信念会引起人们对事物适当、适度的情绪和行为反应；而不合理的信念则相反，往往会导致不适当的情绪和行为反应。当人们坚持某些不合理的信念，长期处于不良的情绪状态之中时，最终将导致情绪障碍的产生。

根据艾利斯的观点，在情绪辅导中，要帮助学生找到自己不合理的信念，澄清一些错误的认知和观点。

三、情绪管理的特点和种类

情绪是人类心理过程的一个重要方面。它伴随着认知过程而产生，并对认知过程产生重大影响。它也是人们对客观现实的一种反映形式。

(一)情绪的特点

1. 情绪的“必要性”

喜、怒、忧、思、悲、恐、惊等各种情绪构成了生活的颜色，所谓情绪的必要性，是指任何情绪不管是高兴也好，痛苦也罢，都是有意义的，都是必要的。虽然心理辅导工作的目的是让每个学生都能更多地去感受积极情绪和调节消极情绪，但我们也要意识到，其实每个人的生活中痛苦和快乐是并存的，是生活的常态，这样才能做到更好地感知和悦纳自己的所有情绪体验，虽然不能做到彻底去掉五颜六色生活中的某一种颜色，但我们可以，积极主动地把情绪调色板调成以暖色调为主。其实我们体验到的情绪可以分为两类：一类是“必要的”——具有社会学和生物学意义的，如生活中个体都要经历的一些事件而带来的相关情绪体验；另一类是“自找的”——错误的认知导致的。对待必要的烦恼，最智慧的方法就是与之和平相处，而对待自找的烦恼，重在调整认知。看法改变，情绪随之改变。

对于那些必要的痛苦，我们还必须要学会接纳它，与它和平共处。人们遭到重大精神创伤时，如空难、地震、水灾等，我们要进行危机干预。要去做什么，并不是像别人想象的那样去对他们说“你要节哀，要看开一点”“死者已矣，生者要好好活”等，实际上这些是没有用的。那个时候就必须让他痛、让他痛出来，如果不痛出来，就会憋出毛病。所以要学会和必要的痛苦相处，有了这个胸怀，管理好自己的情绪就不成问题了。

2. 情绪的“动力性”

所谓动力性，是指情绪可以给人的行为以及心理活动提供能量，即人的行为，常常可以由自己的情绪来驱动。大家想一想，从早上到晚上的诸多行为当中，有哪些行为是因为情绪驱动而发生的？其实我们有很多行为是受情绪左右的。例如有的人一辈子就是为了爱，追求他自己所爱的人；有的人一辈子都在奋斗，就因为从小受到他人的歧视，一定要争一口气。情绪上来的越高，其对行为的驱动就越强，到极端的时候我们的行为就会完全失去理智，出现冲动行为。

3. 情绪的“表达性”

情绪的表达性是指某种情绪产生后，常常伴有能量的蓄积，而这个能量需要有一个释放的出口，才能不断维持个体的心理平衡状态。情绪的表达可以分为生理的表达和心理的表达。情绪的心理表达又可以分为四个层面。一是合理化地向自我表达，如写日记、自我理性的分析、思考等。二是向他人表达，如倾诉、建设性的宣泄方式，情绪的宣泄应建立在既不伤人也不伤己的基础上。三是向环境表达，如跑步、打球、旅游、宣泄中心等。四是升华的表达，如个体在一次考试成绩失利后失落、沮丧、抑郁，但随后又将这种情绪升华为全力以赴准备下次考试的复习中，从而激发了斗志。因此，我们每个人都应该善于积极主动地给情绪一个表达的出口，有效地调控好自我情绪状态。

4. 情绪的“过程性”

人们的任何情绪都有发生、发展、高潮、下降和结束的过程。碰到一件高兴的事，不可能高兴一辈子；同样，碰到一件痛苦的事，也不可能痛苦一生。什么是医治伤痛最好的方法呢？——时间，所以当人们处于某种不良情绪状态时，人的认知功能会下降，会记不住东西，注意力不集中，反应也迟钝，这时不要和这种状态过不去，要学会和它相处。你不和它过不去了，这种状态也就会随着时间的推移而慢慢缓解，这就是情绪的过程性。

5. 情绪的“两极性”

情绪最显著的特点是它具有两极性。情绪有四种动力特征，即强度、紧张度、快感度和复杂度。在这四种动力特征中，情绪表现出相互对立的两极性，例如，情绪的强度方面有强和弱两极，紧张度方面有紧张和轻松两极，快感度方面有快乐和不快乐两极，复杂度方面有复杂和简单两极。

关于强度。情绪体验可以在强度的两极“强—弱”之间有不同等级的变化。情绪体验的强度首先取决于对象对人所具有的意义，这种意义越大，引起的情绪就越强烈。

关于紧张度。情绪的紧张度是指情绪在“紧张—轻松”两极之间的变化。紧张度既取决于当前事件的紧迫性，也取决于人的心理准备状态和个体的个性品质。事情的成败对人越重要，则关键时刻到来时的情绪就越紧张。当紧急事件得到妥善解决之后，人们常常会有轻松感。紧张一般有助于全部精力的动员和集中，可能对活动产生有利的影响，也可能起抑制作用而使动作失调，从而妨碍活动的正常进行。

关于快感度。快感度是指情绪体验在“快乐—不快乐”两极之间程度上的差异。悲伤、羞耻、恐惧、悔恨等是明显的不快乐的体验；而欢喜、骄傲、满意、自豪等是明显的快乐的体验。快感度与需要是否得到满足有关。事物能满足人的需要，会引起快乐的体验；不能满足需要的事物或与需要相抵触的事物，则会引起不快乐的体验。

关于复杂度。各种情绪的复杂程度是不一样的。爱，包含柔情和快乐的成分；恨，包含愤怒、惧怕、厌恶等成分。有的情绪的成分非常复杂，甚至很难用言语来描述它到底是一种什么样的体验。而有的情绪是很单纯的。现代心理学上，把快乐、悲哀、恐惧、愤怒看作是单纯的情绪，称为基本情绪或原始情绪。在这四种最基本的情绪的基础上，可以派生出许多种不同情绪的组合形式，也可以赋予不同含义的社会内容。

(二)情绪的种类

人的一切心理活动都带有情绪色彩，而且情绪的表现形式多种多样。一般认为，快乐、愤怒、恐惧和悲哀是四种最基本的情绪，依情绪发生的强度、持续性和紧张度可以把情绪状态分为心境、激情和应激。

1. 基本情绪

快乐、愤怒、恐惧和悲哀这四种基本情绪是与人的基本需要相联系的，是不学而能的，通常还具有高度的紧张性。

快乐是个人目的达到，紧张解除后的情绪体验。快乐的程度和紧张程度取决于目的的重要程度和目的达到的意外程度，如果追求的目的非常重要，并且目的的达到带有突然性，则会引起异常的欢乐，否则只能引起微小的满意。一般把快乐程度分为：满意、愉快、异常的欢乐、狂喜。

愤怒是个人目的不能达到，或一再受到妨碍从而逐渐积累起紧张而产生的情绪。挫折不一定引起人的愤怒，但当人们认为其受挫的阻挠是不合理，甚至是恶意的时候，则最容易引起愤怒。一般把愤怒的程度分为：轻微的不满、生气、愠怒、大怒、暴怒等。

恐惧是个人企图摆脱、逃避某种危险情景而又无能为力时所产生的情绪。引起恐惧的关键因素是人缺乏处理可怕情境的力量。恐惧具有很强的感染力。一个人在恐惧时，往往会引起周围人的不安和恐惧。从进化论的观点来看，恐惧可以作为警戒信号，有助于人逃避危险，还有利于群体的社会结合以保证安全。但恐惧具有压抑作用，对认知活动也有消极影响。严重的恐惧使人的感知狭窄，思维刻板，行动呆板。

悲哀是个人在失去所盼望的、所追求的东西或有价值的东西时所引起的情绪。由悲哀所带来的紧张释放产生哭泣，哭泣一般不应超过15分钟，在这段时间内完全可以减轻过度的紧张。悲哀的强度取决于失去事物的价值，失去的东西价值越大，引起的悲哀就越强烈。一般把悲哀的程度分为：遗憾、失望、难过、悲伤、悲痛。

2. 情绪状态

情绪状态可以分为心境、激情和应激三种。

心境是一种微弱、平静而持续时间较长的情绪状态。如心情愉快、舒畅或心情烦闷、抑郁不快，在一个相当长的时间内持续下来。这种情绪状态倾向于扩散和蔓延，处在某种心境中的人，往往以同样的情绪状态看待一切事物。

心境可以由对人具有某种意义的各种情况引起。工作的顺逆、事业的成败、人们相处的关系、健康状态，甚至自然环境的影响，都可以成为引起某种心境的原因。心境虽然由客观事物引起，但它还受人的主观意识所调节和支配。除了由当前情境产生暂时的心境外，人还可以有各自的独特、稳定的心境或称主导性心境。主导性心境往往与一个人的人生观密切相关。

心境在人的现实生活中有着重要意义。积极的、良好的、乐观的心境能使人精神振奋，促进人的主观能动性的发挥，有益于人的健康；消极的不良心境能使人精神萎靡、意志消沉，降低人的活动效率，有碍健康。

激情是一种强烈、短暂，然而具有爆发性的情绪状态。狂喜、愤怒、恐惧、绝望等都属于这种情绪状态。激情是由对人具有重大意义的强烈刺激和发生对立意向冲突而过度抑制或兴奋所引起的。在激情状态下，总是伴有激烈的内部器官活动变化和明显的表情动作。例如，愤怒时全身发抖，紧握拳头；恐惧时毛骨悚然，面如土色；狂喜时手舞足蹈，欢呼跳跃。

激情有积极的和消极的两种。激情的意义是由它的社会价值决定的。凡能激发人积极向上、符合社会要求的激情都是积极的。这种激情通常与冷静的理智和坚强的意志相联系，能够成为推动人的活动的动力。凡对机体有害的、不符合社会要求的激情都是消极的。

应激是出乎意料的紧张情况下会出现的情绪状态，是人对意外的环境刺激作出的适应性反应。人们在不寻常的紧张状况下会把自身各种资源(首先是内分泌资源)都动员起来，以应付紧张的局面时所产生的复杂的生理和心理反应，这些都属于应激状态。

应激状态对人的活动有很大的影响。有时应激状态引起的身心紧张有利于人全力解决紧急问题，维持一定的紧张度，保持高度警觉，有助于认知功能的发挥，使人作出平时不能作出的大胆判断和动作。但是，有时应激状态所造成的高度紧张又会阻碍认知功能的正常发挥。紧张和惊恐也会导致人们的感知、注意产生局限，思维迟滞，行动刻板，正常处理事件的能力反而大大削弱。应激状态会改变机体的激活水平，特别是肌肉的紧张度、血压、腺体的分泌、心率、呼吸系统都有明显的变化。这些反应有助于个体适应急剧变化的环境刺激，维护机体功能的完整性。但是，长期处于应激状态也会引起人体生物化学保护机制的溃退，导致某些疾病的产生。

四、不同年龄阶段学生情绪发展的特点

(一)小学生情绪发展的特点

1. 表情丰富但不善于控制自己

小学生的情绪发展很明显，喜、怒、哀、乐很容易从他们的表情上反映出来。在得到老师的表扬和夸奖后，常喜笑颜开；在被老师批评后，就会感到难为情，常低头不语或哭泣。因此，小学生的表情就是他们情绪变化的“晴雨表”，其情绪容易受具体事物的支配，容易激动，不容易受到控制。如当同学们高兴时，自己也跟着高兴起来。

2. 情绪体验不断加深

随着年级的提高，小学生的生活不断得以丰富。小学生通过学习活动进入了更广阔的天地，求知欲使他们兴奋、疑惑、惊奇，使他们的理智得到发展；同时也在学习中接受道德感和美感的陶冶。例如，在阅读文学作品时，优秀人物使他们产生敬仰、爱慕之情；而反面人物使他们产生憎恨、厌恶之感。此外，在共同的集体生活中，同学之间的团结互助培养了他们的友谊和集体荣誉感。

随着社会性需要的发展，小学生的情绪体验日益深刻。例如，学前儿童的互助友爱，在较大程度上是模仿成人的生活，是为了能在一起玩；小学生的互助友爱，则更大程度是出于责任感，出于履行良好的生活准则。同是惧怕，学前儿童可能怕黑暗、怕打针等，而小学生主要是怕做错了事挨批评、怕考试成绩不好等。

3. 冲动性减少而稳定性增加

进入小学后，在独立学习和集体生活的锻炼下，小学生控制、调节自己情绪的能力更加成熟。他们在一定程度上，已能抑制自己当前的一些愿望，而去克服困难，完成自己应该完成的任务。因此，小学生情绪的稳定性日益增长，冲动性、易变性则在逐渐改善中。

(二)初中生情绪发展的特点

多数青少年在一定程度上经历了情绪冲突。这不足为奇，因为他们的身体特征、对角色的预期以及同伴关系等都发生了快速的、巨大的变化。对于大多数青少年来说，情绪困扰只是暂时的，能够妥当地处理。但是，有些压力则导致行为不良、心理健康等问题。

1. 情绪更加强烈，具有冲动性和爆发性

初中生的情绪丰富、高亢而热烈，他们富有朝气，容易动感情，也容易激怒，甚至会由于一时的冲动而不顾一切。

2. 情绪不够稳定，具有两极性

由于初中生自我意识的发展，他们对自己的优缺点都十分敏感，有时会过高地估计自己，有一种优越感，有时又常常为自己的缺点和不足担心，所以在情绪方面常常表现不稳定，具有两极性的特点，容易从一个极端走向另一个极端。

3. 情绪理解力增强，学会运用情绪表达规则

初中生能更好地认识到情绪的产生有复杂的心理原因。他们对别人特别是同伴的情绪特别敏感，对情绪的理解也较为准确，对直接引起情绪的事情反应强烈。随着年龄的增长，中学生会渐渐学会如何表达自己的情绪。

4. 能采用有效的情绪调节手段

青少年的情绪调节经历了一个由外部调节转到内部自我调节的过程。当遇到情绪困扰时，他们能够应用有效的手段，如听音乐或与知心朋友谈心等来调节自己的情绪。

5. 初中生的友谊感迅速增强，并且出现两性爱情的萌芽

初中生的思想比较纯正，他们好交往、重友情，友谊感发展迅速，而且这种友谊往往终生难忘。随着友谊感的发展，男女两性之间会出现爱情的萌芽。

(三)高中生情绪发展的特点

高中生的情绪无论在内容上还是在形式上都更加丰富多彩，特别是高中生，他们的情绪也更加复杂和深刻。

1. 情绪的强烈性

高中生的情绪情感是强烈的。一般在16～18岁这个阶段，学生们喜欢山盟海誓，喜欢豪言壮语。高中生对流行音乐特别喜欢，是因为流行音乐诗一样的语言，符合了他们此时情感的真实而生动的状态。他们常常会为一点小事而振奋，高兴得手舞足蹈，为一句话而感动；遇到一些泄气的事情，就消沉得无精打采。这个时期的学生有可能走向两个极端，把本来就很强烈的情感表现得更加强烈。

2. 情绪的不稳定

这个时期的学生，情绪不只是强烈的，同时也是很不稳定的，容易从一个极端走向另一个极端。情绪的不稳定性一方面与高中生的身体发育有关，另一方面还受到个人阅历的限制。此时的他们好胜心强，在学习上很容易落入竞争中，这样势必不能达到“不以物喜，不以己悲”的状态。

3. 情绪的心境化

心境是持续的情绪状态，有的心理学家形象地称“心境是被拉长了的情绪”。高中生的情绪在时间持续上要比儿童长得多，而且高中生会不停地围绕着一件事情去思考。他们可能会因为某件振奋的事情，长时间处于快乐的状态中，也会表现出长期的郁郁寡欢。而在愉快的心境中，他们可能遇到一些难办的事情，但心境仍然不会差。

(四)青少年情绪发展中的危机

青少年期是一个从幼稚走向成熟的过渡期，是一个朝气蓬勃、充满活力的时期，是一个开始由家庭更多地迈进社会的时期，同时也是一个变化巨大，面临多种危机的时期。在心理咨询中，青少年期常见的心理危机大致表现如下。

1. 抑郁情绪

现在社会竞争激烈，青少年的学习压力也比较大，当遇到精神压力、重大挫折或痛苦境遇时，产生抑郁情绪是正常的，这也是一种常见的情绪感受。一般来讲，个体情绪变化有时限性，通常是短期的。个体可以通过积极的自我调适、充分发挥自我心理防御功能，使心理状态重新达到平衡。正常人的抑郁情绪都有其可察觉的原因。倘若青少年毫无缘由地在一段时间内总是体验到心情不愉快、高兴不起来、烦闷等，对平时感兴趣的事情变得乏味，思考能力下降、脑子变迟钝了、注意力难集中、记忆减退，学习失去了动力、人变“懒”了甚至厌学，对成绩下降变得无所谓或对什么都无所谓，以及失眠、全身乏力、食欲不振等，甚至感到活着没意义、产生轻生的念头，并且持续时间较长，那么应及早求教于专科医生，以防不良后果的发生和疾病的进一步发展。

2. 恐怖情绪

对人恐怖也是青春期常见的情绪危机，表现为见到异性表情不自然、感到脸红，怕与人目光对视或怕被别人注视，控制不住用“余光”看人或控制不住看对方的敏感部位，觉得别人能看出她(他)的表情变化和窘态，能洞察到他内心的想法等。于是避开他人，不愿和别人交往，内心非常焦急痛苦。

3. 性烦恼

性烦恼的产生是由于性意识觉醒后，青少年的生理需求与社会行为规范的矛盾所致。性烦恼的由来是青少年对自身性发育、性成熟的生理变化产生神奇感及探索心理。但社会伦理道德的约束和对性教育的神秘化，常导致青少年的心理冲突。他们常认为“性是不好的”“对异性长辈出现性幻想是可耻的”“手淫对身体是有害的”等，出现对性的消极评价和过度的性压抑。通过对各种神经质症的深入研究，我们有理由相信，由错误的性观念而引起的对手淫、性幻想等严厉的自我惩罚(心理的或生理的)是导致产生神经质症状发生的心理温床的重要原因之一，尤其是严重的自卑感、对人恐惧症等症状。男孩对手淫、遗精、性梦的错误认识；女孩对月经、性幻想、自己体相的消极认知和评价；偷看黄色录像、早恋及过早性行为等，是青少年期较为突出的心理行为问题。改变对性的态度应是人生心理修养的一个重要内容。净化社会风气，学校积极开展心理健康教育(包括性心理教育)，组织各种有益于中学生心理健康的丰富多彩的活动，培养高尚情操以及家长改变传统观念，早期给孩子以健康的性教育等，对中学生的性心理健康发展非常重要，必要时应接受专业心理咨询，不要耽误孩子。

4. 学习烦恼

对于不少青少年而言，唯一的任务就是读书。中学生的学习负担过重，常给他们带来沉重的情绪烦恼。因为学习压力而陷入痛苦的青少年屡见不鲜，这其中不乏重点学校成绩优秀的学生。他们的思想压力常来源于他们对学习现状的不满和不恰当的比较，不能接受自己的现状，过分注重结果，而体会不到学习的兴趣。整个社会、整个学校都在比较的氛围中，要学生真正做到放弃比较、接纳自己的确不易。考试焦虑、厌学及学习过程中的注意力、记忆力问题等，是青少年及家长前来咨询的常见问题。这些情况在期末、期中、中考、高考、周围环境发生重大变化(如父母关系发生突变等)时更为集中和突出。有些青少年承受不了这些心理压力，有时会表现出异乎寻常的反抗情绪，形成家庭暴力，有极个别甚至消极自杀。现在全社会都在呼吁给中小学生减压，希望情况会有所好转。

(五)青春期情绪发展的阶段特征

1. 青春期是“闭锁心理”充分表现的阶段

处在青春期的青少年，往往会发现自己在这段时期里心理和言行发生了很多变化，如对别人翻看自己的东西很反感；偷偷地写日记，自己向自己倾诉内心的秘密；在与别人交往中，也不像少年时代那么坦率了；等等。

对此，家长和孩子本人往往不知该怎么办。从发展心理学的角度分析，青少年心理和言行的这种变化，是处在青春期的青少年心理发展过程中的一种正常现象——“心理的闭锁性现象”。所谓闭锁性，是指人的心理活动具有某种含蓄、内隐的特点，它是相对于人的外部行为表现与内部心理活动之间的一致性而言的。

青少年的“闭锁心理”除有上述言行表现外，还有开始愿意有自己的房间；自己的抽屉要上锁；不轻易地和盘托出内心所想，即使对最亲近的人也不能做到毫无保留地说出自己的内心感受。青少年在这个时期，除了发展一般交往外，也产生了由相互知心而培育起来的友谊。青少年的“闭锁心理”是由于思维的发展，对外部世界认识的广泛性、深刻性的发展，尤其是对新的自我的出现而产生的。一方面，这一时期青少年的心理活动开始走向自己的内部世界，加上独立性与自尊心的相应发展，便失去了儿童时期的外露、直爽、单纯、天真，出现了心理活动的闭锁性。青少年如果不能很好地处理闭锁心理，也会对自己的健康成长产生不良影响。因为闭锁心理出现后，使青少年不轻易向别人吐露真情，交往中要求较高，选择条件苛刻。因此，他们不仅与父母、教师之间不易达到心理相通，在同辈人中也不易找到“心心相印”“相互理解”、可以产生心理共鸣的知音。因此常常感到不易被别人理解，心理上产生不同程度的、间或出现的孤独之感。但另一方面，由于社会化的要求，青少年又强烈地想与人交往，想得到理解，想向能理解自己的人敞开心扉，这一矛盾常常不易被人理解，而自己又不能理解，因而心理常常不能平静，个别人甚至发展为性情孤僻。对老师和家长来说，必须正视青少年这种正常心理现象，尊重他们的“私密权”，不可强行让其敞开心扉。可通过各种生动活泼的形式，对孩子的人生道路做积极的正面引导。当然，对其错误或危险的苗头，则应及时予以疏导和纠正。

2. 青春期是心理的“断乳期”

人的一生有两次“断乳期”。一次是生理上的，一次是心理上的。心理上的断乳期，发生在13～15岁。其主要表现是：总想摆脱父母，不愿与家人父母一起外出或交谈；有些想法宁愿与同学说也不愿与父母交流，以此表示自己的独立和成熟。还有一种表现是，有时会出现莫名其妙的烦恼不安，以至与家长发生冲撞。有些同学(以女同学居多)开始写日记，或者经常把自己关在屋里，制造一种“神秘感”。这是因为这一时期的青少年虽有一定的独立能力，但还不能完全摆脱父母的帮助，处于一种想让别人理解又不愿与他人交流的矛盾心理。进入心理“断乳期”的青少年，出现上述心理变化是完全正常的，尤其是这一时期所表现出的强烈的独立意识，标志着其心理正逐渐走向成熟。顺利地度过心理“断乳期”，对人的一生来说是至关重要的，家长和老师要进行正确引导。

五、情绪管理辅导的模式与方法

(一)情绪管理辅导课的模式

心理活动课应体现以学生为主体，以教师为主导，以活动为主线的指导思想，采取多种形式进行。

第一种：讲授式。它是指通过教师的课堂教学，把有关心理学的知识和理论传授给学生，使学生了解和掌握心理学的知识，提高学生的社会适应能力和心理健康水平。

第二种：活动式。它是指教师根据学生的年龄、生理、心理等特点，精心设计活动，让学生通过参与活动获得一定的心理体验，以提高学生的社会适应能力和心理健康水平。

第三种：诱导式。它是指教师根据学生的年龄、生理、心理等特点，精心设计活动，使学生积极参与活动并在老师有目的的诱导下，通过心理体验并自觉进行自我教育，获得感悟，以提高学生的社会适应能力和心理健康水平。

以上三种心理活动课的教学模式虽然都是以提高学生的社会适应能力和心理健康水平为最终目的，但是从实际的操作情况来看，第一种模式偏重于说教，第三种模式侧重于暗示、启发、明理。因此在中小学阶段，教育效果较好的模式还是活动式，我们应该在中小学里推行活动式心理活动课。

(二)情绪管理辅导课的方法

心理活动课一般要根据活动的目标及内容来选择相应的教学方法，有时可以一种教学方法贯彻始终，有时可以多种教学方法交互运用。教师在选择教学方法时既要符合教学的目标，更要依据学生的身心发展规律，不能为了活动而活动，或是只求表面热闹。

1. 创设情境法

创设情境法是心理活动课的主要教学方法之一。它是指教师针对学生的心理问题，以学生的身心发展水平为基点，创设出一系列的丰富多彩的活动情境，让学生参与有关的活动，获得心理体验的一种教学方法。

2. 角色演示法

角色演示法是指教师通过让学生扮演情境中的人物，处理情境中的各种事情，体会情境中人物的喜怒哀乐，学会为人处世的技能的一种教学方法。它是对创设情境教学法的一种补充，特别是在让学生正确处理人际关系的教学中具有独特的作用。

3. 实验操作法

实验操作法是指教师通过让学生在活动的过程中进行动手操作，在操作的过程中掌握某种技能技巧，树立自信心的一种教学方法。把它应用在技能心理活动课中会有独特的教学效果。

4. 讨论交流法

讨论交流法是指教师通过让学生在参与活动的过程中，对情境中的人和事，自由地发表自己的见解，提出自己对问题的处理意见，与同学互相交流，从而形成一种集体主流，作为正确心理观的导向的一种教学方法。

5. 心理暗示法

心理暗示法是指教师通过活动、语言、动作、表情向学生作出暗示，引导学生进行自我认识、自我发展、自我完善的一种教学方法。它对延伸心理活动课的教学往往会有意想不到的效果。

六、情绪管理辅导要注意的问题

(一)在执教标准上要防止学科化倾向

心理活动课的标准如何确定？能否继续沿用一般学科课程的逻辑标准？这是首先要明确的问题。学科课程的主要目的是让学生掌握系统的学科基础知识和技能。而心理活动课则不同，首先它不是心理学课程，不是以教授心理学概念和理论知识为目的的；其次它也不是为今后更深入、系统地学习心理学或相关科学奠定基础。若将此课程定位于心理学课程，哪怕仅仅是普及性的，无疑也将会给学生增加新的负担。比如现行的初一思想政治课中有关心理健康教育的内容，有的教师仍沿用政治课的教学思路和方法，讲授诸如什么是“情绪”、什么是“意志”，各有什么特点等，而且还要对其进行考试，这就偏离了心理健康教育的初衷。问题出在哪儿呢？不在学生，关键还在于教师的执教思路和观念。

但同时要指出的是，心理健康课尽管不是心理学理论的教育，不主张直接向学生传授心理学知识，但并不是说心理活动课中就丝毫没有相关的心理学知识。事实上，每一节心理活动课都是以其相关心理学理论基础为背景知识的，只是这些知识并非是以学科的直接结论和理论形态呈现的，而是以经过处理了的比较通俗化、生活化的阐释形态出现的，是始终渗透在教学设计和教学过程中的。

(二)在内容选择上要从生活逻辑和问题逻辑出发

许多老师，尤其是兼职心理老师或班主任，常常不知道怎样安排心理健康课的内容和主题。因为迄今为止，我国还没有一套统一的心理健康教育教材，教师缺少执教的蓝本。当然反过来想，这其实也是一件好事，因为老师有了更大的自由发挥、自由选择的空间，有时自己选取的主题更有启发意义，更能激起学生的兴趣。

对于内容的选择，应始终把握好一个原则，就是要从生活逻辑和问题逻辑出发，选择与学生的实际生活联系最密切的话题，找到他们最渴望得到解决的问题。并且这种问题应该是具有代表性的、共性的问题，才能引起共鸣，引起大家的兴趣。

此外，还可以通过问卷调查的方式，从学生中采集他们所思、所想、所关注的问题。如某重点中学心理咨询室的老师就采用抽样调查的方式获得了一些一手资料，了解到现在高中生心理的一些困惑和烦恼，并把这些问题进行了归类、整理，作为上课的主题及素材。学生提出的有价值的问题都可以成为教师的教育主题和教育契机，关键在于我们要善于捕捉、善于运用。

当然，仅仅设计一两节心理课是容易的，难的是一个学期、一个学年有一个比较系统的教学安排。从这一点来讲，教师还需要进一步接受系统的、专业的心理学培训。

(三)在教学方式上要强调“活动”，重视“体验”

“活动”和“体验”是心理活动课最核心的两个要素。心理健康教育的主要目的不是解决知与不知的问题，而是通过创设一定的心理情境，开展极富启发意义的活动，来造成个体内心的认知冲突，唤醒学生内心深处潜意识存在的一些心理体验，增强其心理感受，以达到心理健康的目的。对于个体心理来说，再精彩生动的讲授都无法替代个人的亲身感悟和直接体验，哪怕只是一个小小的启发，也能留下深刻的印象。因此，从这个意义上讲，心理教育是一种以体验式学习为主的教育。

心理活动课可运用的活动形式丰富多样，如游戏、心理短剧、角色扮演、情景模拟、讨论沟通、行为训练、心理测试等。活动的选取一定要根据主题的需要，选择那些既生动有趣，又极富启发意义的活动。

另外，开设心理活动课还须注意的是，在教学过程中教师应给学生留足思考、体会和表达的空间，并在学生似有所悟、似有所感的时候组织交流，鼓励他们把自己的想法、感受大胆地说出来，把自己的体验、情感与老师和同学们进一步分享。这种处理方式一方面有利于营造良好的课堂氛围；另一方面有利于增强学生的心灵体验，激发学生内心深处的某种情愫，从而有助于学生主动地、自觉地去调整自己的某些观念和价值取向，进而调整自己的心态和行为。

(四)在教学过程中要教给学生正确处理心理问题的技巧和方法

心理活动课要达成的一个比较重要的目标就是要让学生了解或掌握一些心理保健的方法和技巧，要让学生学会自我剖析、自我调适、自我疏导，甚至自我宣泄等，最终达成“助人自助”，这是心理健康教育所追求的最高境界。

心理活动课提倡的是以学生为主体的原则，整个教学过程中应该让学生多想、多动、多参与、多感悟，教师不作过多的讲述、讲解。即使是在教给学生掌握问题解决的方法和技巧时，也应充分地让学生自己去思考、去总结、去想办法，教师只在必要的时候给予提示，最后帮助归纳、总结、补充和提炼。这种让学生自得自悟的方式显然要比教师直接给出答案有意义得多，学生的体会也深刻得多。

(五)教师的活动设计要以学生为本

在心理活动课中，教师就好像是一位设计师，担负着整个活动的设计任务。教师必须根据活动的目的，结合学生的情况、具体的教育环境、社会的特性等多方面因素，去创设活动的情境、具体的内容和活动的方式方法。教师对活动的设计精心与否，将直接影响着心理活动课的效果。一位出色的教师总是能够根据班级学生的现有心理素质水平、兴趣爱好、群体特点等去安排一些绝大多数学生都喜欢参加的活动，以达到帮助全体(或者大多数)学生获得心理体验的目的。

(六)学生是活动的主体

在心理活动课中把学生作为活动的主体，是根据教学的目的来确定的。心理活动课的目的是要让学生获得心理体验，这就要求只有让学生自始至终地参与整个活动的过程，才有机会使他们获得需要的各种体验。因此，教师在心理活动课中必须以学生为中心，重视学生的思想、言行、需要、情感等因素，尽量满足各类学生的心理需要，帮助他们树立正确的价值观，学会处理自身面临的各种困惑。如果老师在心理活动课中坚持做到以学生为主体，注意建立良好的师生关系，就会有助于长期开展心理活动。

总之，心理健康教育是一门科学，更是一门艺术。要使心理活动课达到心理健康教育的最佳效果，还需要广大的心理教育工作者共同实践、共同探索，特别是心理辅导教师在自身素质、观念更新、专业知识和辅导技巧方面，需要更进一步的学习和提高。

七、情绪管理辅导活动主题的确定

情绪管理辅导活动课程的主题确定，需要我们关注情绪活动以及与情绪活动相关的因素，需要掌握情商的含义。情商(EQ)是一个近几年才提出来的相对智商(IQ)而言的心理学概念，它反映出一个人控制自己情绪、承受外界压力、把握自己心理平衡的能力，是衡量人在非智力活动中的重要指标。科学研究表明，情商是比智商更重要的一个商数。美国哈佛大学教授丹尼尔•古尔曼认为“情商是决定人生成功与否的关键”，可见情商对人的发展的重要作用。

情绪智力的理论是由美国的两位心理学家彼得•沙洛维(P. Salovery)和约翰•梅耶(J. Mayan)于20世纪90年代初共同创立的。1996年，沙洛维和梅耶又对情绪智力的内容结构进行了修订，认为情绪智力包括：①情绪知觉、评价和表达能力；②情绪对思维过程的促进能力；③对情绪的理解、感悟并由此获得情绪知识的能力；④对情绪进行有效调控的能力等。他们认为，情绪智力以自我意识为基础，包括乐观、同理心、情绪自制和情绪伪装等。

情绪管理辅导是对个体的情绪进行控制和调节的过程，是研究人们对自身情绪和他人情绪的认识、协调、引导、互动和控制，是对情绪智力的挖掘和培植，是培养驾驭情绪的能力，建立和维护良好的情绪状态的一系列过程和方法。情绪管理辅导是从尊重人、依靠人、发展人、完善人出发，提高人们对情绪的自觉意识，控制情绪低潮，保持乐观心态，不断自我激励、自我完善。因此，教师可以根据沙洛维和梅耶提出的情绪智力理论确定情绪辅导的主题，同时还应关注学生当前学习生活中存在的共性情绪问题和发展需求。情绪管理辅导包括情绪识别、情绪调控、情绪表达、自我激励等很多方面的内容。具体地说，情绪辅导活动课的主题可以从以下几方面来确定。

(一)以情绪识别为主题，使学生了解自己和他人的情绪，培养学生情绪认知能力

情绪智商的核心是情绪认知能力，即当自己的某种情绪刚一出现就能觉察的能力。完整的情绪认知能力不仅是指情绪的自我认知，还包括对他人情绪的识别，理解他人情绪的能力。在情绪辅导课中，要做到以下两点。

1. 提高学生对自己情绪的觉察能力

情绪属于一种自发性的反应，要用理智去控制它的发生很难，因此我们进行情绪辅导的第一步，就是在情绪来临时，去观察并觉察自己到底处在什么情绪状态，并进一步分化、辨识它，了解情绪发生的原因，恰当地表达出自己的感受。

提高对自己情绪的觉察能力，首先是运用内省法，知道自己的感受即表面情绪，并分化、辨识表面情绪背后真正的需求和情绪感受，然后平静地接纳它。这就要求学生能够做到以下几点。

第一，应能及时觉察自己所处的情绪状态。也就是应时时提醒自己注意：我现在的情绪是什么？不管当前处在何种负面情绪中，先暂停、中断目前的情绪，跳出来，让自己先察觉自己的情绪，是高兴还是生气，是舒服还是不舒服。如当你因为朋友约会迟到而对他冷言冷语时，就应先问问自己：我现在有什么感觉？应自我确认冷言冷语背后的情绪是生气。只有当我们认清自己的情绪，知道自己现在的感受时，才有机会掌握情绪，而不是被情绪所左右。

第二，应分化、辨识表面情绪背后的真实情绪感受。由于情绪本身的复杂多变，我们直接感受或表现出来的可能是已经包装或伪装的情绪，如以生气的方式来掩藏内心受伤的感觉等，所以我们要学习分化并辨识我们真正感受到的情绪，而不被表面的情绪所局限，忽略自己真正的需求或感受。

第三，还应进一步澄清我们的复杂情绪，以便清晰地了解我们所处的情绪状态。通常我们是处在一种复杂的情绪状态中，如有时我们会心中意念纷扰、情绪五味杂陈，整个人有心烦意乱的感觉，此时，我们就必须暂停并中断目前的情绪，冷静地进行澄清。只要情绪中夹杂着两种以上的复杂情绪，就需要进一步加以澄清，将那些纠葛、混合的情绪抽丝剥茧，辨识出隐藏着的真实情绪。厘清一层层的情绪，就能比较清楚自己的情绪状态，对症下药，有效地解决真正的问题。

2. 提高学生对他人情绪的识别能力

提高对他人情绪的识别能力，也有助于清晰地认知自己的情绪，更好地管理自己的情绪，建立良好的人际关系，进而促进身心健康。那么如何提高对他人情绪的识别能力呢？

首先，要了解人类情绪表现即表情的特点。

表情既具有先天遗传性，又受后天的社会文化因素制约。表情是情绪所特有的外显行为，包括情绪在面部、言语和身体姿态上的表现，称为面部表情、言语表情和身段表情。世界上所有的儿童当受伤或悲哀时都哭泣，快乐时都发笑。有些面部表情似乎全世界都是一样的，代表着相同的意义而与个人生长的文化无关。虽然基本情绪的表现具有先天遗传性，但它们的具体表露却受社会文化因素的制约，特别是复杂情绪的表露更是如此。由于我们的情绪表现能被他人识别，而情绪表现又具有一定的社会价值，因此，在什么情况下表现出何种情绪是人们后天学会的。有时我们力图掩盖自己真正的情绪，有时甚至故意表现和内心情绪不一致的表情，有时则力图夸大或修饰我们的表情，这些现象称为情绪“表露规则”。尽管伴随特定情绪的面部肌肉运动模式是由生理决定的，但这种运动显然是受

“表露规则”控制的，受社会文化因素制约的。情绪识别实际上并不是针对表情本身的，而是针对它背后的意义。情绪识别是一种复杂的认知过程，包含观察、分析、判断、推理等。

其次，要把握情绪识别的规律性。

如何准确识别他人的情绪呢？情绪识别的准确度受多种因素的影响。一是从面部表情中识别。从面部识别情绪的主要线索并不在“眉目之间”，而应特别借助面部那些活动性更大的肌肉群的运动来识别。二是有些情绪容易识别，有些则较难识别。一般来说快乐和愤怒最容易识别，而对恐惧、哀痛、厌恶等的识别较困难。三是从情绪行为的前后关系中识别情绪，准确度高；而孤立地识别情绪，准确度低。四是面部表情的识别，如果能和身段表情结合起来，就更有利于准确地判断情绪状态。识别身段表情，其中双手的表情占着很重要的地位。识别双手表达情绪的准确度可以达到和识别面部表情一样的水平。在日常生活中，即使我们看不清一个人的面孔，但只要能看清他的身体动作，也能了解其情绪状态。如发抖表示紧张，鼓掌表示欢迎、快乐，紧握拳头表示愤怒等。五是言语表情的重要性也不可低估。同样一句话，由于说话者口气腔调的不同，往往可以使人就说话人的情绪作出相当准确的识别，而听话人的感受也因而有很大差异。六是要准确地识别一个人的情绪单凭表情是不充分的，正常成年人的情绪表现是可以随意调节的，情绪可以在没有表情的情况下产生，表情也可以在没有情绪体验的情况下出现。因此，必须结合其他指标(如当时的情境，这个人的个性特征等)综合地进行比较才能达到。

(二)以情绪调控为主题，培养学生情绪自我控制能力

情绪调控主要是指对负性情绪的控制、疏导和消除，并培养乐观的积极情绪。它是在准确认识自己情绪的基础上，分析这种情绪产生的原因，并通过适当的方法予以缓解。情绪的产生受很多因素的影响，进行情绪的归因训练能帮助人们提高情绪的自我理解和领悟能力。情绪调节和控制的方法很多，不同的理论流派有不同的技术和方法，转移和升华、倾诉、宣泄、认知重建、放松训练等方法都可以用来调节自己的情绪。

情绪对人的发展影响极大，情绪的调控不仅与身心健康密切相关，而且与一个人能否适应社会、获得事业成功和更好地享受生活有紧密联系。但是对于情绪的调节和控制，并不等于简单的压抑。真正健康、高度发展和成熟的人能尽量避免不良情绪的出现，使自己经常处于良好的情绪状态。

要做到自如地调控自己的情绪，必须了解情绪控制的可能性，并学习一些情绪自我调控的方法。情绪不易控制，但并不是不可控制。我们可以从影响情绪变化的主观因素与客观因素、先天因素与后天因素、内部变化与外在表现等各种因素中把握情绪调控的可能性。对情绪的自我调控是需要学习、修炼的，除了要从根本上完善自己的个性，培养良好的意志品质外，还要学习一些调控情绪的方法。常见的情绪调控方法有放松训练、音乐疗法、合理情绪疗法、宣泄法等。

(三)以情绪表达为主题，培养学生合理地表达情绪，以发展人际交往的能力

人们在交往过程中会因为交往内容和方式的改变而体验到各种情绪，情绪也深深地影响着交际的内容和方式。正确的情绪认知和表达可以抒发自己的内心感受，让别人更加了解你，增进彼此的关系；错误的情绪表达方式往往会出现许多防御性的不良互动，会让彼

此的关系变得紧张。情绪辅导要求我们在学会识别自己和他人情绪的基础上恰当地表达自己的情绪，发展良好的人际关系。

要恰当地表达自己的情绪。我们常常无法向他人表达我们的真实情绪，是因为我们通常持有这样一些误解：自己认为这样的表露会让自己难堪；认为只要不说出自己的感觉就可以与对方维持和谐关系等。然而无论是高兴、伤心还是难过，当我们有机会将那些感受说出来时，本身就是一种纾解。但人们在表达情绪时容易犯一些错误，如弄不清楚自己的感受，所以乱发脾气；不敢直接表达情绪，所以冷漠相对、一言不发；一味指责对方；夸大过错；拒人于千里之外；讨好等。我们如何有效地表达自己的情绪呢？觉察自己真正的感受后掌握良好的时机表达自己的情绪。表达情绪时的有效方式应是以平静、非批判的方式叙述情绪的本质，描述而不是直接发泄，且情绪的言语表达要清楚、具体。恰当的情绪表达是为了让我们内心的感受找到出口，也是为了让对方可以多了解我们。能恰当地表达自己的情绪，也说明我们有了良好的自我情绪觉察能力。

(四)以自我激励为主题，培养学生通过自我调动，建立和维护良好的情绪状态的能力

情绪是衡量一个人积极性的特征指标，是认识和洞察人们内心世界的有效手段，是个性成熟程度的指示器。情绪能反映出一个人的胸怀和度量。胸怀豁达的人一般情绪稳定，能容忍和克制，从而反映一个人的控制心理发展的水平。因此，培养良好的情绪，有利于学生心理的健康发展。

良好的情绪状态一般来说主要表现在有稳定、愉快的心境，与理智和意志相联系的激情和适度的应激。稳定、愉快的心境能使人振奋快乐、朝气蓬勃。具有这种心境的人遇到巨大困难时也会认为是可以克服的。失去这种心境，人们会颓废悲观，同样的工作会感到枯燥乏味，不利于学习和工作。与理智和意志相联系的情绪能激励人们攻克难关、攀登高峰，成为正确行动的巨大动力。消极的情绪则对有机体活动具有抑制作用，这时人的自制力也将显著降低。应激有积极作用，也有消极作用。一般应激能使有机体具有特殊防御、排险机能，能够使精力旺盛，激化活动，使思维特别清晰、精确，动作机敏、准确，推动人化险为夷、转危为安，及时摆脱困境。但强烈而长期的应激，会产生全身兴奋，使注意、知觉范围缩小，语言不规则、不连贯，行为动作紊乱等。

具体来说，学生良好的情绪主要表现在具有真实的自信、热情乐观，并保持适度焦虑。

自信是一种积极的心理暗示，是指一个人对自己有正确的认识和评价，并在此基础上自知、自信、自尊、自爱，能悦纳自己，自己心中有一个良好的自我形象。这种自我形象一旦建立，便比较牢固地留在自己的潜意识中。自信可以较长时间、悄悄地左右人们的行动，使人充满信心和力量，时刻充实和完善着自我和人生。具有真正自信的学生，表现出活泼、开朗、幽默、果断等特点，一般能保持一种稳定而愉快的心境，潇洒自如地直面人生。可以说，自信是良好情绪状态的内在关键要素。

热情乐观是良好情绪状态最直观的外在表现。我们热情乐观的时候，可以想得更好、干得更好、感觉得更好，身体也更健康。俄国心理学家 K. 柯克契耶夫试验过人在乐观与悲观的思维中的生理状态。人在乐观的思维中，视觉、味觉、嗅觉和听觉都更灵敏，触觉也更细微。精神医学也证明，在乐观的时候，我们的胃、肝、心脏和所有的内脏会发挥更有

效的作用。可见，在热情乐观的情绪状态下，一个人的潜能可以充分地发挥出来。

适度焦虑也是一种良好的情绪状态。研究表明，保持适度焦虑可以提高人的活动效率。这是因为。一方面，适度的紧张和焦虑使个体进入紧张激动状态，由于交感神经的作用，生理上会有一连串的变化，如血压增高，呼吸加速，血液循环加快。这些变化会使身体产生较多的能量来应付当前的问题和情景。这种能量有时是巨大的，它可使人做出超出自身极限的成就。另一方面，适度的紧张和焦虑，不仅是维持学习效率的有利因素，而且也是健康生活的必备条件。个体在适度焦虑状态下，思考力、反应速度、动作的敏捷性都得到了锻炼，使身心更趋于健康全面发展。

这就要求学生了解良好的情绪状态的表现，为实现一定的目标进行自我调动，指挥自己的情绪。首先应了解自己目前自信心的状况。通过"以勤补拙""笨鸟先飞""扬长避短"，刻苦学习，努力实践，不断充实自己，提高自身素质等方法来培养自信心。其次学会辩证思维，培养豁达乐观的心态。再次要真正明白时间的价值，培养适度的紧迫感。要始终保持高度热情，不断明确目标，使情绪专注于目标等。通过自我激励，培养良好的情绪，控制情绪低潮，保持乐观心态，不断地完善自我。

(五)以学生成长中面临的情绪危机为主题，培养学生正确应对挫折的能力

学生在成长中会遇到许多问题和烦恼，如情绪忧郁、恐怖情绪、性烦恼、学习烦恼、交往烦恼等，针对学生容易出现的问题进行情绪辅导，可以化解学生的心理困惑，培养学生心理承受能力和正确应对挫折的能力。

人生之路不总是一帆风顺的，挫折对每个人来说都是难免的。但有些人的心理承受能力强，抗打击或经得起挫折；有些人的心理承受能力弱，经不住挫折考验，面对挫折恐惧而消极悲观、忧郁，自然影响了正常的学习生活，重者则导致心理障碍，影响身心健康。

心理研究表明，承受挫折能力和其他心理品质一样，可以通过学习和锻炼获得提高。在日常的心理辅导中，就应正确地对待挫折，促进挫折的转化，减少其消极影响，增加其积极影响。

首先，树立正确的挫折观是促进转化的前提。挫折观，即人们对挫折的认识和评价。人在遭受挫折后，是否会产生强烈的挫折感和情绪反应，能否经得住挫折的打击和压力，不仅在于挫折本身的性质和程度，更主要地在于人们对挫折的认知和评价。正确的挫折观，首先要看到挫折并不可怕，生活中的挫折和磨难并不都是坏事。当挫折发生时，要面对它、正视它、解决它或摆脱它。要善于总结失败的教训，要善于从挫折中学习，要敢于迎着困难而上，不屈不挠，去战胜困难。

其次，树立健康向上的人生观、价值观是促进转化的思想基础。人生观是一个人对于人生的根本看法，它直接影响一个人的心理和行为。只有树立了健康向上的人生观，才能产生正确的价值观，有了正确的人生观和价值观，才能使人始终保持积极乐观的生活态度，对未来充满信心；在胜利面前保持清醒的头脑，把握情绪的波动；在困难和挫折面前沉着、坚定，保持清醒、理智，客观地分析和判断，充满勇气和力量。

最后，正视失败、不懈追求和及时进行目标调整是促进转化的必要心理准备。哪里有人类，哪里便有追求；哪里有追求，哪里就有失败；哪里有失败，哪里就有成功。追求——失败——成功，这便是人类通往文明的奋斗之路。失败是成功之母，失败给我们带来了痛苦，

但只要我们能恰当地进行心理调节，不仅不会被失败的情绪所压倒，反而激励我们不懈追求，取得卓越的成功。

坚定的自信和坚强的意志是实现挫折转化的根本保证。学生要增强挫折承受力就必须努力培养自己良好的意志品质。

八、情绪管理辅导活动实施过程指导

心理辅导工作是否能达到预期的效果，一方面要看在实施环节与流程上是否有妥善的规划与细心的设计；另一方面也取决于师生双方在设计、实施过程中的创造性。尽管心理辅导活动课没有十分严格的活动结构，但一般而言，一个完整的心理辅导活动课的流程应包括以下几个方面。

1．暖身活动

心理辅导是一种心灵与心灵的沟通，要达到其辅导目标，必须营造出安全、开放、轻松的气氛，让学生进入一种放松、温暖的情绪状态。对青少年来讲，暖身活动中的游戏具有很大的吸引力，能够让学生的情绪高涨，使学生全情投入、积极参与其中，并让他们产生愉快、放松、兴奋等情绪体验，同时可以让学生有放松的过程，并自然地导入主题。只有在良好的气氛与情绪状态下，学生才能积极地投入到心理辅导活动中来，开放心灵，并在活动中获取成长的经验。因此，有效的暖身活动对于保证心理辅导活动的顺利进行和取得成功是十分必要的。暖身活动的形式有很多，大肢体的运动是一种常用的技术，因为身体的放松会减少情绪上的紧张与焦虑。

2．创设情境或设计活动

“情境”和“活动”是心理辅导课达到效果的重要载体。学生在教师创设的情境中，通过角色扮演、游戏活动、行为训练、讨论分析等，获得良好的情绪、情感体验。活动情境创设得好，会给学生以身临其境的感觉，投入其中、开放自我、接纳他人，并在不知不觉中产生相应的情绪体验和认知领悟，同时享受同伴相处的快乐情绪。因此，心理辅导活动课的基点是“活动”，而发挥学生的主体性和主动性是其核心所在。依据心理辅导目标设计、创设有效、合适的活动或情境，是整个课程设计的重点。

同时心理辅导活动的设计是否能达到协助学生发展的目标，有三个关键性因素。第一，角色的承担。心理辅导强调体验性学习，因此一个成功的心理辅导活动设计，必须提供一系列的角色活动，让学生取得角色扮演的机会，在安全的情境中尝试新的经验和行为。第二，保持挑战与支持的平衡。在情境或活动设计时，要向学生提供适度的挑战性任务。所谓挑战性任务，就是有一定难度，但经过个人努力能够解决的任务。因为过分容易获取的成功体验，不具备强化的价值。与此同时，辅导教师还要提供一定的支持：如鼓励、指导等，力争使两者之间达成平衡。第三，促成持续发展。活动与情境设计完成后，要注意妥善安排各种活动或情境之间的次序，循序渐进，环环相扣，以突出整体效果的衔接。

3．建立辅导关系

几乎所有的心理辅导理论都强调，辅导关系是决定辅导成功的第一要素。心理辅导活动课目标的达成也必须以良好的辅导关系为基础。在辅导过程中，学生的自我探索或对问题、困难的探索，情绪的改善，分享、互动的产生，经验的整合都必须以一定的辅导关系为背景。

要促使班级成员在以鼓励、支持、成长为目标的导向下，面对熟悉的同学开放心灵，保密、宽容、温暖就成为活动课课堂心理氛围应有的特色。在尊重、真诚、合作、开放、可控、安全、保密、宽容、温暖这些目标中，我们可以发现，真诚是保密的基础，尊重才能宽容，开放才能合作，可控才能安全，在真诚、保密、尊重、宽容、开放、合作之后，自然就会有一种温暖的情怀。

罗杰斯对如何建立良好的辅导关系有过精辟的论述：辅导关系的决定因素在于辅导员本身的态度特质，即共情、真诚、无条件积极关注。他认为辅导员的主观态度影响着辅导关系的质量，而辅导关系对受辅导者人格的影响远远大于辅导员所采用的治疗技术。当然，严格地说，在辅导活动课实施过程中没有专门的一个环节是用来建立辅导关系的，它应渗透于实施的全过程。

4. 鼓励自我开放

心理辅导的本质是一种人际互动的过程，而其中个人的“自我开放”则是人际互动的重要因素之一。自我开放是指将自己个人的信息，如感受、经验和行为等与他人分享，借以增加彼此的人际互动。心理辅导的意义在于给受辅导者提供一个安全的人际环境，使他可以从容地开放自我，正视过去曾否定过的经验，然后把那些经验融合于已经转变了的自己当中，并作出整合。自我开放在一定程度上可以缩小“隐藏我”部分，让学生真诚、坦率地直面真实的自我，同时在同学面前变得更加开放和阳光，从而促进心理健康。此外，在学生深度自我开放的过程中，有时会引发一定的情绪宣泄，此时教师应予以倾听、接纳和引导。

自我开放不仅能促进互动，实际上也是彼此互动的结果。辅导教师应适时、适地、适度地自我开放，这不仅对学生能产生认同仿效作用，还可以促进学生一定程度的自我开放，而且也可以营造出安全、自由的气氛。就是在这种不断促进的自我开放与分享中，学生打开了自己的内心世界，拓宽了视野，进而促成领悟的产生与经验的整合。当然，自我开放的频率与深度要视具体情况而定，因人、因时而异，这是运用自我开放技术的基本原则。

5. 催化互动与分享

心理辅导活动课不同于一般教学的核心因素，在于团体动力因素的应用与掌握，催化学生互动与分享是心理辅导活动课设计的精妙之处。因此，辅导教师在课程设计与实施时，要充分发挥集体的辅导资源，让学生在学生与学生、学生与辅导教师之间的互动中，形成改变的良性机制。在构建的团体场中，催化坦诚交流、放松畅谈、开心交流的氛围。互动和分享过程中只有有了情意活动的介入，有情感体验作为认知的强化、迁移以及感染、疏导自我的动力，这个过程才真正是学生个体成长发展的过程。互动和分享的最终目的是达到团体成员之间的沟通、理解与互助，以促进学生在同龄人的启发下自我成长。在这里要特别强调辅导教师千万不要为活动而活动。从某种程度上来说，活动其实只是用来为每个活动后的团体分享作引导的，它有引发成员动机、促进团体互动、协助学生领悟，以及探索成员情绪的作用。活动本身是次要的，活动后的分享才是主要的。

6. 促进自我探索

心理辅导活动是学生的自我教育活动，它以他助—互助—自助为机制。在真诚、理解、接纳和鼓励的态度面前，学生感到安全和自由，这样才能促进他们的心灵表白和自我探讨，使学生在无意识的状态下获得更真切的体验。同时教师要认真倾听学生的表达，观察学生的情绪反应，对学生的负性情感体验做及时的弥补。罗杰斯曾指出："他们开始抛弃那用来应付生活的伪装，力图发现某种更本质、更接近真正自己的东西，开始能真诚面对与探索自己的内心世界。"因此，心理辅导活动课程的设计就应充分调动学生自身的教育资源，鼓励学生做深入的自我探索，而不是依靠教育者的说教或社会规范的灌输。让学生在适度的自我开放中，通过自我体验，自我领悟，自我实践，促进学生的自我成长，这是心理辅导活动课程设计与实施是否体现心理辅导实质的关键所在。

7. 引发领悟

学生在广泛良性的互动和分享中获取新的想法与感受，从而引发学生的领悟，开启改变与成长的契机。心理辅导活动课更应该是学生的自我教育、自我体验、自我探索和分享，使学生在安全的氛围中畅谈感悟，内化情绪体验。

8. 整合经验

在心理辅导活动课结束之前，应给师生之间提供一个交流的平台，在轻松、喜悦、共勉的心理氛围中分享彼此所得，这样可更加丰富学生的情感体验，提升他们的认知领悟。学生的参与以及彼此间的分享与回馈，使学生能把他人以及在活动中获取的新经验与自身的经验进行整合，从而深化辅导效果。因此，辅导过程中与辅导结束前的经验整合有回顾与前瞻的重要功能。

9. 促成行动

为落实学生领悟与经验整合所取得的效果，应鼓励学生即席采取行动和演练成果，但首先要求教师做好成功的总结深化。而成功的总结深化可以让学生在活动后留下欣喜、激动、感慨等正向情绪，使学生有跃跃欲试的愿望，将课堂收获积极地运用到生活实践中去，以确保辅导活动的效果在知、情、行三个维度上的统整。

九、情绪管理辅导活动效果评价

从心理辅导活动课的特殊性提示和要求出发，结合心理辅导活动课的基本流程，我们认为可以从以下几方面来阐述心理辅导活动课的有效性评价。

(一)心理辅导内容评价

依据心理辅导目标来确定心理辅导的内容。心理辅导内容应该是对受教育者发展最具有影响作用的因素。

(二)暖身活动评价

(1) 辅导教师是否根据本节心理辅导活动课的主题，运用生活中的资源设计相应的活动，以激发学生兴趣与动机。

(2) 该暖身活动是否能创设安全、接纳、轻松的氛围，引导学生进入活动。

(3) 该暖身活动是否与本节课的活动主题相吻合。

(三)设计的活动与创设的情境评价

1. 一致性

活动应依据心理辅导目标来展开，所设计的活动是否与心理辅导目标一致。

2. 适应性

心理辅导活动设计是否符合学生的经验与心理发展水平。

3. 参与性

心理辅导活动的设计是否能最大限度地激发学生积极参与和体验。

4. 持续发展性

心理辅导要促成学生的持续发展，心理辅导活动是否有次序性、延续性和累加性。

如果创设的情境或活动满足以下两个条件：第一，来源于学生的生活实际；第二，符合辅导对象的心理发展水平和学生的年龄特点，那么学生就能在活动中高质量、有效地获取丰富的心理体验，达到自我教育的目的。

(四)辅导过程评价

(1) 辅导过程是否具有安全、接纳、温暖、尊重的团体气氛。

(2) 师生之间是否建立了一种民主、平等、合作的辅导关系。

(3) 辅导中是否有广泛、良性的学生互动和师生互动，这是团体动力的一个重要指标。

(五)学生的评价

(1) 学生是否愿意积极主动地参与心理辅导活动。

(2) 活动中学生能否自然、投入地扮演所取得的角色。

(3) 在心理辅导过程中学生是否有自我体验、自我开放与自我探索。

(六)对教师的评价

(1) 辅导教师是否具备共情、真诚、无条件积极关注等良好的态度特质，并在心理辅导过程中得到正确的表达。

(2) 辅导员在整个心理辅导过程中是否能够创设、确立并维持一种安全和温暖的环境、信赖和理解的和谐气氛，并鼓励学生相互分享、引导学生自我探索？

(3) 辅导教师扮演的角色是否到位。心理辅导的显著特点是教育者要调动学生的情感力量，尊重、信任和理解学生，与学生架起心灵的桥梁进行情感交流。所以心理辅导活动课要求教师更多地扮演好朋友、小组成员、心理专家、团体领导者等角色，而不是扮演居高临下的训导者角色。

◎ 活动设计一

转化烦恼 快乐生活

一、活动背景

印度诗人泰戈尔说："教育的目的应当是向人类传递生命的气息。"心理健康教育更是如此，生命教育是心理健康教育最主要和最重要的内容。

在今天这个经济生活越来越丰富的时代，却总能听到中小学生自杀的消息，小小的孩子，花一般的年华，为什么会轻生呢？人生漫漫，在生活的风雨中必然要经受失望和痛苦磨砺，小学生也是一样，学习失败，友谊翻船，丢失面子，遭受伤害。如果缺乏自我调适、自我疏导的健康心理常识，长期的困扰会严重影响他们的身心健康，从而导致消极的人生态度，不利于他们的学习和生活，甚至发展成为比较严重的心理疾病，走上轻生的道路。本节《转化烦恼 快乐生活》心理健康课主要是为了引导学生学会转化烦恼，善于调节自我情绪，做情绪的主人，今后更好地适应社会。

二、活动目标

本节课的教学目标有四个：①培养小学生乐观的情绪和健康向上的人生态度；②培养小学生能够学会控制自己的情绪，做乐观开朗的人；③懂得喜、怒、哀、乐是人之常情，人总会有情绪的变化；④学会在生活中找"乐"，能够更好地调节自己，使自己拥有积极健康的心理状态和情绪。

三、活动过程

(一)体验音乐，导入新课

1. 欣赏歌曲《幸福拍手歌》

今天老师与同学们分享一首歌曲《幸福拍手歌》，请同学们做好聆听的准备。(播放音乐)

2. 分享感受

同学们，这首歌曲给你带来了什么样的心情？与大家分享一下吧！(请学生发言)

3. 合着节拍做动作

现在请同学们伸出你们的双手，动动你们的双脚，合着《幸福拍手歌》的节拍，把这种快乐的感觉释放出来吧！

同学们，感觉如何？(快乐幸福)是啊。快乐是一种美好的情绪体验，能让人的身心健康，对我们的生活、学习都有积极的影响。可是，平时的生活学习中，是不是总是像现在这么开心、这么快乐呢？对，生活中，难免会遇到各种各样的烦恼、困难，你们正处在人生最重要的时期——童年，如何对待烦恼，才能使自己的童年与快乐为伴呢？这就是我们本节课的主题"笑对生活，快乐童年"。

【设计意图】 通过让学生一起唱《幸福拍手歌》，调动起他们的愉悦情绪，也自然地导入本节课的主题。

(二)走近烦恼，心灵碰撞

1. 情趣展示，回忆烦恼

同学们，看，这是什么？(电脑出示漫画手掌的过程，出现一个可爱的手掌形状。声音：我们是同胞五兄弟，今天，我们要帮同学们记录烦恼，消除烦恼。我是大拇指，我是食指，我是中指，我是无名指，我是小指，我们要帮主人记录各种烦恼。我是手掌的中心部位，是总司令部，我要努力帮主人消除烦恼)同学们，有趣吗？下面请同学们把自己的手掌描画在纸上，让它发挥神奇的魔力，记录下你最近遇到的烦恼吧！

2. 放松心情，倾诉烦恼

(1) 班级倾诉烦恼。

刚才，看同学们的表情，一个个都皱着眉头，用心回忆，认真记录。瞧，总司令部正在表扬你呢。(电脑出示手掌五官笑面图，并在旁边跳出了一个大大的“棒”字。)好的开始是成功的一半，投入就会有收获！谁愿意把自己的烦恼倾诉出来，让大家帮你分忧呢？

生1：有一次，妈妈给我买了一支新笔，我带到学校，刚用了两天就丢了，我很伤心。

生2：剪刀坏了，我告诉了爸爸妈妈，可爸爸妈妈误以为是我弄坏的，我很烦恼。

生3：我是近视眼，戴上了眼镜，同学们却嘲笑我，我很烦恼。

生4：我晚上默字，默完了却经常忘记签名，我很苦恼。

生5：星期天，妈妈答应带我去佳乐家看书，结果她临时有事没去成，我也不快乐。

生6：我生病了，独自一个人在家里，没人陪我玩，我感到很闷、很孤单。

生7：我考试没考好，被妈妈骂，我心里很不开心。

(2) 小组交流。

同学们，小组里的同学是你最亲密的朋友。现在，每个同学把自己的烦恼倾诉给朋友听，相信你的朋友一定会认真倾听的。

(3) 师(小结)：每个同学都勇敢地说出了自己的烦恼，倾诉出来心里就会感到轻松的。的确，烦恼是一种不良的情绪体验，当你被人误解委屈时你会不快乐；当你失败时你会不快乐；当你处理不好和别人的关系时你会不快乐……如果我们能够把烦恼变成快乐，那该多好啊！下面老师给同学们讲一个故事，希望同学们边听边想，看看能否从故事中得到一点启示。

3. 故事引导，转化烦恼

“有一个老太太，她有两个女儿，大女儿卖草帽，小女儿卖雨伞。她们都很孝顺，按说老太太应该很快乐。可是，她却天天愁眉苦脸。为什么呢？原来雨天的时候她愁大女儿的草帽卖不出去，晴天的时候她又愁小女儿的雨伞卖不出去。于是她晴天也愁雨天也愁，总是不快乐。有一天，一个人告诉她改变一下想法，快乐就会随她而来。同学们，老太太应该怎样想呢？(晴天的时候就想，太好了，大女儿的草帽有人买了；雨天的时候就想，太好了，小女儿的生意肯定很好。)是啊。同学们真聪明，这个秘诀就是那个人传授给老太太的。从此，老太太就总这么想，于是她过上了快乐的生活，再也不发愁了。”

思考：同学们，情况没有发生变化，两个女儿的工作依旧，可老太太为什么由不快乐变成快乐了呢？

教师小结：不同的想法，对人的影响多大啊！遇到烦恼，我们只要以平常心对待，换个角度看问题，多看充满阳光的一面，我们的心态就会平静、快乐。

出示警句：人生不如意之事十有八九，常想一二，不思八九。

你明白这句话是什么意思吗？(生活中要多想想愉快的事，不要总是把烦恼的事情留在心中)对，转过身来，一片阳光灿烂！

4. 讨论方法，解决烦恼

过渡：俗话说，人心齐，泰山移。下面我们进行小组交流，发挥集体的力量和智慧，找出更多解决烦恼的办法，共同填在表格里。好吗？

学生分小组讨论交流。

5. 交流展示，转化烦恼

(1) 个人交流：各小组团结协作，收获还挺多呢。哪位同学愿意把自己的收获和大家一起分享？

生 1：经常把不快乐的事和妈妈说，她会安慰我，每次讲完我心里就不那么难受了。有时也可以和要好的同学或伙伴说，那样心里也就不那么难过了。

师：向别人倾诉的确是一种解决烦恼的好办法。

生 2：不开心的时候就拼命地打枕头，发泄完了，心里也就舒服多了。

生 3：不开心的时候就干脆大哭一场，或者把它写在日记里，那样心里也会舒服一些。

师：不开心的时候这样自己发泄也是个好办法，你真是一个心胸开阔的小姑娘。

生 4：不开心就听听音乐或想一些开心的事。

生 5：不开心的时候，就听听优美的音乐，既陶冶了情操，又可以使烦恼消失得无影无踪。

师：对呀，这样就把不快乐转移了，渐渐地也就忘记了不开心，你们是聪明的孩子。真有办法。

生 6：老师，不开心就大吃一顿，还可以蒙头大睡，醒来后就什么都忘了。

师：偶尔这样是可以的，但如果经常这样可不行，小心变成一个大胖子。

生 7：不开心可以去踢球，一直到满头大汗。考试不好时，反复在心里对自己说，我能行。

师：这是一种非常积极的心态。

生 8：不开心时，就看看课外书，就可以增长知识，忘记烦恼。

生 9：不开心时，可以找一个清静的地方，想想老师讲的知识，这样既可以帮助学习，又可以把烦恼忘得一干二净。

师：这可真是一举两得。你是一个有上进心、热爱学习的好同学，快乐和成功一定属于你。

生 10：遇到烦恼时，我就安慰自己，如果生活中没有烦恼，生活就不会丰富多彩。

师：想得真好！你的童年、未来必定会丰富多彩！快乐会永远伴随你。

(2) 小组长交流：刚才在小组交流时，同学们已经把自己的方法记在了大手掌里。下面请各个组长上讲台给大家展示交流一下。各个组长上台展示汇报。

(3) 教师总结：集体的力量真是了不起！经过小组合作，空空的手掌心已经变成了美丽的收获园，里面记满了各种各样解决烦恼的好办法。同学们，此时，你心中最大的收获可以用哪个词来概括？(快乐)收获是快乐的。

(4) 总结方法：老师把同学们介绍的方法归纳总结在一起。请同学们看大屏幕，看看调节情绪常用的方法都有哪些。(屏幕显示)

自我控制：压制怒火，延迟发作。

积极暗示：我能行，下次再努力，用格言激励自己。

转移回避：做别的事，转移注意力，看书、散步、唱歌等。

合理发泄：在房间里大叫或找人倾诉，写日记。

自我安慰：自己暗示自己没事儿的。

激励进取：努力发奋，争取成功。

调整目标：重新估计自己的能力，把目标降低。

改变认识：遇到挫折，心情不佳时，试着从另一方面去想。

(5) 记忆好方法：请同学们轻声读屏幕上介绍的各种方法，记忆自己喜欢或适合自己的一些方法。

(6) 同学们，其实，这许多调节情绪、变烦恼为快乐的方法就像一颗颗闪亮的小星星、一朵朵五彩的花儿似的都可以藏进我们的掌心司令部。(屏幕出示大大的手掌形，一朵朵花儿、一颗颗星星飞进手掌心的画面，接着，手掌缓缓合拢握紧)请同学们也握紧拳头，你有什么新感悟吗？(你发现了吗？)对。其实所有的烦恼和快乐都掌握在自己的手心里。拥有好的心态、好的方法，你就会拥有快乐的每一天，你就会拥有快乐幸福的童年。

【设计意图】 通过用“可爱的手掌”这个直观形式，将“倾诉烦恼”“解决烦恼”“抓住快乐”三个小环节有机地串联起来，既让学生倾诉了自我烦恼，又找到了解决烦恼、调节情绪的好办法。

(三)辨析问题，探求快乐

同学们掌握了这么多开心的方法，能不能活学活用，指导日常问题呢？

1) 情景剧表演：找替罪羊

旁白：小明是今天的值日生。他早早就来到学校，很认真地把卫生区打扫干净。等别的值日生来时，他已经干完活回教室了。别的值日生又把卫生区扫了一遍，并告诉老师小明没有打扫卫生。老师很生气，把小明叫到了办公室。

老师：“小明，过来！今天你怎么没值日？清洁环境，是每一个学生的职责，何况你是一名班干部，更应该给同学起模范带头作用。”小明一脸委屈状：“老师，我已经干了……”老师生气地打断他的话，说：“别说了，回去好好想想。”说完开始低头批改作业了。

小明闷闷不乐地回到教室，同桌不小心碰了他一下，他大发雷霆：“干吗？”说着，使劲推了同桌一把，又把他的书给扔到了地上。同桌伤心地哭了起来。

(1) 看完这个情景剧，同学们有什么想说的？

(2) 教师总结：同学们说得多好啊！你们遇事都能从多方面分析，认识到消极对待烦恼的危害，并能设法解除烦恼，而且，你们还有一颗善良的心，会设身处地地替别人着想。相信，有了好的心态，有了好的氛围，同学们会一直和快乐为友，我们班也会更和谐、更快乐。

2) 新闻辨析

新闻报道：一名小学生因考试成绩不理想，家长呵斥了她几句，她感到委屈难受，一时想不通，跳进水库自杀。

发表感想(理解家长，与家长沟通，和好朋友倾诉，珍惜生命)，你认为她如何排解当时的烦恼心情呢？

3) 做家长心理小助手

是啊，调整好了心态，就会摆脱烦恼，就会避免一些不快和悲剧的发生。并且，我们还可以利用我们所掌握的心理学知识帮助家人排除烦恼，不仅保证自己快乐、健康，而且保证我们的家庭永远快乐、美满、幸福。

回忆一下，你的爸爸妈妈遇到过哪些烦恼？如果是现在，你打算怎样帮助爸爸妈妈重新拥有快乐？

同学们说得真好！如果父母听了你们的这些话，该有多么欣慰啊！希望你们说到做到，用健康的心理知识，用纯真的爱心随时为自己的亲人带来温馨和快乐，使每一个家庭成为快乐、幸福的港湾。家庭幸福了，你就一定会拥有快乐的童年。

【设计意图】 通过“情景剧表演”，让学生主动运用所学方法去解决自己日常学习和生活中常见的一些烦恼和坏心情。

(四)角色扮演，转化快乐

同学们学得这么用心，下面就让老师带你们去享受购物的快乐吧！

教师准备一些小巧可爱的玩具作为快乐小精灵，并在黑板上挂上“快乐小屋”的牌子。

师(扮成店主)：在这阳光明媚的日子里，伴随着隆隆的鞭炮声，老师的“快乐小屋”开业了。本店出售的是“快乐”。快乐是无价的，所以用来获得快乐的东西也必须是无价的。可以是自信、毅力、帮助别人、宽容、理解、良好的人际关系……心动不如马上行动，看看谁能成为我的第一个顾客。

生(顾客 1)：我想用自信来获得快乐。我平时不大自信，做什么事情都害怕做不好，结果越害怕就越做不好。我希望自己能自信。

师：你已经克服了胆小，拥有了自信。你们同意让他获得快乐吗？

(其余同学说同意。)

生(顾客 2)：我要用良好的人际关系来获得快乐。我觉得和同学处理好关系后，大家都愿意和我玩，我会获得快乐。

师：我要你再用一样东西来获得快乐——宽容。和别人相处，难免有磕磕碰碰，只有拥有了宽容的心才能保持良好的关系。可以吗？(他若有所悟地点点头。)

师(面向大家)：你们同意他获得快乐吗？ (大家鼓掌一致通过。)

师：你愿意把获得的快乐和大家一起分享吗？

生：愿意。

师：看来你真是一个心胸宽广的孩子，祝你永远快乐。

生(顾客 3)：我想用尊严获得快乐。人有了尊严，就会受到别人的尊敬，就会感到很快乐。

师：尊严无价，快乐成交。

生(顾客 4)：我想用微笑来获得快乐。生活中缺少不了微笑，微笑能带来快乐。

师：是啊！经常微笑不但可以使自己心情舒畅，还可以把你的好心情带给大家，还可以赢得友谊，微笑真是太有魅力了。祝你快乐。

生(顾客 5)：我想用坚强获得快乐。只要有了坚强，就会克服一个个困难，走向成功。

师：坚强的孩子人人喜欢。祝你快乐。

生(顾客6)：我想用友谊来赢得快乐。朋友不高兴时，我去安慰她、陪伴她，朋友就会变得开心了，这时我也会很快乐。

师：你真是一个善良的小姑娘。祝你快乐。

生(顾客7)：我要用诚实来获得快乐。只有做人诚实，才会得到别人的信任，才会获得更多的友谊，这样就会快乐。

师：诚实是做人的美德。祝你快乐。

【设计意图】 通过“快乐小屋”，让学生深刻思考自己获得快乐的源泉，也让学生懂得如何主动地去体验快乐和创造快乐。

(五)总结升华，延续快乐

1. 总结活动，赠送名言

师：太高兴了！今天接待了这么多聪明的小顾客。你们都具备了获得快乐的勇气、心理和能力。可惜，天已经晚了，本店要关门了，不过，要购买快乐的顾客不必遗憾。本店为了嘉奖你们的智慧和感谢你们对本店的热心支持，特赠送顾客们三句名言。它们具有非凡的魅力，相信只要你们真正拥有了它们，即使不到本店来购买快乐，也会自己寻找到无穷无尽的快乐。这三句名言就是“我能行！”“太好了！”“你有困难我来帮！”喜欢吗？让我们大声说一遍。

师(小结)：同学们，快乐是用金钱买不到的，只有靠自身的努力才能换取。请记住：生活好比一面镜子，你对它笑，它也对你笑；你对它哭，它也对你哭。让我们开开心心笑对生活每一天，让快乐成为我们生命的主旋律！让我们创造快乐、幸福、一生独一无二的美好童年吧！

2. 激情朗诵，升华情感

人生的风雨旅途

当来到这个世界的第一刻，
我们发出了第一声哭泣；
当我们慢慢长大，
会跌倒，
会难受，
会痛苦，
会迷茫。
人生注定要经历风风雨雨，
才能见到我们心中的彩虹。
我们要学会微笑，
学会坚强，
要像倔强的小蜗牛，
一步一步向上爬，
任风吹干流过的泪和汗，
总有一天会有属于我们的天！

3. 音乐渲染，放飞快乐

最后，让我们再次投入到音乐的怀抱，享受音乐带给我们的快乐吧！齐唱歌曲《童年》，结束本节课。

【设计意图】 通过教师赠言和诗朗诵，进一步深化学生体验，渲染快乐情绪。

◎ 活动设计二

做情绪的主人

一、活动背景

在心理学中，“情绪”是一个很抽象的概念，但它是人类精神活动的重要组成部分，在人类心理生活和社会实践中有着极重要的作用。小学高年级段学生正处在青春前期，他们的生理、心理正处于特殊的发展期，情绪的波动比较大，但又缺乏控制情绪的能力。有些学生出现了紧张、焦虑、自卑、厌倦等消极情绪，这些情绪如果得不到及时的调节和控制，将会严重影响学生的精神状态和学习效率，也将对学生的身心造成较大的伤害。本节课有意识地帮助小学生认识自己的烦恼，并引导他们排解这些烦恼，帮助他们培养健康积极情绪，树立完美的人格。要想把握自己的情绪，就必须了解、正视自己的情绪，并能恰当地表达自己的情绪和情感，找到驾驭情绪的方法。

心理健康教育活动课最根本的意义就在于学生能将课堂上学到的知识、方法用来指导自己的实践，及时调整自己的心态。从本节课的难点及学生学情出发，通过演一演、议一议来实现这个目的。辅导课从生活事件切入情绪的概念，进而讨论积极情绪和消极情绪的作用，在具体教学活动中，利用生活中的故事很好地创设一系列情境，总结情绪调控的方法，引导正处于青春前期、情绪波动大，生理和心理面临巨变的小学高年级学生，正确地认识和体验基本情绪，控制和消除不良情绪，在心理健康教育活动课中，真正做一回“情绪的主人”。

二、活动目标

通过活动让学生能够认识、体会、表现人类常见的各种情绪，了解不同情绪的外在表现，懂得情绪产生和变化的原因。课堂上采用游戏法、表演法、情境教学等方法让学生懂得自己是可以选择自己的心情的。当自己不开心时，初步懂得调节自己的情绪，掌握一些调节情绪的方法。让学生懂得调节自己情绪的必要性和主动性，以及掌握调节情绪的方法是本次活动的重点与难点。

三、活动过程

(一)暖身活动

师：今天，有很多老师来听课，此时此刻，你们的心情如何？

生 1：紧张。

生 2：兴奋。

生 3：高兴。

生 4: ……

我们先来做个游戏——“击鼓传花”。小组进行传花，先把花放在第一组的第一个同学那里，由他依次向其他同学传，音乐停止时花传到谁的手里，谁就得表演节目。

采访：表演了节目和没有表演节目的同学分别有什么感受？

(学生得到了失望、兴奋、喜悦等各种情绪体验。)

根据学生的回答进行板书，指出这就是情绪。今天就让我们走进“情绪”这个五彩缤纷的世界，一起去体验情绪，(课件)“做情绪的主人”。

【设计意图】 通过暖身活动让全体学生既没有心理压力，感到轻松愉快，又能够集中注意力，积极参与活动，从而增进学生之间、师生之间的信任感和凝聚力。

(二)认识情绪

活动一：情绪表演

师：生活中有各种各样的情绪，下面请几位同学上台做情绪表演，其他同学猜猜他们表演的是什么情绪。

几位学生上台表演：高兴、愤怒、兴奋、害怕、悲伤、难过、平静、失望、紧张、喜悦、着急……

师：谢谢同学们的精彩表演。我们人类具有各种各样情绪，现代心理学的研究成果表明，人具有四种基本情绪，即喜、怒、哀、惧。

活动二：画情绪脸谱

请四名学生在黑板上分别画出喜、怒、哀、惧四种脸谱。

【设计意图】 活动中，让学生体验、认识什么是“情绪”是首要任务。在这个过程中，先让学生通过演一演的环节，了解多种多样的情绪，然后引导学生归纳出人类具有的四种基本情绪：喜、怒、哀、惧。而“情绪”是一个抽象的概念，所以又安排了画情绪脸谱的环节创设情境，将抽象的概念形象化、具体化，引导学生较好地认识什么是情绪。

(三)创设情境，体验、表现情绪

活动一：情绪大转盘

师：老师做了一个情绪大转盘，请同学们根据转盘上的情绪，讲述发生在自己身上的事情。

师生共同交流。

活动二：在出现下面情况时，你会产生怎样的情绪？会怎么做？以小组为单位，根据所提示的内容，排演心理情景剧。

课件出示提示内容：

(1) 六一儿童节时，上台为全校师生表演。

(2) 和朋友闹矛盾，被误会时。

(3) 考试成绩不理想时。

(4) 被选为优秀少先队员时。

(5) 朗读比赛获得第一名时。

给学生几分钟时间，以小组为单位进行演练，让 2～3 组同学上台表演。表演完成后，老师对同学们进一步引导，如何在生活中保持快乐的情绪，抛弃不好的情绪。

【设计意图】 “体验”是情绪的基本特征，离开了对自己情绪的体验，就谈不上对自己情绪的调控。在这个过程中，通过师生、生生互动的形式，搭起一个体验情绪的平台，唤起学生对自己以往情绪的体验，并再次将“情绪”概念形象化。

(四)调节控制自己的情绪

师：播放背景音乐《最近比较烦》，欣赏情景剧《倒霉的一天》。问：你能让小丽的心情变得好起来吗？

小组讨论：交流调节控制情绪的方法。

教师总结：多媒体展示调节情绪的秘诀。

(1) 情感转移法：如果伤心，听欢快或轻柔的音乐；如果沮丧失望，听慷慨激昂的音乐。登山、跑步、散步等也可以转移不良情绪。

(2) 情感宣泄：在适当的场合大声叫喊或痛哭一场；向亲人或好朋友倾诉；进行剧烈的运动；放声歌唱；眼泪缓解法。

(3) 写心理日记：在日记中记下自己的喜怒哀乐。

(4) 换位思考：假如是我，我会……

(5) 做心理放松操：闭上眼什么都不要想，先深吸一口气，慢慢地往外吐气，连续多次可使身心放松。

【设计意图】 该环节主要运用启发谈话的方法，教师把握契机适时地进行引导，与学生在课堂上进行亲切的交流，让学生讨论如果“我”是故事中的主人公，该怎样控制自己不良的情绪。通过讨论的形式，促进学生互相交流，让学生初步学会控制不良情绪的方法，帮助学生调控情绪，疏导烦恼，学会情绪转化，形成良好的、健康的积极情绪。

(五)学以致用，巩固提升

师：你是否使用过这些方法来解决遇到的烦恼？或是听过这样的事情？请你当个演讲家，先在小组内进行演讲。

师：当你遇到以下烦恼时，你会怎样对自己说？

(1) 晚上走黑路时很害怕，你会对自己说：________。

(2) 与同学发生冲突时，你刚要发怒，你会对自己说：________。

(3) 当你想去同学家玩，妈妈却没有同意，你会对自己说：________。

(先自己写下来，再请同学说。)

【设计意图】 让学生能够运用自己所学的知识，解决遇到的烦恼，初步学会控制不良情绪，选择愉快的心情。

(六)小结

是啊！生活中难免会遇到不顺心的事，关键就看你如何去面对，如何让自己保持快乐的情绪。

老师为同学们准备了一只垃圾桶，知道是用来干什么的吗？老师希望同学们把所有的坏情绪都扔到垃圾桶里，把好情绪留在心中。最后，我们齐唱一首歌曲：《我们都是快乐的人》。

◎ 活动设计三

送你一支快乐魔术棒

一、活动背景

现在的学生以独生子女居多，他们从小生活条件优越，接受了过多的关爱，形成了“高智商、高敏感、高脆弱、高自尊”的特点。随着年龄的增长，他们在成长中遇到的困惑和烦恼也越来越多，影响了他们的健康成长。根据学生的这些特点，针对初二年级的学生设计心理健康活动课，目的是教给他们一些技巧和方法，帮助他们摆脱烦恼，收获快乐。

二、活动目标

(1) 知识目标：掌握换个角度看问题的技巧。

(2) 情感目标：在具体的情境中体验并感悟快乐，培养乐观积极的生活态度，拥有健康的心理。

(3) 能力目标：学会换个角度去看问题，从而消除自己的不良情绪；还能运用所学的方法帮助别人解除烦恼。

三、活动过程

(一)歌曲导入

(课前播放《快乐老家》的音乐)

同学们，非常高兴有机会和大家一起上一节心理健康活动课。我从同学们一双双明亮的眼睛里看到了热情，看到了期待。老师知道有这样一句话：“积极的人像太阳，照到哪里哪里亮。”这节课如果你积极参与我们的各项活动，那你就是课堂上的太阳。希望在座的每个同学都来争当太阳，大家说好不好？(好！)听了同学们的回答，老师从内心感到快乐和欣慰。今天我们心理课的主题就是《送你一支快乐魔术棒》。

说到快乐，同学们在生活中一定有很多快乐的事情吧？(有！)这节课就让我们从分享快乐开始吧。我不能让每一个同学都来讲，就用做游戏的方式，随机抽取同学来展示你的快乐。一起进入快乐游戏环节。

(二)快乐游戏

游戏：击鼓传花。

游戏规则：当鼓槌停下来，绢花在谁那里，谁就站起来说一说自己在生活中的快乐。谁来客串一下鼓手？(选出小鼓手)

预设：

(1) 小测验得了满分。

(2) 和朋友一起玩，很高兴。

(3) 父母给自己庆祝生日。

(4) 和父母去旅游。

(5) 做自己感兴趣的事。

……

教师小结：刚才我们分享了几个同学的快乐。看到同学们脸上洋溢的笑容，老师特别想帮你们把快乐延续下去。这节课我就教给大家一个方法，让你在生活中少些烦恼，多些快乐。这是一个什么方法呢？让我们一起进入看图明理环节。

【设计意图】 引入快乐的话题，通过生活案例唤起学生已有的情感体验，为后面的活动作铺垫。

(三)看图明理

展示图片，请同学分别描述一下这两张图片(从年龄、神态的角度)。

第一幅图片　　第二幅图片

提问：这两幅图片有没有联系呢？(学生回答：颠倒过来看。)

这就是老师要告诉你的方法：换个角度看问题。

教师小结： 我们看到，同样的一幅图片，观察的角度不同，会得出不同的结果。其实生活中也有很多这样的现象，一旦换个角度思考，就会有“横看成岭侧成峰，远近高低各不同”的效果。现在我们就来看看这种智慧在生活中的应用吧！

【设计意图】 通过生活案例唤起学生快乐的情感体验，为后面的活动作铺垫。

(四)故事感悟

展示图片：优美风景中坑坑洼洼的小路。

请同学们推选出男女两位导游，掌声欢迎两位同学到讲台上来。

教师说明情境：这是一条到旅游景点的必经之路。今天，这条路上开来了两辆巴士。第一辆巴士上的导游是这样介绍的，“哎呀，这条路年久失修，就像麻子脸，真让人受不了。大家将就一下吧。”(男同学皱着眉头说台词)老师采访游客的心情(沮丧、失望、懊恼……)第二辆巴士上，导游兴高采烈地介绍，“女士们，先生们，大家快看，我们正行走在著名的酒窝大道！来，现在请大家和我一起来数酒窝。咯噔，一个；咯噔，两个；咯噔，三个……”(女同学有感情地说台词)老师采访游客的心情(高兴、愉快、兴奋……)

教师小结： 你看，同样的一条路，从不同的角度看，带给人的情绪体验是不一样的。这就是换个角度看问题的魅力。那么，换个角度看问题有哪些技巧呢？让我们一起进入快乐密码环节。

【设计意图】 选用这个故事的目的在于吸引学生的注意力，激发兴趣，启迪智慧。无须过多言语，就已经达到了“润物细无声”的效果。

(五)快乐密码

大家可以看到屏幕上有三个大字“魔术棒”。每一个字都隐藏着一个小活动，大家想先进行哪一个呢？(学生自己随意挑选“魔”“术”“棒”三个超链接)

“魔”——“唱反调”游戏

游戏规则：出示问题，其他人唱反调，说出不同的看法，加上“太好了”三个字。

(1) 考试失败是不好的。

(有的说：“考试失败太好了，失败是成功之母。让我知道错误的地方，就努力改正，争取下次考好些。”有的说：“考试失败太好了，让我体验到失败的滋味，我就增强了耐挫的能力。”有的说：“考试失败太好了，把它看成加油站和维修站，为今后的进步奠定基础。”……)

(2) 被老师批评，很沮丧。

(有的说：“被老师批评太好了，帮你指出缺点，改正了才能进步。”有的说：“被老师批评太好了，说明老师关心你啊。”……)

(3) 我个子矮，很自卑。

(有的说：“个子矮太好了，浓缩的才是精华。”有的说：“个子矮太好了，可以坐在前面听讲。”有的说：“个子矮太好了，天塌下来有高个子顶着。”……)

【设计意图】 告诉学生，任何事情都有两面，看到消极、悲观的一面，就会丧失信心，结果只能以失败告终；看到积极、乐观的一面，就会让人充满信心和勇气，去争取胜利。所以我们一定要学会用积极乐观的态度去看问题。这也是心理学中调节情绪的重要方法之一——积极的自我暗示法。

“术”——演一演：今天我来当老师

教师介绍情境：一位年轻老师来上课，班长喊过“起立”后，还有几个调皮的学生坐着。你认为老师会怎么做呢?

请同学下来表演……(学生表演，老师点评。)

大家想不想知道这位老师是如何处理的呢?(老师揭晓答案：这个老师唱了国歌的第一句……)

【设计意图】 此活动的目的是告诉学生，幽默是生活的调味剂，它可以使大事化小、小事化了，无名的烦恼转眼间烟消云散；幽默也是一种智慧，让人心胸豁达，笑看人生。

“棒”——视频：《发书》

(一本有些破损的书，开始两个同学谁都不要，最后又都抢着要，因为他们学会了换位思考。)

换位思考就是站在对方的角度看问题，我们通过几个生活中的情境来了解换位思考的精髓。

(1) 当我犯了过错，我希望别人批评我吗?不希望！我希望得到原谅。

(2) 当我做得不好时，我希望别人嘲笑我吗?不希望！我希望得到鼓励。

(3) 当我遭受挫折时，我希望别人幸灾乐祸吗?不希望！我希望得到帮助。

(4) 当我情绪低落时，我希望别人冷落我吗?不希望！我希望得到安慰。

(5) 当我总是听不懂时，我希望别人觉得我烦吗?不希望！我希望得到耐心。

【设计意图】 利用视频教会学生换位思考，帮助学生在生活中做一个受欢迎的人，这样不但可以交到很多朋友，还会让快乐时时围绕在身边。

快乐密码整个环节的设计意图是要让学生明白快乐的秘诀有很多：①积极；②幽默；③换位思考。

(过渡语)同学们都知道生活中并不总是阳光明媚，也有乌云密布，甚至狂风暴雨的时候。请同学们 4 个人为一组，推选出一位组长，把你的烦恼告诉他，请他记录下来，然后交上来。

(六)快乐比拼

活动过程如下。

教师从中选择话题，以小组为单位进行讨论，请同学们利用手中的魔术棒，尽可能多地提出解决问题的好办法。

这些问题如下。

(1) 双休日，父母逼着学乐器，没有玩的时间，很苦恼。

(同学们提出的解决办法有：学乐器是高雅情趣，可以陶冶情操，开发智力；这是一项技能，学好了可以参加文艺会演，是令人自豪的一件事；实在不喜欢的话，可以和父母交流，改学别的技能……)

(2) 平日里父母总是唠叨个不停，要加衣，要多吃饭，要认真听讲……真烦！

(同学们提出的解决办法有：应该换位思考，妈妈唠叨是关心我，我应该认真想想这些唠叨的话；和妈妈好好沟通一下，告诉她你的嘴皮子没有磨破，我的耳朵却生茧子了，不要小瞧我，放心吧；拥抱母亲，告诉她小鸟长大了，学会自立啦！……)

(3) 因为一件小事，我和好朋友闹了矛盾，过后，我主动找她和好，可她不理我，我很伤心，该怎么办？

(同学们提出的解决办法有：我给她写封信，态度诚恳，语言幽默，相信她会在意的；我寻找一个好时机，买一本她喜欢的书，送她；等一段时间，她的气消了，再去沟通……)

……

小组解决完问题，选派代表进行交流，老师点评。

【设计意图】 这三个问题都是提前调查的，具有代表性的话题。选用的目的在于帮助学生从不同的角度对身边的事件进行思考，提高他们解决实际问题的能力。

(七)教师寄语

同学们，法国作家大仲马说过，人生就是由无数烦恼组成的念珠，乐观的人笑着把它数完。我要对同学们说，遇到困难和挫折时，用良好的心态待人处事，相信你可以把生命的舞台演绎得更加精彩。最后，请大家欣赏一首小诗——《改变自己》。

(漫画配乐诗)

我不能左右天气，
但我可以改变心情。
我不能改变容貌，
但我可以展现笑容。
我不能控制他人，
但我可以掌握自己。
我不能预知未来，
但我可以利用今天。
我不能样样胜利，
但我可以事事尽力。
转个弯——
我的生活处处阳光！

【设计意图】 对整节活动课进行总结，利用漫画配乐诗来升华主题。

◎ 活动设计四

克服嫉妒心理 学会合理竞争

一、活动背景

在社会生活中，人人都渴望受到尊重，但现实中，却常有一些不尊重别人的现象发生。例如，多数人普遍存在着因他人的成绩、才能、名誉、境遇超过自己而产生的一种嫉妒心理。这种因个人差异而产生的嫉妒心理，无形中影响了人与人之间的交往，甚至会把自己弄得疲惫不堪。学生中这种现象较为常见。它不仅妨碍团结，影响进步，给同学和集体带来损失，而且对个人的身心健康也会造成不良影响。这种心理如果发展下去，还可以使人失去理智，甚至作出打击和伤害别人的事来。

二、活动目标

(1) 使学生认识嫉妒心理的表现、产生的原因及危害。

(2) 指导学生以积极的心态和调节方式，克服嫉妒心理。

(3) 使学生懂得应该以友爱、尊重和宽容的态度与他人相处。

这堂课的教学重点是使学生认识嫉妒心理的表现以及产生的原因与危害，指导学生以积极的态度来克服嫉妒心理。教学难点是使学生能识别嫉妒的行为表现，有意识地克服嫉妒心理。这堂课的教学方法是讲故事——摆现象——查根源——论危害——出妙招。

三、活动过程

(一)故事导入

清朝雍正年间，有一位著名的武士名叫白泰官。一次，他结束在外游历，回到阔别八九年的故乡。在村外的一处坟场边，他看到有个八九岁的小孩儿正在练武，只见这个孩子闪展腾挪，身手非凡。白泰官看得眼睛都直了，突然一个念头窜入他的脑海：这个小孩子长大后，武艺一定在自己之上。于是，一股无名的妒火"唰"地在胸中燃烧。他走上前，竟在寻衅比武中向小孩狠下毒手。孩子气绝前，盯着白泰官咬牙切齿地说："我父亲白泰官回来了一定会为我报仇的！"这句话像一声晴天霹雳惊呆了白泰官，原来嫉妒之火害死的竟是自己的亲骨肉!

从古到今，这样的悲剧一直在上演。嫉妒让人失去理智，让人疯狂。因为嫉妒，周瑜发出了"既生瑜何生亮"的感慨，并因之忧愤而终。因为嫉妒，廉颇一度视蔺相如为眼中钉、肉中刺。在他心中，一个小小门客怎能居他之上？因为嫉妒，上官大夫诽谤屈原，致使国土沦丧。嫉妒，让人忽视他人的努力，甚至藐视他人的成功。

【设计意图】 通过生动形象的故事使学生初步感知嫉妒的恶果。

(二)摆现象

1. 学生交流自己搜集到的嫉妒现象的例子

我们班上有些同学，为了让学习成绩超过别人，常常偷偷地在家里默默地使劲学习，而在学校却装出一副对考试无所谓的样子。上课不好好听老师讲课，在一旁干扰别人听课，自己会了，不让别人听课。有了一本好的学习资料，也不肯借给别人看，更谈不上去帮助学习差的同学，就怕别人比他强。

2. 教师利用多媒体展示从资料上搜集的案例(学生看录像《纵火犯》)

在山东某大学里有一个学生叫唐军，他的成绩一向非常优秀，是学习上的佼佼者。正当他飘飘然的时候，别人已经悄悄地赶上他了。这时，他理应急起直追，可他不但不觉醒，反而产生了一种越来越强的嫉妒心，容不得别人超过自己。他脑子里萌发了一种邪念，决定去“报复”他人，不让他人有好成绩。开始，他只是偷看、偷拿别人的书，使人家学不成。当别人苦苦寻找时，他却在一旁幸灾乐祸。他的这种行为理所当然受到了班上同学的批评，他不仅不思悔改，后来竟破坏别人的正常学习，纵火焚烧别人的衣物，成为纵火犯。

【设计意图】 通过观看录像中的真实案例使学生清醒地认识到嫉妒现象就发生在我们身边，必须引起重视。

(三)查根源

教师提出问题，引发学生思考、讨论。

(1) 唐军为什么会产生报复行为？

(因为他容不得别人超过自己，当别人赶上并超过他时，他心里极不舒服，所以产生越来越强的嫉妒心)

(2) 什么叫“嫉妒”？

多媒体展示：嫉妒是一个人在个人欲望得不到满足而对特定对象所产生的一种不服气、不愉快、怨恨的情绪体验。嫉妒是一种消极的、不健康的心理。这种现象常常发生在年龄、文化、社会地位与条件相当并有竞争关系的两者之间——竞争中的失败者往往会对竞争对象产生嫉妒心理。

【设计意图】 让学生明确什么是嫉妒，以及嫉妒心产生的根源。

(四)论危害

同学们，不知你们听了上述故事有何感想。我的感觉就是：如果这个大学生唐军能克服自己的嫉妒心，与别人展开友好竞赛，并且和他人携手共进，那结局就完全不一样了，你们说是吗？同学们，你们知道嫉妒孙膑的庞涓在马陵之战中中计身亡，贻笑天下的故事吗？你们知道《三国演义》中的周瑜因为嫉妒神机妙算的诸葛亮而被活生生气死吗？你们知道《水浒传》中的白衣秀才王伦容不得一个比自己高明的人才，而死于林冲的刀下吗？确实，嫉妒者无不以害人开始，以害己而告终。嫉妒往往损人不利己。

英国哲学家培根说：“嫉妒这恶魔总是在暗暗地、悄悄地毁掉人间的好东西。”莎士比亚说：“你要留心嫉妒啊，那是一个绿眼的妖魔！谁做了它的牺牲品，谁就要受它的玩弄。”那么，嫉妒有什么危害呢？

学生讨论“嫉妒”的危害。

(1) 嫉妒心会影响身心健康，嫉妒心强的人容易得身心疾病。

(2) 嫉妒心强的人会影响学习。嫉妒心强，直接影响人的情绪，而不良的情绪会大大降低学习效率。

(3) 嫉妒心强可能使我们结交不到知心朋友。嫉妒心强的人往往事事好胜，常想方设法阻止别人的发展，总想压倒别人，这可能使同学、朋友想躲开你，不愿和你交往。

【设计意图】 学生彻底认清嫉妒心理的危害。

(五)出妙招

怎样才能消除嫉妒心理呢?

教师多媒体展示故事，学生看故事，悟道理。

1. 故事一

苏轼面对舒亶与李定等小人的嫉妒，连一个回击的字也不屑为之，在诗文书法的艺术海洋里孜孜不倦地耕耘着，在“当官不为民做主，不如回家卖红薯”的信念里笃行着，这才成就了震古烁今的作为。同样，马克思面对来自各方的攻击，“像蛛丝一样轻轻抹去”，仍然埋头自己的研究，倘若缺乏大海一样的胸怀，不自信，怎能做到那样的从容不迫、巍然如山?

这个故事告诉了我们什么道理呢?

克服嫉妒心理首先要树立自信心。别人有什么值得我嫉妒的呢?我也有很多优点不是吗?我也有很多别人没有的、值得别人嫉妒的不是吗?

(学生讨论交流后，教师多媒体展示妙招一：克服嫉妒心理，首先要树立自信心。)

2. 故事二

有一位一生行善无数的人，他临终前有一位天使特地来接引他上天堂。天使说：“大善人，由于你一生行善，成就很大的功德，因此在你临终前我可以答应你实现一个你最想实现的愿望。”

大善人说：“谢谢你这么仁慈，我一生当中最大的遗憾就是，从来没见过天堂与地狱究竟是什么样子。在我死之前，您可不可以带我到这两个地方参观参观?”

天使说：“没问题，因为你即将上天堂，所以我先带你到地狱去吧。”大善人跟随天使来到了地狱。

他们面前有一张很大的餐桌，桌上摆满了丰盛的佳肴。

“地狱的生活看起来还不错嘛!没有想象中的悲惨。”大善人很疑惑地问天使。“不用急，你再继续看下去。”

过了一会儿，用餐的时间到了，只见一群骨瘦如柴的饿鬼鱼贯地入座。每个人手上拿着一双长十几尺的筷子。每个人用尽了各种方法，尝试用他们手中的筷子去夹菜吃。可是由于筷子实在是太长了，最后每个人都吃不到东西。

“实在是太悲惨了，他们怎么可以这样对待这些人呢?给他们食物的诱惑，却又不给他们吃。”

“你真觉得很悲惨吗?我再带你到天堂看看。”

到了天堂，同样的情景，同样的满桌佳肴，每个人也都同样手持一双十几尺的长筷子。不同的是，围着餐桌吃饭的是一群洋溢着欢笑、长得白白胖胖的可爱的人们。他们用筷子夹菜，不同的是，他们喂对面的人吃菜，而对方也喂他吃。因此每个人都吃得很愉快。

这个故事又告诉了我们什么道理呢?

要看到自己的长处，化嫉妒为动力。帮助别人就是帮助自己!多帮助别人其实也就是在帮助自己，用祝福的心态看待别人，尊重别人，主动帮助别人，受惠的不光是别人，还有自己。这种利人利己的好事何乐而不为呢!身处在同一个世界，是天堂还是地狱，就看你是否拥有一颗为他人着想的心。

(学生讨论交流后，教师多媒体展示妙招二：要看到自己的长处，化嫉妒为动力。)

3. 故事三

欧阳修作为北宋的文学泰斗，发现了苏轼的杰出才华，他及时向宋神宗推荐，并对他的儿子说："十年后，人们将不再谈论我的名字，而是由苏轼来取代我。"试想，假如欧阳修是个心胸狭隘的小人，妒火中烧，不将苏轼往死里整才怪呢，又哪里会坦荡光明地举荐苏轼呢?

这个故事又告诉了你什么道理呢?

良好的心境是快乐的根本。只有培养豁达的人生态度，以乐观的态度看待一切，才能心胸开阔。"眼红"的时候，试着马上改变思路，将妒忌心转换成对他人的美好祝愿。理解他人成功背后的努力、运气和奋斗，真心祝贺他人，用他人的成功激励自己，这样就可以避免嫉妒心理的产生。

(学生讨论交流后，教师多媒体展示妙招三：要培养豁达的人生态度，以乐观的态度看待一切，心胸开阔。)

【设计意图】 让学生在生动的故事中学会一些克服嫉妒心理的方法。

(六)教师总结

同学们，生活在集体中的我们，常会将自己和周围的同学进行比较。有的同学通过比较看到了他人的优点，发现了自己的缺点，他们在比较中找差距，在比较中求进步。还有一类同学，他们也在比较，也在找优点，寻缺点，可是得出的结果却和第一类同学大不一样。他们比较出了他人的缺点，却对他人的优点视而不见；他们比较出了自己的优点，却对自己的缺点只字不提。这一类同学总是一味地否定别人，抬高自己，他们比来比去，只收获了一颗"嫉妒"的种子。一个产生了嫉妒心的人如同一棵生了虫的树，如果不及时把"嫉妒"这只虫子除掉，而是让它在躯体里寄生，那么，等待这个人的命运唯有"枝枯叶黄"。一个人在嫉妒他人时，总是注意到他人的优点，却不能注意自己比他人强的地方。其实任何人都有不如他人的地方，当他人在某些方面超过我们时，我们可以有意识地想一想自己比对方强的地方，这样就会使自己失衡的心理天平重新恢复到平衡的状态。

因此，我希望同学们在平时的生活、学习中能正确对待同学、朋友取得的成绩，在平等的基础上，合理地与别人展开竞争，化嫉妒为动力，变嫉妒心为上进心，时刻提醒自己，保持乐观的情绪，通过自己的努力来争取好成绩。

◎ 活动设计五

阳光心态　成就自我

一、活动背景

高中生处于情绪、情感发展的关键时期，积极、向上的心态对于情绪、情感的调控起着决定性的作用。而认知理论认为，决定人们情绪的不是外界的事物，而是人们看待事物的态度。当人们以积极、乐观、向上的心态看待世界时，就会产生稳定而乐观的情绪情感。因此，阳光心态的培养对高中生情绪、情感的调控起着重要作用。

二、活动目标

通过给动画短片配音，理解同样的境遇，可以有不同的情绪，关键在自己的观念上。学会将消极的观念转变为积极的观念。掌握调控情绪、情感的方式与途径。

三、活动过程

(一)导入新课

通过多媒体课件展示双歧图，让学生通过观察、讨论、交流得出结论：同一事物从不同的角度去观察，得到的结果截然不同，换一个角度，用阳光的心态去看待周围的事物，就会拥有乐观向上的情绪情感。

【设计意图】 通过展示形象、生动的心理双歧图，让学生直观体悟到从不同的角度看问题会有不同的结果，自然导入主题。

(二)暖身活动

今天我们来做一个有趣的活动——趣味运动会。活动的规则如下。

(1) 伸出右臂，拇指朝上，代表运动员入场。

(2) 伸出右手，拇指朝上，上下移动，表示运动员跳一跳。

(3) 伸出右手，食指和中指下下交错移动，表示运动员游泳。

当老师说运动员入场时，大家就伸出右臂，拇指朝上；说运动员游泳或跳一跳时，大家就做刚才老师介绍的规定动作。如果老师没有说运动员，大家就要原地不动。

活动要求：

(1) 每组由组长负责监督，必须公正。

(2) 同桌之间相互监督。

(3) 活动进行三次。

开始活动：

大家准备好了吗？现在活动开始，注意不要犯错啊！

“运动员入场！跳一跳！看一看，谁做错了？”

“运动员入场！运动员跳一跳！运动员游泳！游泳！看一看，谁错了？”

好，最后一次：

“入场！”看一看谁错了？一次没错的同学请举手！错一次的同学请举手！

同学们，我们刚刚做了一个简单的游戏，大家有成功的，也有失败的。在这个过程中，大家可能体验到了不同的情绪、情感。消极等负面的情绪是我们每个人都不喜欢有的。那么，我们应该如何调整那些负面的情绪呢？让我们一同走入《跳跳羊》的精彩故事中吧！

【设计意图】 通过“趣味运动会”这一活动，使学生感受在活动中不同的情绪体验，进而对情绪有更细化的了解。

(三)配音活动

观看奥斯卡经典短片《跳跳羊》，并按要求配音。

具体要求如下。

(1) 至少三个角色，一个是旁白，一个是跳跳羊，一个是美洲羊。

(2) 美洲羊对跳跳羊的劝说要精练、深刻且富有启发意义。

(3) 跳跳羊的台词要突出悲伤时是怎么想的，要突出美洲羊劝说后，心情转变过程中的内心是怎么想的，语言要深刻而富有启发性。

分组展示设计的台词及配音表演。

同学们，你们今天是最棒的，给我们展示了精彩而不同的跳跳羊，我感动于大家精彩的表演和精心设计的台词，以及富有创意的乐观的诠释。我相信只要给你们一个舞台，你们会做得非常完美！所以，同学们一定要牢记：人生的发展没有边界，你对自己缺乏自信心可能就是你最大的障碍，你的积极乐观可能就是你发展的最大资源。

同学们，我们刚才看到的是跳跳羊，但在它的身上看到的却是我们自己。我给大家提出下面的问题进行讨论，帮助大家更好地认清乐观的本质，发现阳光心态的奥妙。

问题：乐观、阳光的心态对人的发展具有巨大的作用，结合本节课的活动和你的生活经验，我们都有哪些获得和保持乐观、阳光心态的方法？(至少 3 种)

分组进行讨论并交流结论，交流的规则是一个组由负责记录的同学交流 3 种方法，然后由下一组再交流 3 种方法，但不允许重复。

同学们总结得非常全面，下面是我的想法，要保持阳光心态，我们要朝这些方向努力。

不断完善自我，增强自身的实力，这是乐观的根本。

清楚自己的短处，善于发挥自己的长处。

坚持微笑待人，尽可能地去赞赏别人。

做事前多做思想准备。

制定切实可行的发展目标，每天看到自己的进步。

要善于发现自身的一些不合理信念。

经常积极地自我暗示，例如镜子技术。

改变我们能够改变的，乐观地接受我们不能改变的。

活在现在，不是过去也不是未来。

重新定义失败，失败或许给你带来痛苦，但更能让你学到东西。

学习运用幽默。

多参加文体活动和户外活动。

【设计意图】 通过配音《跳跳羊》，引导出阳光积极心态的作用，并总结出保持乐观、积极心态的方法。

(四)案例分析

观看史蒂夫·乔布斯在斯坦福大学 2005 年毕业典礼上的演讲视频，并分组讨论交流：乔布斯的故事及精彩的演说给我们的启发和收获是什么？

同学们，我们的未来是需要我们用双手创造的，但我们人生蓝图的底色却是需要我们用心来描绘的，我们心态的积极与消极直接影响我们的人生规划。所以我们要用乐观的心态去赢得我们的未来。如果你在人生道路上遇到挫折，那你就想想乔布斯的跌宕人生，想想那只可爱的跳跳羊。

最后，让我们共同朗诵一段关于乐观的箴言。

乐观是一种笑容。

乐观是一种宽容。

乐观是一种理解。

乐观是“采菊东篱下”的淡然。

乐观是“天生我材必有用”的自信。

乐观是“天下兴亡匹夫有责”的豁达。

乐观是“会当凌绝顶，一览众山小”的豪情。

【设计意图】通过观看乔布斯的演讲视频，使学生懂得生活的色调掌握在自己手中，乐观的心态才能赢得未来。

◎ 活动设计六

让“焦虑”助我一臂之力

一、活动背景

考试对于高中生来说，是学习过程中不可缺少的事情。由于考试是检验学生的学习效果、知识水平等的重要途径，有些考试甚至还会影响学生的前途，所以，考试会给学生带来一定的心理压力，产生不同程度的紧张、恐惧和焦虑，也就是考试焦虑。在考试过程中，适度的焦虑可以提供临场发挥的最佳情绪状态。学生以这种心态迎接考试，往往不会失误，甚至还能超水平发挥。而如果学生的心理承受能力较弱，对考试压力的感受和反应过分强烈，就会产生严重的紧张和焦虑情绪，这种高强度的焦虑水平就会对考试成绩产生不利影响，导致发挥失常。因此，教师在考前对学生的考试心态进行调整具有重要意义。本节课的主要目的是使学生了解考试焦虑对学习成绩的影响及其产生的原因，认识到考试焦虑的双面作用，调整自己的情绪，从而更好地应对考试。

二、活动目标

本节辅导课的活动目标有三个：一是让学生了解考试焦虑与学习成绩的关系，正确认识考试焦虑；二是让学生了解产生考试焦虑的原因；三是让学生学会克服考试焦虑的方法。

三、活动过程

(一)暖身活动——认识焦虑

1. 活动要求

通过多媒体课件，每次用1分钟呈现10个2位数组合，要求学生尽可能记住，然后进行提问。

方式一：自测、自评(焦虑度较低)。

方式二：小组比赛，组内互评(焦虑度较高)。

方式三：选出四名同学当众测试，当众评分(焦虑度最高)。

2. 学生思考

这三种方式测试出的结果一样吗？测试结果不同的原因是什么？

3. 老师点评

这三种方式测试结果不同的原因是我们对待测试的紧张程度，也就是焦虑水平不同。在日常学习中，对待考试焦虑有两种错误观念：一种观念认为，只要感觉到压力，就怀疑得了考试焦虑症，越怀疑就越紧张——这是一种恶性循环；另一种观念认为，只有一点都不紧张的人，才是一个能在考场上正常发挥的人。但正确的观念应该是，只要是正常人，在考试前都会自然产生某种程度的紧张情绪。

考试焦虑对成绩的影响，呈一个倒U形的曲线(见下图)。一点都不焦虑和焦虑水平太高，考试成绩和复习效果都很低。只有中等水平的焦虑，考试成绩才会最好，工作效率才会最高。因为适度的焦虑，会保持学习的警觉性和注意力的集中，并有助于促进个体兴奋，调动身体的能量，以充沛的精力迎接挑战。

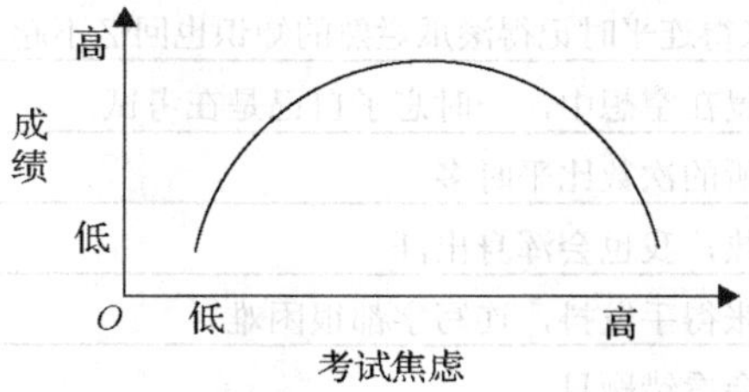

考试焦虑与成绩的曲线关系

【设计意图】 通过暖身活动导入本节课的主题，让学生体验到焦虑情绪对学习效果的影响，认识到焦虑情绪的积极作用，为接纳焦虑情绪做好观念上的准备，同时活动本身可以调动学生上课的积极性。

(二)问卷自测——了解焦虑

组织学生做考试焦虑水平测验量表 (见下表)。

本测验共 32 道题，每题 4 个答案：A 很符合；B 比较符合；C 不太符合；D 很不符合。

考试焦虑水平测验量表

题　号	内　容	A	B	C	D
1	在重要考试的前几天，我就坐立不安				
2	临近考试时，我就拉肚子				
3	一想到考试即将来临，我身体就发僵				
4	在考试前，我总是很苦恼				
5	在考试前，我感到烦躁，脾气变坏				
6	在紧张的复习期间，我老想着：“这次考试考糟了怎么办？”				
7	越临近考试，注意力就越难集中				
8	一想到马上就要考试了，参加任何文娱活动都没有兴趣				
9	在考试前，老是预感到这次考试将要考糟				
10	在考试前，常做关于考试的梦				
11	到了考试那天，我就不安起来				
12	考试铃一响，我的心马上紧张起来				
13	遇到重要的考试，我的脑子就比平时迟钝				
14	看到考试题目很多，我会感到很不安				
15	在考试中，我的手会变得冰凉				

续表

题 号	内 容	A	B	C	D
16	在考试时，我感到十分紧张				
17	一遇到难题，我就担心自己不及格				
18	在紧张的考试中，常想些与考试无关的事情，注意力集中不起来				
19	在考试时，我会紧张得连平时记得滚瓜烂熟的知识也回忆不起来				
20	在考试时，我会沉浸在空想中，一时忘了自己是在考试				
21	在考试时，想上厕所的次数比平时多				
22	在考试时，即使不热，我也会浑身出汗				
23	在考试时，我会紧张得手发抖，连写字都很困难				
24	在考试时，我经常会看错题目				
25	在进行重要的考试时，头就会痛				
26	如果发现剩余的时间已来不及做完全部的题，我会急得浑身出汗				
27	在考试后，发现自己本来懂的题却没答对，我会感到十分沮丧				
28	有几次重要的考试之后，我都腹泻				
29	我对考试十分厌烦				
30	只要考试不记成绩，我就喜欢考试				
31	考试不应当像现在这样在紧张的状态下进行				
32	不进行考试，我能学到更多知识				

评分规则：

A 得 3 分，B 得 2 分，C 得 1 分，D 得 0 分。各题分数相加即是你的总分。

总 分	0～24 分	25～49 分	50～74 分	75～99 分
焦虑水平	镇定	轻度	中度	重度

老师统计学生数据并进行数据分析。

焦虑水平分析如下。

0～24 分：镇定。这类学生总是以较为轻松的方式对待考试，只有在特别重要的考试前才会有些激动。但是如果得分少于 10 分则说明他对考试不在乎，学习动机比较低。

25～49 分：轻度焦虑。这类学生面对考试时有些激动，有时会有点紧张和不安。这时大脑细胞会被充分调动起来，这种程度的焦虑有助于考试的超常发挥。只是不要让焦虑持续太久。

50～74 分：中度焦虑。这类学生面对考试比较紧张，这种焦虑如果不及时调整，会导致学生无法静心复习，考试时还会影响其发挥。

75～99 分：重度焦虑。这类学生可能有“考试焦虑症”。一到考试就会莫名其妙地恐惧，甚至会有生理反应，如头痛、失眠等。如果他们无法降低自己的焦虑度，建议找心理老师进行辅导。

注意：教师需要对焦虑程度严重的学生作记录并课后进行个别辅导。

【设计意图】 通过让学生对考试焦虑的程度进行自测，使其对自己的考试状态有更清晰的认识与了解。知己知彼，百战不殆，只有明白自己的问题所在，才能有针对性地解决问题。

(三)案例分析——寻根探源

案例：李某，女，高三。平时学习刻苦努力，成绩一直很好，但心理压力十分沉重。进入重点高中后，李某学习非常努力。由于上次期中考试成绩不理想，她感到很没面子，尤其是对不起寄全部希望于自己的父母，因此决心要在期末考试时将成绩提高上去，以此向老师、家长和同学证明自己的实力，也给自己的高考带来自信。结果，在距离期末考试还有一个月的时候她就开始紧张，并且随着考试日期的来临，焦虑程度逐渐升高。过度的紧张影响了她的复习状态，上课无法集中注意力，晚上要很晚才能入睡。她现在迫切地需要得到帮助。

1. 小组讨论

李某的哪些信念导致她的过度焦虑？这些信念有什么特点？

2. 小组代表发言

3. 老师总结

不合理信念及思维特点

不合理信念	思维特点
我必须考好 我一定不能辜负父母期望 我必须进步	绝对化
考好了，就说明我行 考不好，我就不行，说明我不是学习的料	以偏概全
这次考不好，我就完了	糟糕之极

【设计意图】 “人不是为事情困扰着，而是被对这件事的看法困扰着。”合理情绪疗法的创始人、美国心理学家艾利斯强调人的认知在情绪和行为中的主宰作用。他认为，人们往往不快乐，是被“绝对化倾向”“过分概括化”“糟糕至极”等不合理的认知束缚了心灵，导致了情绪困扰。本环节通过让学生对案例进行分析，挖掘导致李某焦虑的背后不合理信念，并对不合理信念的特点进行总结，使其认识到自己才是情绪的主人，进而增加对焦虑情绪的控制感，同时也为下一环节作铺垫。

(四)辩论比赛——合理认知

题目：

不合理信念特征

绝对化	以偏概念	糟糕至极
我必须考好 我必须实现父母期望 我必须进步	考好了，就说明我行 考不好，我就不行，说明我不是学习的料	这次考不好，我就完了

(1) 请学生对上述题目进行辩论，并用合理的信念取而代之。

(2) 小组交流，安排代表发言。

(3) 强化合理信念。

要求学生将精彩的有说服力的合理信念大声诵读三遍。

【设计意图】 情绪ABC理论认为，引起人们不良情绪和行为的(C)，不是事件本身(A)，而是对事情的不正确解释和评价(B)，个体可以通过改变自己的想法和观念来改变、控制其情绪和行为(C)。本环节让学生通过对引起焦虑情绪的事件的不合理的信念进行辩论，进而发现以前不合理信念的荒谬之处，用合理的信念取而代之，从根本上缓解学生的焦虑情绪。

(五)放松训练——加深体验

老师带领学生用腹式呼吸法进行放松。

1. 腹式呼吸法

腹式呼吸属于深呼吸，能有效地放松心身，使我们保持心情平静，达到缓解紧张、恐惧、焦虑等负性情绪的目的。在进行放松时要把注意力集中在腹部，并用腹部呼吸，使肺部充入更多的氧气。

2. 指导语

(1) 请同学们闭上眼睛，让自己的身体保持一个舒服的姿势，要尽可能让自己觉得坦然、舒服。

(2) 将意念集中于你的腹部，并将注意力集中在你的呼吸上。把一只手放在腹部上，缓慢地通过鼻腔深吸一口长气，同时心中慢慢地从1数到5。

(3) 当你慢慢地深吸一口长气时，尽力扩充腹部，想象着一只气球正在充满空气。

(4) 屏住呼吸，从1数到5。心中默念：1——2——3——4——5。

(5) 现在，慢慢地通过鼻腔呼气，同时心中默念：1——2——3——4——5。呼气时要慢慢地收缩腹部，想象着一只气球在放气。

(6) 重复以上过程七次。

同时要求：每天早中晚各做一次腹式呼吸放松训练，在放松训练结束后大声诵读本堂课收获的合理信念。

【设计意图】 让学生掌握放松技巧，将在课堂上的所学所获迁移到现实生活中，进一步巩固学习成果。

第六章 休闲活动辅导

随着素质教育的推广，广大中小学生拥有了相对宽松的课程安排。每年的双休日、法定节假日、寒暑假至少有 160 多天的“自由时间”。在这个自由时间里从事活动“既是一种冒险，又是一种机会”。参加健康的休闲活动能够促进学生身心健康发展，但是闲暇时间把握不好也是学生打架斗殴、蓄意破坏、危害社会等问题行为发生的原因所在。中小学生的“休闲”，不仅是休息和调整身心，也是学生“发展”的机遇，是发展的一种途径和形式。合理有效地利用好学校生活和校外生活中客观存在的闲暇时间，是广大中小学生应该具备的重要能力。

休闲活动辅导不能仅仅理解为一种娱乐辅导，它是指运用有关心理健康教育的理论和技术，帮助学生确立正确的休闲观念和态度，获得必要的休闲知识和技能，以及学会安排有益的休闲活动方式，发展自己的才能与个性，进而培养学生良好的个性和高尚的情操，获得充实而丰富的休闲生活，并使整个生活得到升华。

一、休闲活动辅导的价值与意义

休闲对人的发展的价值主要表现在休闲活动的性质和休闲活动的内容上。对中小学生而言，在闲暇时间里，如果以积极进取的方式取代消极的打发日子的方式，就能让休闲生活变得充实有益、丰富多彩，起到消除学习的疲劳、缓解因学习紧张而带来的心理压力、发展高雅兴趣爱好的作用。听音乐，欣赏戏剧，逛公园，练书法，游览名胜，参观展览以及阅读文学作品等，既可以使学生得到娱乐和休息，又可以提高他们的文化素养和审美鉴赏能力，升华道德境界。利用闲暇时间进行学习，从事文化、科技、艺术等创造活动，钻研学习中遇到的新问题、新难题，不仅有利于拓宽他们的知识面，还可能激发他们创造性的思想火花，对于他们文化素质的提高和创造性才能的发展都有巨大作用。而他们在学习生活之余，参加各种体育活动，更有助于个人身体素质的提高和心理的健康发展。总之，辅导青少年掌握适当的休闲方法有着广泛的积极意义。适当的休闲活动不仅能够充实青少年的人生，而且能较好地预防问题行为(尤其是违纪、违法、犯罪行为)的产生。一个人没有能力过好自己的休闲生活，往往会导致各种不良社会行为和社会变态病症。

二、休闲活动辅导的理论依据

休闲活动辅导是我国现代社会生活提出来的新课题，是随着我国经济及各项社会事业飞速发展，收入和生活水平不断提高的结果，也是素质教育的客观需要。对于休闲活动辅导，我国古代《学记》就有精辟的论述：“大学之教也，时教必有正业，退息必有居学。”在西方国家，近代以来特别是第二次工业革命以后，教育开始以职业培训为中心，休闲逐渐从教育中分离出来。20 世纪初，美国在进步主义教育运动的影响下开始关注休闲活动辅导问题。约翰·杜威在 1916 年指出：“教育的任务就是帮助人们为享受娱乐性的休闲而做好充分的准备。这是最严肃的教育。”1918年，美国全国教育协会中等教育改造委员会在《中学教育的基本原理》中，就确定了将休闲活动辅导作为学校教育的内容之一，它是“闲暇时间的善用，教育应使个人从其闲暇生活中获得身心休闲和愉悦，并充实其精神生活，发展其人格”。可见，休闲活动辅导的最终目标与学校教育的目标是一致的。休闲辅导理论主要有以下几种。

(一)纳希的休闲层次理论

根据美国学者纳希的休闲层次理论，按照人们在休闲时间内所从事活动的价值(包括社会价值与个人价值)，可以把休闲活动具体分为六个层次。

第一个层次：是负价值的违法行为或不道德行为活动，如破坏公共财产。人为什么要从事这些活动呢？道德原因是一个解释，但生理、心理学上的观点表明，在闲暇时间内，人的能量、精力、情绪的动态循环需要既定的载体，一旦选择了不正当的渠道，便会发生诸如暴力这样纯为发泄而导致的犯罪。

第二个层次：零价值的纯官能享受性活动，如酗酒，赌博，长期沉湎于电视、网络等，这些活动不直接对社会造成危害，但也不利于自身的健康发展。

第三个层次：是价值为1的单纯寻求轻松、刺激、娱乐的活动，如心不在焉地翻读小说、听音乐等。

第四个层次：是价值为2的情感投入观看活动，在这种观看活动中，观看者虽然不亲自参与活动，但因为有情感的积极投入，它能发挥净化心灵、陶冶情操的功能。

第五个层次：是价值为3的积极参与活动，如跳舞、乐器演奏等。

第六个层次：是价值为4的创造性活动，如音乐创作、游戏发明等。

(二)马丁·塞里格曼的积极心理学

作为心理学的一个分支流派，积极心理学主要是对最理想的人类机能进行科学的研究，其目标是发现使个体和团体、社会良好发展的因素，并运用这些因素来增进人类的健康、幸福，促进社会繁荣。积极心理学是心理学史上具有革命意义的学科，其研究对象是普通人的心理活动，针对大部分人的心理状况来指导人们如何追求幸福生活。

积极心理学的研究分三个层面：①在主观层面上是研究积极的主观体验、幸福感和满足(对过去)、希望和乐观主义(对未来)，以及快乐和幸福流(对现在)，包括它们的生理机制以及获得的途径；②在个人层面上，是研究积极的个人特质，如爱的能力、工作的能力、勇气、人际交往技巧、对美的感受力、毅力、宽容、创造性、关注未来、灵性、天赋和智慧，目前这方面的研究集中于这些品质的根源和效果上；③在群体层面上，研究公民美德，以及使个体成为具有责任感、利他主义、有礼貌、宽容和有职业道德的公民的社会组织，包括健康的家庭、关系良好的社区、有效能的学校、有社会责任感的媒体等。

伴随着积极心理学与幸福教育的影响，学校也掀起了一股幸福教育的热潮。英国著名私立中学惠灵顿中学开设了幸福课。惠灵顿中学校长塞尔顿指出：“公立学校培养出来的太多学生没有独立思考能力，缺乏个人生活技能，差不多就像‘训练有素的机器人’。学校变得越来越大，越来越非人性，越来越以考试为中心。”在其课程体系中，明确提出课程的目的是提高个人灵性及探索生命的意义，比如培养学生对大自然的欣赏之情等。这也为我们开设休闲活动辅导提供了重要的理论依据。

三、休闲活动辅导的目标

休闲活动辅导的总体目标是培养学生具有良好的个性和高尚的情操，从而使自己获得充实而丰富的休闲生活。

(一)让学生拥有正确的休闲观念与态度

(1) 要意识到休闲是生活的重要组成部分，明确个人休闲的意义、权利和责任。

(2) 理解休闲与学习的辩证关系。

(3) 了解自己在休闲方面的爱好、志趣或偏向，认识到自己有权利、有能力和有机会去支配、利用自己的休闲时间。

(二)让学生了解必备的休闲知识与技能

(1) 了解社会上各种闲暇活动的方式、过程和发展趋向等，能欣赏、评判休闲生活的不同模式。

(2) 掌握休闲生活所必备的各种基本知识与技能。

(3) 根据自己的休闲知识或技能，去设计、组织各类有意义的休闲活动。

(三)让学生学会选择和安排休闲行为

(1) 了解自己的休闲行为所产生的后果，以及对他人和社会带来的影响。

(2) 注重个人需求与社会价值取向的一致。

(3) 能从自己的兴趣、愿望和特长出发，选择具有独特个性或风格的休闲活动。

四、不同年龄阶段休闲活动的特点

不同年龄阶段的孩子有不同的身心发展特点，因此只有充分了解了各个不同年龄阶段孩子休闲活动的特点，才能为有针对性地开展休闲活动辅导提供可靠依据。

(一)小学生休闲活动的特点

1. 兴趣导向性

小学生参加任何活动，首要的前提是感兴趣。如果不感兴趣，即使是别人认为非常有意义、有实用价值的活动，他们也不会参加。因此，对于小学生兴趣的了解非常重要。

2. 群体倾向性

小学生在休闲娱乐时，喜欢和同龄的伙伴在一起。这是儿童对友谊需要的一种表现，同时也是社会性发展中不可或缺的内容。

友谊是和亲近的伙伴建立一种特殊而稳定的亲密关系。在建立关系的过程中，他们之间相互学习交往、合作和自我控制的能力，为以后建立和谐的人际关系打下良好的基础。对于这一点，有的家长没能充分认识到，总是以安全、卫生之类的理由不让孩子踏出家门，也不让孩子将同伴带到家里。为什么孩子们总喜欢到公园、动物园、游乐园等场所去玩？这固然是因为那里有许多他们感兴趣的东西，更重要的是那里有许多同龄人，尽管彼此之间不认识，但是作为其中的一分子，他们有一种群体的归属感，不会感到孤独。

作为教师，要善于将班级中的同学组织起来，形成一个团结的整体，这样既有利于良好班风的形成，也增强了学生的集体意识。

3. 自由倾向性

由于自我意识的发展，小学生开始觉得自己已经长大，不愿意处处受人约束、受人监督，喜欢无拘无束地玩乐。有的小学教师认为，现在组织班级活动不容易，只要不是硬性规定，就总有人不参加。其实，这里面可能就有学生觉得受约束太多的原因。当然，对于班级组织春游、逛公园这一类的活动来说，首先考虑的应该是安全问题。但是，如果为了这一点就不给小学生任何自由活动的机会，则会引起小学生对集体活动的反感和厌恶。因此，在条件许可的情况下，应该给小学生更大的自由空间，让他们尽情地玩乐。比如去爬山，在没有危险的情况下，可以让孩子们展示自我的力量、胆略，向大自然挑战。

(二)中学生休闲活动的特点

1. 自主性

青少年休闲活动的内容和形式，主要是自己做主，独自支配，根据自己的兴趣爱好、年龄特征、个性特征、能力、自身和家庭的条件安排，既可以是一个小群体的共同活动，也可以是独自活动。

2. 灵活性

休闲生活一般没有组织，没有严密的计划和特定的目的，有很大的灵活性；活动的内容和形式，也可以随时进行调整，以满足自己的需要为出发点。

五、休闲活动辅导的模式与方法

针对活动场所的不同，休闲活动辅导模式大致可分为校内休闲活动辅导和校外休闲活动辅导两种。

(一)校内休闲活动辅导

1. 开设休闲辅导课程

通过开设休闲辅导课可以向学生讲授有关休闲的知识，也可以帮助学生确立正确的休闲观念和态度。休闲辅导课的活动内容大致有如何安排休闲活动，如何安排休闲时间，如何走进大自然，如何娱乐与消遣等，具体可参照后面所述休闲活动辅导的活动主题确定有关内容。

2. 组建学生休闲团体

休闲活动辅导是一种隐性教育，也是学生的自我教育。因此，发挥少先队、共青团的组织作用，组织学生休闲团体，是校内休闲辅导的重要途径。教师可以引导学生开设相关的社团，如乒乓球社团、旅游社团、棋类社团等，让学生自主开展各类休闲活动。

3. 课余休闲活动

学生在校除了课堂学习时间外，还有部分闲暇时间，如课间休息、午间休息。课余休闲活动组织恰当，可以帮助学生消除大脑疲劳，调节情绪，重新振奋精神，提高课堂学习效率。学校可以引导学生听广播，欣赏音乐，开放阅览室，借阅书报。还可以为课余休闲活动提供条件，如设置活动场地、设备和器具，出借娱乐用品。发布有关休闲活动信息，如利用广播与专栏，播放适合儿童的影视节目、书讯、展览、度假胜地等信息。

(二)校外休闲活动辅导

如何发挥社区、家庭的教育力量，构建健康的校外休闲网络，是校外休闲活动辅导中十分重要的举措。

1. 可以建立健康的休闲活动中心

学生的大部分闲暇时间是在校外度过的。近年来，各种各样令中小学生眼花缭乱的营利性活动场所迅速涌现，练歌房、网吧、台球厅等遍布社会的各个角落。由于社会上的休闲娱乐活动良莠并存，若不加以引导，就会使一部分学生沉溺其中，影响学业，影响身心健康。因此，学校可以联合居委会、少年宫等单位，设立健康的休闲活动中心，以供学生进行健康的娱乐。

2. 开展家长休闲活动辅导讲座

学校为家长举办讲座，并进行休闲生活咨询，引导家长参与休闲活动辅导的管理，共同关心和指导学生的校外休闲活动。

六、休闲活动辅导要注意的问题

(1) 有些学生不会休闲，在休闲时间感到单调无聊。这往往和个人需要缺乏、需要的层次低和缺乏休闲活动的能力有关。人是为满足自己的需要而从事各种活动的。个人需要的贫乏或丰富、凝固或超越，除受到社会条件制约外，还取决于个人能力的大小。你要欣赏音乐就必须有一双能欣赏音乐的耳朵，你要欣赏艺术就必须是一个有艺术修养的人。作为教师，我们要让学生学会生活、学会休闲，必须注意在各种课程和活动中培养学生相应的休闲能力，丰富学生从事各类有意义的休闲活动的手段。

(2) 学生的休闲最初都是回到家里休闲，后来随着校园文化的开展，学生也在学校休闲，这可以称为休闲的第一空间和第二空间。从休闲活动辅导的角度来看，还有一个应该重视的是第三空间，即社区或社会，包括电影院、图书馆、博物馆、文化馆、体育场馆、俱乐部等。而且随着社区的发展，社区也将为丰富个人的休闲活动创造条件。

(3) 了解休闲具有两重性的特征。中小学生的心理发展还不够成熟，虽然我们希望学生在休闲的过程中能够获得精神财富，但最终他们选择的休闲活动未必都能有这样的教育功能。所以在辅导学生的过程中一定要让中小学生在休闲中把感情的欲望与理性的追求结合起来，既反对纵欲主义，又反对禁欲主义，使休闲生活文明化。

总之，学生参加休闲活动应该做到“有理、有利、有节”。所谓“有理”，就是学生应根据自己的爱好和需要来理性地选择适合自己的休闲生活方式，而不是片面追求一些形式化的东西，否则，到头来自己不但没有任何收获，还白白浪费了许多宝贵时间。所谓“有利”，就是要从一切有利于自身发展出发，通过休闲活动，使自己的身心得到愉悦，素质得到提高，最终达到完善自我的目的。所谓“有节”，一方面是指休闲活动要有节制。任何东西都过犹不及，休闲也是如此。有些学生通宵达旦地上网、打牌、聊天等，这些都不是有节制的表现。另一方面是指休闲活动也要讲求节约。因为学生的经济来源主要来自家庭，所以在选择自己的休闲生活方式时一定要考虑自己家庭的经济承受能力，对一些高消费的休闲活动应该量力而行，绝不能相互攀比。

七、休闲活动辅导主题的确定

休闲活动辅导活动主题的确定可以从休闲活动的特点着手，也可以参照休闲活动辅导的内容来确定。

(一)按照特点来确定

1. 非功利性

休闲活动辅导不是追求有用，而是追求幸福的教育。它重视个人在休闲生活中的乐趣感受，是一种自由自在的享受。在休闲活动中，常有历险的紧张和获胜的兴奋，亦可以体验自我实现的喜悦与满足感。因此，我们可以开设“休闲与学习”“休闲与兴趣”“我的休闲生活”“兴趣、爱好、特长”等主题活动。

2. 自主性

由于休闲是个人自由支配的时间，可以从事有益的休闲活动，如健身、欣赏音乐等，也可以从事有害的休闲活动，如赌博、迷恋游戏机等。这就要求个人自我选择、自我负责。我们应该选择有益的活动，既有益于自己，又有益于社会；而不能放纵自己，无视个人对自己、对他人和对社会所负有的责任。因此，我们可以开设“如何娱乐与消遣”“如何管理时间”“拒绝赌博、健康娱乐”“筑起防范恶习的城墙”等主题活动。

3. 生活性

休闲活动辅导的宗旨在于指导学生如何生活、充实人生、发挥生命的价值，休闲活动辅导所重视的不是物质方面的享受，而是精神生活的内涵，使个人经由自我教育，更能懂得享受生活。这样我们可以参考中小学生休闲活动的特点确定主题，如“愉快的假日生活”“让双休日多姿多彩”“课外阅读习惯的培养”，也可以从娱乐、体育、交往、审美和求知等不同的角度选择主题。

4. 内隐性

休闲活动辅导是潜移默化地进行人格熏陶。它没有特定的场所，大自然就是推广休闲活动教育的教室，万物苍生都可以作为休闲活动辅导的教材，它要求个人在休闲活动中，与自然、与他人互助，从而学习有关为人处世的态度、信念、价值和情感，是一种隐性的人生经验。因此，我们可以开设“爱护环境，从我做起”“如何走进大自然”等主题活动，培养学生休闲的伦理道德，如在旅游景点不乱涂乱写、不乱丢垃圾等。

(二)按照内容来确定

(1) 以刺激来源区分的休闲活动内容有视觉刺激、听觉刺激以及触觉刺激。

视觉刺激如灯光的种类与强弱、色彩的设计、盆栽的摆置等。音乐及自然声音的联想属于听觉刺激。温度的变化、健身器材的运用属于触觉刺激。此类刺激可以充实休闲活动的正面经验。

(2) 以需求为目的的休闲活动内容有运动型休闲活动、户外型休闲活动、艺文型休闲活动、学习型休闲活动和服务型休闲活动。

运动型休闲活动如球类运动、跑步、游泳、体操、武术、瑜伽等，运动型休闲活动有助于学生锻炼身体，增强体质。

户外型休闲活动如参观、旅游、游览、爬山、露营等，这类休闲活动不仅怡情养性，也能增进同学之间的亲密关系。

艺文型休闲活动如演唱、演奏、演讲、绘画、雕塑、摄影、盆栽、棋艺等，有助于启发学生其他的兴趣与潜能，培养欣赏能力，并借参与的机会，扩展不同领域的人际交往。

学习型休闲活动有助于加深对正式课程的理解，丰富、巩固、运用正式课程内容，培养学生创新精神和创造能力。

服务型休闲活动是指参与各种社会服务与义务工作，通过助人的行为，表达爱心，在休闲中感到为善的喜悦。

总之，大家可以结合休闲活动的特点和内容，结合本校实际，确定切实可行的辅导主题。

八、休闲活动辅导计划安排

对学生进行休闲活动辅导既要考虑课程设计层面，还要兼顾推行层面；既要进行一般性知识的普及，更要开发符合本校实际的特色活动。

(一)主题设计

针对休闲活动辅导制订活动计划，主题设计要考虑每个主题的名称、教学目标、课时、教学场地、教学活动方式、教学前所需的准备工作、教学活动的程序等。

(二)确立主题名称

以休闲活动辅导为主题，可以确定以下各名称：拒绝赌博、健康休闲，愉快的假日生活，课间休闲巧安排，走进大自然等。每个名称具体地标志着活动的特定内容。

(三)确定主题的教学目标

这里的主题活动目标是指某个具体的活动主题所要达成的目标，每个主题都应该有一个明确的切合实际的目标。

(四)确定课时和教学场地

一个主题所需课时通常是 1～3 节，一般根据主题内容的多少确定课时。心理健康教育活动课由于应用的方式方法不同，所以活动不能只局限于教室，可以根据实际情况选择适当的场所，如可以在户外场地进行。

(五)选择教学活动方式

可以根据前面介绍的心理健康教育活动课程的教学方法选择活动方式，具体选择哪种活动方式较佳，应综合考虑活动内容的适合性、学校具备的条件，以及时间、地点和精力是否许可等多方面因素。一般情况下，心理健康教育活动课程的教学是以小团体(即学生小组)的活动形式进行的，因此在活动中如何组成小组就显得十分重要，通常有下列方法划分小组。

(1) 可以用全班报数的方式组成小团体或小组。

(2) 每个小组的组合可以有特殊要求。例如，要求每个小组中男女各半或者都是同性，或者由同一月出生的人组成一个小组。

(3) 按教室的位置来划分小组。例如，可以由同一排或同一行的同学组成一组，也可以按教室的东西南北方向来分组。

(4) 在充分考察个体的参与情况后再作分组。例如，可以把积极参与心理健康教育活动的同学和不积极参与心理健康教育活动的同学平均分配到某一组中去。

(5) 让学生依自己的意愿选择小组。每一小组以6～8人为宜。

(六)做好课前准备工作

活动设计要做好课前准备工作，如教学所需的电教设备和材料、教学游戏所需的玩具、短剧表演所需的简单道具、角色扮演所需的道具和台词等。

(七)拟定教学程序

这是活动设计的主要部分，它规定了教学活动过程的具体步骤，从活动开始到活动结束的每一个步骤都应有具体的说明。

九、休闲活动辅导实施过程指导

在休闲活动辅导的过程中，教师要特别注意以下基本要求。

第一，在活动过程中，各个环节要有层次感、逻辑性，这样随着活动的推进与不断深入，学生的体悟也从行为层次到情感层次最后到认知层次逐步深入。同时，主题活动也有主次之分，要做好主要活动和次要活动的时间安排。

第二，活动过程中最大限度地保证全体学生的参与。学生的参与是产生体验的重要前提。看别人做活动和自己亲自参加活动，体验的程度是不一样的。听别人说和自己说，领悟的深度也是不一样的。因此在活动过程中，尽可能使全体同学都参与，使每个学生都有机会动、都有机会说。

第三，要注意在辅导过程中，活动数量要适当，不宜过多。活动数量过多，学生不能充分地参与活动，就难以产生深刻的体验和感悟。由于缺少内在的积极思维和探究的支撑，其有限的体验和感悟也难以得到挖掘和提升，使整个课堂教学显得空洞而肤浅。一节课下来，留给大家的只是花里胡哨的表面热闹，欠缺内在实质性的东西。活动设计要有针对性：

能够恰到好处，能够导出我们的期待。不是悟出直接的道理，而是能够锻炼学生的心理素质。

第四，教师应创设相互信任、关心、理解、接纳的人际交往氛围，给学生留足思考、体会和表达的空间和时间。对于一些不健康的休闲活动，教师要给予及时的引导。

十、休闲活动辅导效果评价

学校心理健康教育课程实施结果评价，是指在一门课程结束或一个教学方案结束时所进行的结果评定，即总结性评价。总结性评价通常采用事先设计好的评价表或事先选定的测验等，在课程结束时让学生填写，然后进行分析，了解学生对教学活动的满意程度、活动感受及行为变化状况，以便客观地评定课程实施的效果。评价方式有以下几种：一是通过心理测试来了解学生在实施课程后心理素质的变化；二是对学生内省材料进行分析评定；三是对学生参与心理课后发生的行为变化(如兴趣爱好、休闲方式、投入程度等)进行评定。总之，对心理健康教育课程实施结果的评价重点应放在学生心理素质的提高以及相应行为的改进上，而不应过分强调知识掌握情况的多少。由于学生的心理素质和心理健康水平的提高不是一时的问题，而是需要长期的努力，这就要求我们在对课程实施结果进行评价时还要考虑到长期效果，即课程效果持续时间会有多久。为此，要进行追踪性评价，目的是了解教学效果能否持续，是否对学生的学习、生活产生了长期积极的影响。如果长期效果不佳，就要考虑通过怎样的手段和跟进措施才能进一步延续或强化心理健康教育课程的后效。

◎ 活动设计一

我们社区的休闲新风尚

一、活动背景

由于独生子女和隔代抚养的情况严重，我国的青少年儿童“交际”和“游戏”的时间、空间越来越单调狭窄。其主要表现在以下几个方面。①伙伴关系缺失。2003 年，中国青少年研究中心“城市少年儿童生活习惯研究”调查结果发现，“经常”、“有时”“与父母一起进行娱乐活动”的小学生比例为 33.2%，还有 10.0%以上的少年儿童选择“最愿意自己玩”。②活动场所狭窄。中小学生最经常的游戏场所是自己的家(52.9%)，其次是所居住的小区或者公园(44.9%)、学校(40.2%)、同学或朋友家(28.9%)、室内游乐场所(12.5%)。③休闲时间分配和表现单调畸形。④在以“各种学习”为中心的“素质培养”的大方针指导下，儿童的自然天性受到压抑，创造性明显不足。⑤社会建设忽略了孩子的休闲需要，公共文化和运动场地明显不足。⑥成人化，孩子比大人更缺少休闲时间。中小学生平均每天在校时间为 8.6 小时，有 40%的孩子平日里参加各种补习班，周末则为 60%。孩子们一周平均在校时间甚至超过大人工作时间 48%，而一周平均休闲时间仅为大人的 60%。

这些严重影响了孩子们人格品质的建立与发展，也是当下孩子的性别取向模糊、社会适应不良、情感淡漠的主要原因。盲目地追求学习成绩，导致情商的发展不足，严重地扭曲了他们的价值观和创造性。

二、活动目标

(1) 知道人们的休闲活动有的是健康的，有的是不健康的。

(2) 懂得不健康的休闲活动不仅影响个人的身心健康，还会影响到社会的安定和文明风尚的建立。

三、活动过程

课前根据社区把学生分组，同一社区的分到一起。

活动一：我看休闲活动

(一)动画导入

动画1，一个机器不停地转动，最后烧坏了；动画2，长时间工作不休息导致许多人得病甚至死亡，旁白配音，我国每年因过劳死的人数达60万。

师：看了这组动画你有什么感想？

全班交流。

师：休闲是我们生活的一个重要组成部分，只有合理的休闲才能更好地学习。

【设计意图】初步了解休闲活动的积极意义。

(二)我知道的休闲活动

小组交流并汇总，把组内同学的内容填到统计表上。把统计表在展台上展示，教师与学生一起汇总，总结我们身边的休闲活动。

【设计意图】了解社区休闲活动有哪些。

(三)休闲活动之我见

小组讨论：这些休闲活动哪些是健康的？哪些是不健康的？为什么？

(1) 学生广泛发表自己的意见。看看这些休闲活动哪些是健康的？哪些是不健康的？为什么？

(2) 在学生充分发表自己意见的基础上，选出观点不一致的项目作为专题进行深入讨论。(如打麻将)

(3) 深入讨论：有些活动为什么成年人认为是健康的，却不允许未成年人参加？是不是健康的休闲活动就可以任意地不加节制地参与？

老师总结：第一，有的休闲活动适合大人，不适合未成年人；有的休闲活动适合未成年人，我们的活动要有益自己的身心健康，有利于社会文明。第二，参加休闲活动要根据自身的特点，适度、适量地参与，不能没有节制。

【设计意图】让学生学会明辨休闲活动的好与坏，明确如何参与到休闲活动中来。了解在休闲活动中要注意的问题。

活动二：休闲新风尚

(一)动画导入

时下在社区兴起的新的休闲活动。

师：这就是我们身边兴起的休闲新风尚，这些休闲活动适应了时代的潮流。大家想一想，你身边还有别的新风尚休闲活动吗？

(1) 班级交流。

(2) 师：讨论一下这些休闲新风尚给大家的生活带来了什么样的变化？

【设计意图】 接着上一活动深入了解社区里新的休闲活动，以及给我们带来的影响。

(二)我为休闲活动提建议

(1) 交流：在我们的社区休闲活动中，你认为还有哪些是品位不高或不满意的？(把内容填写在表格里)

(2) 展示台展示。

师：针对现在的这些不满意的休闲活动，请大家给我们的社区提点建议好吗？

(3) 小组交流。选择大家认为好的办法给社区提建议。(把大家的建议填写到统计表里)

(4) 班内交流。一边展示，一边评价，这些建议怎样？可以给大家带来什么？

【设计意图】 让学生更加深入地了解休闲活动的高尚与不足、先进与落后，能深入地看到发生在他们社区里的各种休闲活动的不足，并能提出相应的建议。

(三)小结

师：我把大家的建议发到组长手中，请组长带领你们小组的同学把这张建议表贴在自己社区的宣传栏里。

【设计意图】 把课内外的活动统一起来，让同学们学会把理论知识应用到实践中去，从而达到我们教学的目标：用行动抵制不健康活动的侵害，积极参加或开展健康的活动，培养积极的生活态度，以及享受丰富的精神生活和陶冶性情的能力，从而最终达到提高个体人格品质的目的。

◎ 活动设计二

修筑上网“防火墙”

一、活动背景

网络为学生提供了一条很好的学习娱乐途径，但如果沉迷其中肯定弊多利少。小学五年级是学生意志品质形成的关键期，也是人格发展的重要时期，他们接触网络的时间越长，对网络就越迷恋，其中个别学生盲目地追求个人兴趣，缺乏自我控制力，浪费了大量的宝贵时间，以致荒废了学业，严重地影响其身心健康成长。

二、活动目标

(1) 要引导学生正确认识网络的利弊，了解不适度上网对自身造成的危害。

(2) 初步尝试预防过度上网的方法，让学生正确地利用网络资源为其学习、生活增添光彩。

三、活动过程

(一)团体热身

拍手游戏：第一次，用两个大拇指拍五下，第二次增加一个手指，依次类推，每一次增加一个手指，拍五下。

请同学们再一次用全部手指热烈地鼓掌，把掌声送给自己和同学，希望你们在这节课里能愉快地交流，有所收获。

【设计意图】 通过游戏，使学生放松心情，体验快乐，带着愉快的心情开始这堂课。

(二)活动体验

神奇的网络给我们的生活带来了前所未有的便利，我们的生活也日益被网络占据。

现场调查：上过网的请举手。

1. 说说网络的好处

教师引导：你们为什么喜欢上网？

小组讨论，分享展示各组所列的上网的好处。

2. 展示网络的危害

让我们一起来看一则情景剧《小明上网记》。

小组讨论：小明怎么变成了“网虫”？

教师点评：上网成瘾真的是一件非常可怕的事情，一旦发生，就可能会毁了一个人，甚至一个家庭。

【设计意图】 通过两个活动，让学生直观地了解网络的好处与危害，获得有关“网瘾”的认识和感悟。

(三)团体辅导

1. 网络小调查

教师引导：我们刚才看到的迷恋网络的危害绝不是危言耸听，现在我要公布课前一次调查的结果。从调查数据中可以看出，我们班级的部分同学或多或少存在这方面的问题。我们应该怎样看待他们的行为呢？

你是否经常上网？(　　)

你上网的时候是否经常玩游戏和聊天？(　　)

你是不是在课下搜集了很多关于游戏的宣传单、卡片等？(　　)

你是否特别喜欢谈论关于网络的问题？(　　)

你是否因为上网与父母发生过争吵？(　　)

你上网时是不是很烦家人的打扰？(　　)

你是否全神贯注于网络活动，下线后仍想着上网的情景？(　　)

你是否觉得需要花更多的时间在网络上才能得到满足？(　　)

你是否向家人或师长撒谎以隐瞒自己涉入网络的程度？(　　)

你是否不能成功地减少和控制、停止网络的使用？(　　)

2. 上网“防火墙”

教师引导：网络的确很诱人，我们该如何做到上网、学习、身体都不误呢？请大家在小组里充分发表意见：我们该如何设置上网“防火墙”？

小组反馈。教师根据反馈意见进行归纳。

第一道“防火墙”：上网前先明确任务。

第二道“防火墙”：上网前先限定时间。

第三道“防火墙”：时间一到就“思维叫停”。

第四道“防火墙”：父母帮助监督提醒。

3. 编写“节制上网规则歌”

小组内的成员一起开动脑筋，共同编创拍手歌。

你拍一，我拍一，＿＿＿＿＿＿＿＿＿＿

你拍二，我拍二，＿＿＿＿＿＿＿＿＿＿

【设计意图】 通过本环节的三个活动，调查了解学生上网的现状，通过学生的交流，让学生进行“头脑风暴”，归纳文明上网的方法，给予学生实际性的辅导，指导性、操作性强。同时通过拍手歌加强学生的记忆，更有利于指导学生的行为。

(四)活动总结

教师引导：请同学们打开信封，里面是老师送给你们的一张精美的书签，你可以将今天学到的建议写在书签上，试着勉励自己，让自己真正成为自己的主人。

(五)课后延伸

信封里还有一张表格(见下表)是老师送给你们的第二个礼物，这个礼物虽然不精美，但是很实用，你可以借助它养成好习惯。

上网自控检测表

	周一	周二	周三	周四	周五	周六	周日
查资料							
半小时内							
主动下线							
自评							

备注：做到的画一个笑脸，一周后继续列表进行自控，逐步提高自控能力。

【设计意图】 将精美书签送给孩子，带给学生积极的心理能量。同时利用上网自控检测表，将活动延伸到课外，进一步规范孩子的行为，将活动深化。

◎ 活动设计三

学会休闲　享受生活

一、活动背景

随着双休日的实行、法定假期的增多和素质教育的推进，一个中学生每学年差不多有160天的闲暇时间。但据一项对700名中小学生的调查表明，有34.5%的学生向往过一个“有意义的周末”，但却感到“无事可做”；有10.6%的中学生觉得周末“空虚无聊”；更有一部分同学在闲暇时，沉迷于手机、电视，甚至游戏。这表明有些中学生既缺少休闲的知识，又缺少休闲的技能。若不注意加以及时引导，就会使这部分学生虚度时光。

二、活动目标

(1) 让学生了解休闲，重视休闲，最终热爱生活，培养积极向上的人生态度。

(2) 让学生了解不同的休闲方式，选择自己喜欢的有益的休闲活动，培养广泛的兴趣爱好，科学合理地休闲。

三、活动过程

(一)故事导入——认识休闲

牵着蜗牛去散步

有一个性格急躁的年轻人，因为每一次创业都急于求成而屡试屡败，最后他向上帝哭诉道：“上帝呀！为什么要这样折磨我呢？生出我这样性格的人来。上帝呀，你救救我吧！”

上帝果然出现了，告诉他只要他能完成一个任务，他的性格就可以改变，那就是牵着蜗牛的手，出去散步。

年轻人哭诉道：“你就别折磨我了，我能牵着蜗牛的手出去散步，我也不用来求你了。”

上帝叹了一声气：“既然你不想做，那我也救不了你，回去吧，孩子！”

他似乎感觉到上帝不是骗他的，于是他便问：“如果我牵着蜗牛的手散步，你能答应我把我急躁的性格改变吗？”

上帝笑了起来，说：“君子一言，驷马难追，要不和你拉拉钩。”上帝伸出小指示意着。

“那我就相信你一次，那我要跟蜗牛散步多长时间？”

上帝见年轻人还是那样急躁，便摇了摇头：“好吧，你就牵着它的手，在这个花园里绕一圈，你的性格就可以改变。”

“君子一言。”那人看了看这个小花园，于是便立志要走完它。

“驷马难追。”上帝说完便把蜗牛放到他的身边，笑着离开了。

他拉着蜗牛的手，开始跟蜗牛去散步，可是蜗牛总是一小步一小步地挪，他对蜗牛说：“老兄，麻烦你走快点，帮帮我好吗？”

蜗牛用抱歉的眼光看着他，说：“我已经尽了全力了，我也想帮你，我也想走快点，因为上帝也答应了我，只要我跟上你的节奏，我就能成为蜗牛国国王。”

他拉着它，扯着它，甚至想抱着它，他看到蜗牛流着汗、喘着气往前爬，叹了口气：“真奇怪，为什么上帝叫我牵一只蜗牛去散步？叫人看见了，多丢人呀！”

“上帝啊！为什么要我牵着只蜗牛遛弯儿呢？”

上帝早已经离开了，没有回答他。

算了吧，上帝都已经走了，即便我走完一圈，他也不会兑现他的承诺。他想着便想放手，蜗牛却紧紧地握住他的手，示意他去看花园的风景。

“如果你嫌我走得慢，为什么你不懂得放慢你的脚步，来欣赏花园的美景呢？”

他被蜗牛的话打动了，蜗牛一直努力地爬着，他跟在后头看着花园的美景。他从来就没有看过这么美丽的花园，露珠晶莹剔透得像珍珠一样引诱着他，花香沁脾让他久久不愿离开……他想，为什么我以前从来就没有看过这样的美景呢？是因为自己从来就没有认真下来慢慢地欣赏过它们，原来美是急不来的，需要慢慢欣赏才会出来的，他顿悟了……

“老兄，你怎么走得比我还慢呢？快点，还有几步就走完一圈了，我就可以成为国王了，你帮帮我吧。”蜗牛在一旁拉扯着他的手，他在认真地看着蜜蜂是怎么采蜜的。听到蜗牛的话，他才知道已经快走完一圈了，便带着眷恋陪蜗牛走了下去。

走到终点的时候，蜗牛消失了，他于是喊着上帝说：“上帝，为什么蜗牛成了国王，我还是我呢？”

"你已经不是原来的你了，你现在是需要蜗牛拉着你走的人了。去寻找你的成功，寻找属于你的美丽人生吧，年轻人，祝福你。"在这一刻他彻底顿悟了，原来并不是上帝改变了自己，而是自己改变了自己，而自己改变自己的方法却是放慢脚步，给自己一个休闲的心态，欣赏身边的美丽，自己却一直都没有发现。

模拟体验：

教师引导学生思考并回答以下问题。

假如让你牵着一只蜗牛去散步，你认为自己会出现什么情况？

教师总结：

我们的生活原本是如诗如画、丰富多彩的，但是由于我们总是行色匆匆地走在人生的路上，所以无暇顾及身边的美丽。久而久之，我们就感到生活枯燥无味，失去了前进的动力。因此，学会休闲，带着享受的心态面对生活就显得尤为重要。

【设计意图】 通过故事《牵着蜗牛去散步》引出本节课的主题，调动学生参与课堂的积极性。

(二)活动体验——了解休闲

情景剧表演：

(1) 李佳终于盼到了放假！她像出笼的小鸟一样自由，开心极了。终于可以痛痛快快地玩了！看电视、睡大觉、看小说……但不到一个礼拜她就厌倦了。平时，她老是抱怨学习太紧张，没有时间玩。可真到了暑假、寒假，有了大量的闲暇时间，她又感到无聊透顶，除了看电视、听流行歌曲外，就再也玩不出什么花样来打发时光，只盼望着早点开学。

(2) 每逢春游、秋游，王凯和同学都吵着要到远一点的地方去，最好出城，到外面过一夜。但真到了风景区，他们往往把塑料布往地上一铺，女生们吃零食、聊天，男生们打扑克，也不去赏花，也不去看云，仿佛郊游就是为了去吃东西、打扑克的。他们中学生怎么了？繁重的学业压得他们连一点生活情趣都没有了吗？他们真的不会玩了吗？

想一想：

上面同学出现的情况，你有没有？

一年之中，除了学习和自理生活以外，完全由自己自由支配的时间有多少？一天之中，这种时间又有多少？

你是如何度过这些时间的？

度过这些时间之后，你有什么感受？充实、快乐，还是空虚、无聊？

说一说：

在学生思考几分钟后，以前后相邻近的 6 位同学为一组，组织讨论。讨论过后，每个小组派一位代表上台阐述本小组的观点，教师尽量营造自由、民主的气氛，让学生充分发表自己的意见。

教师点评：休闲是我们对闲暇时间的利用方式，是一种新的社会生活方式。休闲的方式很多，大致分为两类：一类叫作积极休闲；另一类叫作消极休闲。积极休闲包括旅游，度假，文化、体育活动，看电影，吃饭，甚至包括逛街。消极休闲包括睡觉、喝酒、打麻将、玩游戏等。我们应该学会选择积极的休闲方式，让自己学会休闲，享受生活。

【设计意图】 通过角色扮演活动，让同学们更好地反思自己的休闲方式，并让学生对自己拥有的休闲时间及休闲的方式、感受进行讨论，认识到自己休闲的不当之处，为下一个环节的开展作铺垫。

(三)点子汇集——学会休闲

小组讨论回答：结合自己的休闲方式，谈一下你认为有意义的休闲活动有哪些？

归纳如下。

满足爱好。利用休闲时间，可以参加一些自己所喜欢的活动，如打球，下棋，欣赏音乐等，以满足个人在文娱、体育方面的特殊兴趣爱好。

增长知识。利用休闲时间及时得到最重要、最新鲜、最感兴趣的知识，阅读课外书报杂志，收听广播，收看电视节目，或上网，参观，旅游，是开阔眼界，增长知识，接触社会生活的重要途径。

发展特长。根据自己的条件，通过练习书法、绘画、音乐、舞蹈，搞科技小制作、小发明，进行体育锻炼等来培养自己的特长爱好。

娱乐消遣。通过逛动物园，到游乐场活动，听听音乐，看电影电视，谈笑风生，逛大街、商场，走亲访友等放松心情，娱乐消遣。

教师总结：伟大的科学家爱因斯坦曾经说过，“人的差异在于业余时间”。当今社会，我们不仅要学会学习，学会劳动，学会工作，学会自立，学会做人，还要学会休闲。

【设计意图】 通过点子汇集，让学生提供一些积极的休闲方式，相互进行借鉴，并认识到休闲的重要价值。

(四)实践演练——实施休闲

请同学们根据自己的实际情况，填写下面的休闲计划表，安排自己的休闲活动。

休闲计划表

休闲时间	休闲活动(提供参考)	活动反馈
课间 10 分钟	走出教室，呼吸一下新鲜空气，和好朋友说上几句话，哼上几句只有你能听懂的小调	
放学后	到操场上打一会球，出些汗，家离校较远的同学，可将骑车时间划入锻炼中。在骑车过程中，尽情一览沿途风景，放松自己，悠哉行进	
周 末	晚上，可看电视，听音乐，看录像。 去书店，或到同学家，或去姥姥、奶奶家，或陪父母逛街	
假 期	寒假里，学练字，学唱歌，学吹口琴，学拉胡琴，学弹琴，学做小工艺品，学做家务，学待人接物。 暑假里，学游泳，学钓鱼，骑车远足，带上水壶和干粮，到农村去，到郊区去，到商业城、娱乐城、“走马观花”，获取大量感性材料，接触农民、工人、军人、营业员，了解社会，思考人生的价值，明白做人的道理	

【设计意图】 让学生结合自己的实际情况，选择恰当的休闲活动。这一环节是最重要的，也是最容易出问题的。因此让学生结合本节课的收获，制订自己的休闲计划。

(五)课后作业

填写休闲计划表中的活动反馈，检验自己休闲活动的开展情况。

◎ 活动设计四

过有意义的假期

一、活动背景

本活动设计是针对刚步入初中生活的初一学生。这个阶段的学生自制力较差，自我规划能力不足，对于假期的意义、安排等非常不规范、不科学。尤其自实施素质教育以来，作息时间要严格按照国家规定，特别是寒暑假将近3个月，怎么度过这么长时间的假期呢？现代社会网络之风盛行，许多同学沉迷于网络游戏、网络聊天等，既浪费时间，还戕害身体，又毒害思想。因此了解学生怎么度过自己的假期，指导学生参与社会、提升自我，摆脱无所事事、单调颓废的假期生活是势在必行的事。

二、活动目标

(1) 让学生了解多样的假期生活，使其充分认识到健康生活方式的重要性。

(2) 提高学生的自我控制能力，远离有害的生活方式，帮助学生建立健康有序的生活方式。

三、活动过程

(一)激情导入

假期越来越多，时间越来越长，我们却觉得越来越无聊、越来越单调。今天就让我们一起来探讨，什么才是有意义的假期，怎样度过我们的假期生活，让美好的假期生活给我们的青春生活再添上一抹亮丽的色彩。

视频展示：有上网上得昏天暗地者，有体育锻炼者，有做公益活动者，有发展兴趣爱好者……

【设计意图】 以同学们的真实生活为导入，配以教师生动而深情的话语，引导学生进入活动情境，引发学生思考。

(二)成果汇报

几个小组代表发言，汇报各个小组的成果，将每个小组发现的问题呈现给大家。

通过幻灯片展示自己的调查资料、问卷、报告等。

大家互评，互相补充，教师适时点拨、启发。

教师总结：综合各小组的发言可以看出，大家大部分时间都是用在上网、看电视(娱乐节目、韩剧等)等方面，一部分同学在家长的要求下参加数学、英语、物理的补习班，很少一部分同学参加舞蹈、游泳、围棋等兴趣班，只有极少数同学帮家长做家务、每天抽一定的时间看书，而看世界名著的更少。作息时间基本上已经混乱，大部分同学起床时间都比平时晚一两个小时，有一部分同学都是凌晨休息，一直到中午才起床，极少数同学甚至过起了晨昏颠倒的生活。

【设计意图】 只有发现问题才能解决问题，让同学们展示自己的生活，自己发现假期中存在的问题，引起大家的思考。同时锻炼、考察同学们搜集信息、获取有用信息的能力。

(三)思想碰撞

根据大家提出的问题，全班集体讨论什么样的生活才是健康、积极、有意义的生活方式，并为即将到来的寒假生活作规划。

教师综合各小组的意见，大家认为应该做一个假期日程表，让自己的假期按部就班地进行。假期应该进行适当的体育锻炼，阅读一定数量的世界名著，帮助家长做一些家务劳动，在自己的兴趣爱好上多花一些时间，每天抽出一些时间复习旧功课，预习新功课，适当地进行公益活动，多与家人沟通交流。

【设计意图】 设计这个环节是为了培养同学们解决问题的能力。通过讨论，选择适合自己的休闲活动。

(四)自己动手

(1) 以小组为单位一起做规划表。

(2) 通过幻灯片的方式大家互相展示、评价、提意见。

(3) 大家互相讨论，选出一份公认最好的。

(4) 针对个人具体情况做一份假期生活日程表，选择一份具有代表性的大家讨论补充。

(5) 大家针对《小豆豆的寒假日程表》发表了自己的意见，并提出了补充、修改的意见。

(6) 教师巡视各小组，适时地启发大家，对同学们的奇思妙想进行适当的表扬、适度的评价。

【设计意图】 设计这个环节是为了将方案付诸实践，为今后学生们自己制订合理的休闲计划表提供参考。

(五)集思广益

生活规划如何才能得到有效的实施，如何来监督、保障。

日程表好制定，可如何才能确保实施呢？怎样才能不被自己的惰性打败呢？大家针对这个问题展开了热烈的讨论，得出以下妙计。

同学、好朋友之间展开小竞赛，看谁能做得比我好！

请爸爸妈妈监督，每天给自己打分，10天一小结，看自己最后能得多少分。

每天写日记，反省自己。

树立一个榜样，可以是名人，也可以是周围的同学。

……

【设计意图】 再完美的计划如果不能保证它的实施，那么也只是废纸一张。让同学们通过讨论，得到适合自己的监督实施办法。

(六)教师寄语

通过这样一次活动，我们充分了解了什么样的生活方式是积极、健康的生活方式，但是认识不等于行动，让我们在今后的日常生活里，积极实践我们的日程表，用我们的行动告诉世界我能行，用我们的智慧、我们的行动给我们青春的殿堂增添一抹绚丽的色彩，让青春之树健康、茁壮成长！

【设计意图】 最后教师小结，既是对课堂内容的总结，对同学们活动的简单评价，也对同学们提出了希望，通过教师的话语点燃学生的激情之火！

附表1：

初中生假期生活问卷调查

1. 外出旅游(请注明地点、所用时间)。
2. 上补习班(请注明课程名称、占用时间多少)。
3. 发展兴趣爱好(请注明名称、占用时间多少)。
4. 博览群书(请注明书名或类型、平均每天所用时间)。
5. 睡觉、上网、玩游戏、看电视(请注明每天所占时间多少)。
6. 假期中是否进行家务劳动？(　　)
   A. 没有　B. 爸妈让做才做　C. 经常　D. 几乎每天都做
7. 假期中是否进行体育活动？(　　)
   A. 不进行　B. 想到时才进行
   C. 经常进行　D. 几乎每天都进行
8. 你是否进行公益活动？(　　)
   A. 只有几次　B. 没有　C. 经常
9. 是否看《新闻联播》等时事节目？(　　)
   A. 看　B. 有时看　C. 经常看　D. 天天看
10. 是否看《科技博览》《百家讲坛》等节目？(　　)
   A. 看　B. 有时看　C. 经常看　D. 天天看
11. 你是否看韩剧、港台剧等？(　　)
   A. 看　B. 无聊时看　C. 经常看　D. 天天看
12. 在假期中你为何学习？(　　)
   A. 主动学习　B. 家长要求　C. 应付作业　D. 不学习
13. 假期时你什么时间起床？(　　)
   A. 跟上学时一样　B. 早起锻炼身体
   C. 比平时晚　D. 很晚，甚至直到中午
14. 你觉得假期生活过得充实吗？(　　)
   A. 很无聊　B. 有点无聊　C. 还可以　D. 非常充实

附表2：

小豆豆的寒假日程表

周一至周五

7:00　起床、洗漱

7:15　简单的室内锻炼

7:30　早饭

7:50　收拾厨房、客厅

8:30　学习时间(自己制定课程表，可以允许自己在偏爱的课程上多花一点时间(*^__^*))

11:30　午饭时间，爸爸妈妈上班，一般是自己在家简单吃一点，然后休息半个小时。

或者和朋友一块吃，这时候自己“颓废”一下下，逛逛街，看看电影……

14:30　现代舞学习班(我的最爱)

17:00　买菜，洗菜，等妈妈回家一起做饭

18:00　吃饭，和爸爸妈妈说说一天的趣事以及发发牢骚，听听爸爸妈妈一天的趣事以及发发牢骚。

19:00　和爸爸妈妈一起看电视，顺便撒撒娇

20:30　阅读时间

21:30　洗漱休息

周末

与爸爸妈妈协商安排时间，每隔一周去看望爷爷奶奶，每周去一次福利院，每天和爸爸打羽毛球，陪妈妈练瑜伽。

补充：同学们的意见是体育锻炼时间少点，也有些单调，逛街可不能算锻炼身体！

◎ 活动设计五

休闲让生活更精彩

一、活动背景

据统计，人的一生假如能活80岁，其一生70万小时中，有近50%的时间是休闲时间，生活的价值不仅体现在工作、学习上，也体现在休闲上。休闲是每个人生活中必不可少的重要组成部分。休闲可以使紧张的学习得到平衡；休闲可以使人感到轻松愉快，促进身心健康；休闲可以培养人的良好个性、优美的情操，充实人的精神生活。休闲不但有助于现在的学习生活，而且对今后的人生会产生极其深远的影响。然而，对中学生的休闲现状分析发现，目前中学生的休闲存在无法选择、无权选择、无可选择、不会选择的问题，更产生休闲就是懒惰、影响学习成绩的提高，休闲就是放任自流、尽情玩乐，休闲就是随意消磨、打发日子的误区，这严重影响了中学生的学习生活，更不利于个人的未来发展。

二、活动目标

(1) 理解休闲的含义和对我们生活的意义。

(2) 对照休闲活动的几种主要方式，合理、科学地选择休闲活动。

(3) 学习科学安排休闲时间，使闲暇时光成为生活真正的动力。

三、活动过程

(一)时间导入

据统计，假如人的一生能活到80岁，那么共计有70万小时，其中休闲时间占49.7%，睡眠时间占11.4%，在校学习时间占3.9%，自学时间占1.7%。

看了这个统计结果，你有什么样的感受？

同学们都惊叹，原来休闲时间这么多，那么如何度过这人生的一半才更有意义呢？今天我们一起来探讨一下，休闲怎样让我们的生活更精彩。

【设计意图】 通过对时间的分配，使同学们认识到休闲时间的重要性，直接导入本课。

(二)情景再现

由事先准备过的几位同学表演小品《双休日》，包括紧张学习、放任玩乐、无聊无趣三个情境。

请同学们谈谈这三个情境中的主人公双休日生活的特点是什么。

小组同学相互交流对小品所表现的情境的看法。

全班分享，自愿交流，谈谈自己的看法。

教师引导学生思考：在自由支配的时间里，该做些什么比较合理呢？

【设计意图】 通过观看小品，使学生发现小品表现出来的三种休闲生活的问题所在，引起学生对休闲时间该如何度过的思考。

(三)我的双休日

(1) 辛苦了一个星期，终于盼来了双休日，你的双休日是怎样度过的？

请同学们填写下表。

时　间	星期六	星期日
上午		
下午		
晚上		

(2) 与同桌交流各自所写的内容。

(3) 对照小品中的人物，谈谈你对自己的双休日的现状满意吗？满意或不满意的原因是什么？

【设计意图】 让学生通过与前面小品中的几种情况进行比较，帮助学生反思自己以往的休闲活动是否合理、科学，影响如何。

(四)休闲知识早知道

同学们对自己的休闲生活都有了或多或少的思考，现在就让我们一起来了解一下休闲。

(1) 什么是休闲？

休闲是一个人在参加各种社会劳动和履行其他社会必要职责后剩下的可按个人意愿支配的时间。

简单来讲，有了时间我们可以做很多事情，在这些事情中，学习、吃饭、睡觉等是我们每天一定要做的，去掉做这些事情的时间，我们可以根据自己喜欢什么、爱好什么去安排，那么这些时间就是我们的休闲时间。

(2) 前面小品的三个情境分别反映的是休闲生活的三种误区：休闲就是懒惰、影响学习成绩的提高；休闲就是放任自流、尽情玩乐；休闲就是随意消磨、打发日子。这些想法都是不合理的，我们应该抵制。

(3) 教师概括学生对现状不满意的原因，如无法选择、不是自己的兴趣爱好、太放松、太紧张、没意思等，引导学生探讨休闲的作用与意义。

教师总结：合理的休闲可以让我们松弛身心、满足爱好、获得成长。我们要积极发挥自身的特长、兴趣和爱好，合理休闲，提高课余生活的质量。

【设计意图】 在学生对自己休闲现状反思过后，教师引导学生理解休闲时间，强调休闲的作用及合理安排，在学生认识休闲意义的基础上将所学知识与实践相结合。

(五)学以致用

1. 教师播放几段学生休闲生活的片段

学生讨论：这种休闲合理吗？有意义吗？

2. 填写你的双休日和假期生活表格

思考：你觉得有哪些地方可以改进，让自己的双休日和假期更精彩呢？

小组交流，全班分享。

【设计意图】 根据对休闲的再理解，学会判断并分析自己以往的休闲时间安排的不足并改进，让自己的休闲生活更精彩。

教师总结。

◎ 活动设计六

休闲之旅　文明同行

一、活动背景

20 世纪中叶，随着休闲理论研究在欧美，特别是在美国的逐步升温，休闲活动的伦理精神及道德标准问题随之提出。美国学者托马斯·古德尔和杰弗瑞·戈比明确指出：“自由时间是自由的、随意的时间，也是检验道德和伦理判断的基础。”

从这句话中，我们体会到了文明休闲的重要性及必要性。因为休闲不仅具有促进个体身心健康的作用，还关乎社会文明程度的高低。然而，目前对于中学生以及全体国民来讲，普遍存在着只顾放松不注重个人素质及文明修养的现象。这个不可忽视的现状，削弱了休闲对个体成长的意义，尤其是近年来随着出境游的增多，国民在休闲中文明素养的缺失已经从某种程度上损害到了国人乃至国家在世界上的形象。因此，应重视对中小学生进行文明休闲辅导，在学生心中播下文明休闲的种子。

二、活动目标

(1) 理解文明休闲对我们个体自身及社会的意义。

(2) 从细节处提高学生文明素养，帮助学生做到文明休闲。

三、活动过程

(一)视频导入，感受“文明休闲”的重要性

视频一：国外某中学生一家周末自驾游的视频。

视频二：2011 年 12 月 20 日上午，中央精神文明建设指导委员会在北京召开全国精神文明建设工作表彰大会，确定烟台荣获全国文明城市“三连冠”的视频。

问题：

(1) 请描述你看到的印象最深的画面。

(2) 看过视频，你的感受是什么？

学生看了这两段视频后，会对国外文明出行的一家人产生敬佩之感；会对生活的这个城市——烟台荣膺“三连冠”，再次摘得“全国文明城市”桂冠之后油然而生一种自豪感。

【设计意图】 通过视频，唤醒学生内心深处向善的种子，让学生感受到人人心中都有向往文明的需要与驱动力。

(二)“文明休闲”之我见

教师引导学生发表看法，在你眼中，什么是文明休闲？

文明休闲，既有休闲方式上的要求，如选择读书、旅游等对身心有益的休闲方式；也指休闲过程中对休闲者提出的言行举止上的要求，即休闲者应注重环境保护，不打扰、破坏别人的生活，举止言谈优雅。

【设计意图】 通过引导学生发言，澄清什么是“文明休闲”，为后面的践行“文明休闲”环节奠定基础。

(三)场景回放，反思自我

由事先准备的几位同学表演情景剧，故事梗概分别如下。

A：一中学生暑假在家没日没夜玩游戏。

B：天安门广场口香糖遍地。

C：长城上刻字“×××到此一游”。

D：国外的旅游景点，中文标识“禁止拍照”“请不要随地丢垃圾”……

要求：

(1) 学生在观看过程中，记下自己认为不文明之处。

A 属于休闲方式的不文明，因为对自己身体健康及学习没有促进作用，相反具有破坏作用。

B、C、D 分别属于旅游过程中的举止言谈不文明。其中，B、C 中的不文明行为对环境造成了破坏，特别是破坏了一些不可恢复的宝贵的文化遗产；D 中的行为，给国家声誉带来了负面的影响。

(2) 组内结合，“答记者问”。

回答“环保记者”提出的问题。其中，以 B 中天安门广场口香糖遍地为例。

你从这则报道中，看到了哪些不文明现象？

假如你是扔口香糖的游客，你看了报道后有什么感受？

假如你是清除口香糖残渣的环卫工人，你会对吐口香糖的人有什么样的看法？

假如你是一名游客，你充满期待地来到天安门，看到这一场景，你的心情如何？

假如你是一个外国人，你看到遍地的黑点，你有什么看法？

如果让你现在去天安门观光，你会怎么做？

【设计意图】 作为本节课的重点环节，以情景剧的形式，再现同学们身边存在的不文明休闲现象，以深刻的问题引起同学们的反思。辅以“答记者问”的形式，使学生明确不文明休闲行为带来的危害以及如何改善自己的行为，将“文明休闲”落实到行动上。

(四)学以致用，争做“文明休闲”小达人

每人设计一个周末休闲活动小计划。小组内讨论，相互提醒、完善应该注意的文明事宜。小组内推选一份最完整的计划展示给大家。

开拓学生思维，进一步引导学生从细节做到文明休闲，如学生可能会提到乘车文明、拍照文明等细节，进一步提升学生在休闲过程中的文明素养。

【设计意图】 本环节的设计，旨在趁热打铁，小中见大。通过一个周末休闲小计划的制订，进一步引起学生思考，加深“文明”这一要求在学生心目中的影响。

(五)歌唱文明，传递文明

播放歌曲《春天在哪里》，引导学生自己填词，唱《文明休闲歌》。

文明在哪里啊，文明在哪里，

文明在快乐的大巴里，这里不喧哗呀，这里讲秩序，还有那讲卫生的好少年啊。

滴哩哩哩滴哩哩滴哩哩哩

文明在快乐的大巴里……

【设计意图】本环节的设计，旨在让学生在愉快的心境中传播文明休闲的理念。通过歌声加深印象，将“课堂实效”与“课堂长效”相结合，达到让学生在生活中长久践行“文明休闲”的目的。

参考文献

[1] 戴尔·H. 申克. 学习理论：教育的视角[M]. 韦小满，等译. 南京：江苏教育出版社，2003.

[2] 董奇. 自我监控与智力[M]. 杭州：浙江人民出版社，1996.

[3] 樊富珉. 团体心理咨询[M]. 北京：高等教育出版社，2005.

[4] 韩恭福. 高中生心理素质的整体构建[M]. 北京：科学出版社，2005.

[5] 胡适. 大学活页文库(第1辑)[M]. 上海：华东师范大学出版社，1998.

[6] 黄希庭. 心理学[M]. 上海：上海教育出版社，1997.

[7] 黄煜峰，雷雳. 初中生心理学[M]. 杭州：浙江教育出版社，1993.

[8] 克里斯托弗·彼得森. 积极心理学[M]. 徐红，译. 北京：群言出版社，2010.

[9] 林清文. 生涯发展与规划手册[M]. 广州：广东世界图书出版公司，2003.

[10] 刘华山. 学校心理辅导[M]. 合肥：安徽人民出版社，2005.

[11] 刘金花. 儿童发展心理学[M]. 上海：华东师范大学出版社，2000.

[12] 彭聃龄. 普通心理学[M]. 北京：北京师范大学出版社. 2001.

[13] 皮连生. 教育心理学[M]. 上海：上海教育出版社，2011.

[14] 任俊. 写给教育者的积极心理学[M]. 北京：中国轻工业出版社，2010.

[15] B. A. 苏霍姆林斯基. 帕夫雷什中学[M]. 赵玮，王义高，蔡兴文，纪强，译. 北京：教育科学出版社，1983.

[16] 孙义农. 心理健康教育课教师指导手册(初中分册)[M]. 杭州：浙江科学技术出版社，2002.

[17] 沃建中. 掌握自己的梦想[M]. 北京：世界图书出版公司，2011.

[18] 吴增强，沈之菲. 班级心理辅导[M]. 上海：上海教育出版社，2001.

[19] 吴增强. 初中生心理辅导指南[M]. 上海：上海科技教育出版社，2001.

[20] 吴增强. 学校心理辅导通论[M]. 上海：上海科技教育出版社，2004.

[21] 杨广学. 心理治疗体系研究[M]. 长春：吉林人民出版社，2005.

[22] 杨广学，刘大文，邹本杰. 心理学[M]. 济南：山东科学技术出版社，2001.

[23] 刘梅. 儿童发展心理学[M]. 3版. 北京：清华大学出版社，2021.

[24] 刘梅. 大学生心理健康教育教程[M]. 北京：清华大学出版社，2019.

[25] 周家华，王金凤. 大学生心理健康教育[M]. 北京：清华大学出版社，2010.

[26] 陈建华. 美国中小学闲暇教育课程设置及其启示[J]. 全球教育展望，2007，(6)：77～81.

[27] 田友谊. 我国闲暇教育研究述评[J]. 上海教育科研，2005，(5)：11～13.

[28] 薛香. 常州工学院“积极心理健康教育教学方法探索”[J]. 青年与社会，2010.